MANFRED JOSUT

Der Pfarrer ist anders

Aspekte
einer zeitgenössischen
Pastoraltheologie

CHR. KAISER

CIP-Kurztitelaufnahme der Deutschen Bibliothek
Josuttis, Manfred:
Der Pfarrer ist anders: Aspekte
e. zeitgenöss. Pastoraltheologie /
Manfred Josuttis – München: Kaiser, 1982. –

ISBN 3-459-01437-7

Umschlag: Ingeborg Geith
Gesamtherstellung: Breklumer Druckerei Manfred Siegel
Printed in Germany

Mit Dank
an
Johann Zauner

Inhalt

Vorwort

Der protestantische Pfarrer ist eine merkwürdige Zwitterfigur. Der Ausbildung und der Amtstracht nach tritt er auf als Gelehrter. Durch die Art seiner Dienstleistungen gehört er in die Reihe der Priester. In seinem theologischen Selbstverständnis möchte er am liebsten als Prophet agieren. Und die meiste Zeit verbringt er wahrscheinlich damit, die Rollen des kirchlichen Verwaltungsbeamten und des gemeindlichen Freizeitanimateurs zu spielen.

Ich bin gern Pfarrer gewesen. Und ich möchte, indem ich in diesem Buch die theologischen Spannungen, die gesellschaftlichen Widersprüche und die psychologischen Ambivalenzen nachzuzeichnen versuche, die sich in diesem Beruf kristallisieren, anderen helfen, gern Pfarrer zu sein.

Zu danken habe ich den Studenten und Pastoren, die mir in den letzten Jahren einen Eindruck von ihren Berufsproblemen gegeben haben. Freunde, Kollegen und Schüler haben mir durch wichtige Literaturhinweise weitergeholfen. Olaf Droste hat dankenswerterweise die Korrekturen gelesen und das Namenregister angefertigt.

Göttingen, im Januar 1982 *Manfred Josuttis*

»Der Pfarrer ist anders«

Die Geschichte dieses Buches in meinem Bewußtsein hat mit einzelnen Beobachtungen und Fragen begonnen.

Auf einer Party höre ich von einem Göttinger Pfarrer den Satz: »Warum gehen die jungen Leute so gern zu den Gurus? Wir haben doch mehr und Besseres anzubieten.« In der theologischen Theorie kann ich ihm zustimmen. Aber im Blick auf die Person des protestantischen Pfarrers melden sich Zweifel. Warum leben manche Amtskollegen so oberflächlich daher? Ist das nur ein Defizit ihrer individuellen Entwicklung? Hat das etwas mit der Rechtfertigungslehre zu tun, die der Theologe dazu benutzen kann, sich die existentielle Auseinandersetzung mit den Problemen christlicher Lebensgestaltung zu ersparen? Oder zeigen sich auch am Pfarrer die Folgen einer Gesellschaft, die den Menschen zum Funktionsträger reduziert und damit das Problem auch der religiösen Authentizität allererst schafft?

Studenten klagen immer wieder darüber, daß sie, sofern sie nicht aus einem Pfarrhaus stammen, im Familienkreis ein Stück weit als Fremdlinge gelten und daß sie große Schwierigkeiten haben, von Kommilitonen anderer Fakultäten als gleichrangige Partner anerkannt zu werden. Was bedeutet das? Warum fühlt sich schon der Theologiestudent manchmal als Außenseiter? Projiziert er eigene Probleme in seine soziale Umgebung? Drückt sich im distanzierten Verhältnis zu ihm die Entfremdung vieler Zeitgenossen gegenüber der Kirche aus? Oder gehört die besondere Position zu den Gegebenheiten eines Berufs, der es mit Gott als dem Grund allen Seins und dem Geheimnis des Lebens zu tun haben will?

Auf den Pfarrer sind von innen und außen, aus der Kerngemeinde, von der Kirchenleitung, aber auch von denen, die nur am Rand oder außerhalb der Gemeinde leben, noch immer besondere Erwartungen gerichtet. Das zeigen nicht zuletzt die Konflikte der letzten Jahre, in denen die Rolle des Pfarrers öffentlich diskutiert worden ist. Er soll keiner als extrem eingestuften Partei angehören. Er soll sich in seinen politischen Äußerungen einigermaßen neutral verhalten. Er soll in seiner sexuellen Praxis die Normen der bürgerlichen Welt respektieren. Er soll also so leben wie alle und zugleich besser als sie, solidarisch mit den anderen und in Distanz zu ihnen. Was drückt sich in diesen Erwartungen aus? Ein Anspruch, der sein Leben belastet? Eine Chance, weil er für andere Menschen immer noch wichtig ist? Eine Aufgabe, die Gemeinde nach dem Modell des Priestertums aller Gläubigen umzuerziehen?

Irgendwann habe ich dann die Frage gestellt: Warum soll der Pfarrer anders sein? Und was heißt das, daß er anders sein soll?

I.

»Der Pfarrer ist anders.« Die Rollendiffusion, die zur pastoralen Existenz in der Gegenwart gehört, die Beziehungsprobleme, die der Pfarrer im beruflichen Alltag erlebt, auch die Schwierigkeiten, mit denen er beim Versuch der Selbstdefinition zu tun bekommt, schließen sich auf anhand der Mehrdeutigkeit dieses Satzes. Er kann nämlich als Feststellung und als Absichtserklärung, als Forderung und als Vorwurf gesagt und verstanden werden.

Als *Feststellung* beschreibt der Satz einen Sachverhalt, der sich vor allem durch kirchensoziologische Erhebungen untermauern läßt. Der Pfarrer lebt in einem besonderen, sozial begrenzten und definierbaren Raum, der sich von der gesellschaftlichen Realität sehr vieler Gemeindeglieder unterscheidet. Er ist Akademiker, er ist Beamter, er ist ein Kopfarbeiter im tertiären Bereich. Religion und Profession fallen bei ihm zusammen, damit weitgehend auch Arbeit und Freizeit, und auch die Trennung von Beruf und Familie ist, wie sich in der prekären Rolle seiner Ehefrau zeigt, noch nicht vollständig vollzogen.

Diese Gegebenheiten erlebt der Pfarrer selbst teilweise als beschwerliche Last, etwa wenn es um die Gestaltung seines Familienlebens geht, teils aber auch als bedrückendes Privileg, durch das er von der Gemeinde isoliert ist. Er ist anders, in einem objektiv soziologischen Sinn, und möchte es doch nicht sein.

Komplex wird der Tatbestand aber erst, wenn man sich klarmacht, daß der Satz auch eine *Absichtserklärung* einschließt. Der Pfarrer will anders sein, jedenfalls in manchen Bereichen. Diese Entscheidung hat er mit seiner Berufswahl getroffen. Er definiert seine eigenen Aufgaben häufig in Abgrenzung gegen andere Berufe und Ziele. In seinem Leben soll es nicht um Geld gehen, sondern um Gott, nicht um Macht, sondern um Liebe, nicht um Durchsetzung, sondern um Dienst. Demgemäß will er die ihm anvertrauten Menschen zu einem neuen, wahren, besseren Leben führen. Er will anders sein und will andere verändern. Aus Unglauben sollen sie zum Glauben kommen, politische Blindheit und Trägheit sollen durch Engagement abgelöst werden, und an die Stelle des menschlichen Egoismus soll die Liebe zum Nächsten treten.

Daß er anders sein will und andere ändern möchte, ist für den Pfarrer in zweifacher Hinsicht beschwerlich. Er selber bleibt hinter den eigenen Ansprüchen immer wieder zurück und muß auf der anderen Seite immer auch die Erfahrung machen, daß die Gemeinde sich seinen Besserungs- und Bekehrungswünschen entzieht.

Das löst bei ihm Enttäuschung, Ärger, auch Aggressionen gegen sich selbst und die Gemeinde aus, weil er sich gleichzeitig mit einer permanenten *Forderung* konfrontiert sieht. Der Pfarrer soll anders sein. Das erwarten Gemeindeglieder, Kirchenbehörden, auch Außenstehende von ihm. Er sieht sein Leben unter andauernder Außenkontrolle. Er erfährt sich als Projektionswand für Idealisierungswünsche verschiedenster Art. Er soll Werte und Normen repräsentieren, die man für wichtig und richtig hält, auch wenn man sie im eigenen Leben nicht realisieren kann oder will.

Solche Forderungen wirken auf den Pfarrer bedrohlich, weil sein Leben dadurch fremdbestimmt wird und weil diese Ansprüche die Menschlichkeit, Gebrechlichkeit, auch Versuchlichkeit seiner Person unberücksichtigt lassen. Außerdem ist schwer zu entscheiden, was für sein Leben gefährlicher ist: wenn seine Absicht, anders zu sein, und die fremde Forderung auseinanderfallen, weil sie ganz verschiedene Lebensbereiche betreffen, oder wenn sie deckungsgleich werden, was dem Pfarrer zwar viele Konflikte mit der Außenwelt abnimmt, was sein Leben andererseits aber unter einen derartigen Idealisierungsdruck stellt, daß er sich selber gar nicht mehr zu finden vermag[1].

Das wird ihm vor allem dadurch erschwert, daß der Satz auch als *Vorwurf* gemeint sein kann. »Der Pfarrer ist anders«, das bedeutet dann: Weil er anders ist, wird er abgelehnt. Für die Gemeinde insgesamt, für verschiedene Gruppen und auch für einzelne Gemeindeglieder gilt er dann als zu fromm oder zu politisch, als zu konservativ oder als zu modern. Der Wunsch, zu ihm und seiner Arbeit Distanz zu halten, wird als Kritik seiner Person oder Lebensführung formuliert.

Für ihn selber ist im konkreten Einzelfall schwer zu entscheiden, wie ernst ein solcher Vorwurf gemeint ist und wie er sich ihm gegenüber verhalten soll. Lehnt er jede Kritik rigoros ab, zieht er sich ganz in sich selber zurück, verspielt er die Chance, für sein eigenes Leben von anderen zu

1. Vgl. W. Schmidbauer, Alles oder nichts. Über die Destruktivität von Idealen, Reinbek 1980, 189f: »Die Aggression im Dienst des Ideals endet erst, wenn der störende Teil der Wirklichkeit, der an die eigene Unvollkommenheit erinnert, ausgelöscht ist.«

lernen. Läßt er sich auf alle Vorwürfe ein, meint er gar, sich aus Gründen des Dienstes allen Ansprüchen unterwerfen zu müssen, verliert er mit dem inneren Halt auch die öffentliche Glaubwürdigkeit.

Pfarrer zu sein, das bedeutet: im Verhältnis zu sich selbst, zur eigenen Familie, zur Gemeinde und zur Gesellschaft den vieldeutigen Sinn dieses Satzes immer neu herausfinden und im Lebensvollzug ausbalancieren zu müssen: »Der Pfarrer ist anders.«

II.

Der Pfarrer, der anders ist, anders sein will, anders sein soll und nicht anders sein darf, steht in jenem elementaren Spannungsfeld, das mit dem Phänomen der Andersartigkeit immer verkoppelt ist. Anziehend und beängstigend wirkt »Das andere Geschlecht«[2]. Bedrohlich und verheißungsvoll klingt die Parole »Krebs ist anders«[3]. Grundsätzlich in Frage gestellt werden die gängigen bürgerlichen und marxistischen Konzeptionen der Anthropologie unter der Überschrift »Der Mensch ist anders«[4]. Die Andersartigkeit des anderen bildet das Grundproblem jeder Erfahrung[5] und macht das Verständnis für gesellschaftliche Außenseiter so schwierig[6]. Der Andere gehört zum Grundbestand sozialpsychologischer[7] und sozialontologischer[8] Reflexionen. Daß Gott der ganz andere und der ganz ändernde ist, darauf verläßt sich in Ehrfurcht und Hoffnung der christliche Glaube[9].

Der Satz »Der Pfarrer ist anders« enthält demgemäß soziologische, psychologische und theologische Implikationen und Konsequenzen, die Existenz, Arbeit und Leben des Pfarrers in spezifischer Weise beeinflussen.

2. S. de Beauvoir, Das andere Geschlecht. Sitte und Sexus der Frau, Hamburg 1951.
3. F. Vester/G. Henschel, Krebs ist anders, München 1973.
4. D. Duhm, Der Mensch ist anders. Besinnung auf verspottete, aber notwendige Inhalte einer ganzheitlichen Theorie der Befreiung. Kritik am Marxismus. Beiträge zur Korrektur, Lampertheim 1975.
5. R. D. Laing, Das Selbst und die Anderen, rororo sachbuch 7105, Reinbek 1977.
6. M. Dannecker, Der Homosexuelle und die Homosexualität, Frankfurt 1978, 65: »Was wirkliche Toleranz von Scheintoleranz unterscheidet, ist ihr Wissen um das *noch* Differente und die Akzeptierung des Anderen als Anderes.«
7. Vgl. G. H. Mead, Geist, Identität und Gesellschaft aus der Sicht des Sozialbehaviorismus, stw 28, Frankfurt 1975, 194ff.
8. M. Theunissen, Der Andere. Studien zur Sozialontologie der Gegenwart, Berlin 1965, behandelt u.a. Husserl, Heidegger, Sartre und Buber.
9. Vgl. J. Moltmann, Die Revolution der Freiheit, in: Perspektiven der Theologie. Gesammelte Aufsätze, München/Mainz 1968, 193: »der christliche Gott ist nicht der ›Ganz-Andere‹ der Gnosis, sondern der ›Ganz-Ändernde‹«.

1. In gesamtgesellschaftlicher Hinsicht setzt der Satz voraus, daß es in der Gesellschaft einen fundamentalen Widerspruch zwischen dem Sein und dem Sollen, zwischen Wirklichkeit und Möglichkeit gibt. Die Menschen leben, individuell und kollektiv, nicht so, wie sie leben könnten und leben sollten. Das Bewußtsein für die Notwendigkeit und die Möglichkeit von Alternativen ist, wenn auch rudimentär, vorhanden. Die Gesellschaft, zu der Pfarrer und Kirche gehören, befindet sich also nicht im Zustand von Stabilität und Identität, sondern in einem Prozeß, der durch Konflikte, Widersprüche und Kämpfe gekennzeichnet ist.

Auf der Gemeindeebene bedeutet der Satz in soziologischer Sicht, daß es zwischen dem Pfarrer und den Gemeindegliedern kein ungebrochenes Verhältnis reiner Positivität oder reiner Negativität geben kann. Die Beziehungen zwischen beiden sind immer geprägt durch Bewunderung und Ablehnung, durch Nähe und Distanz, durch Personalität und Professionalität, wobei das Mischungsverhältnis zwischen den Polen je nach Art und Partner der Interaktion variiert.

Für die Verhaltensstrategien des Pfarrers ergibt sich daraus, daß er gegenüber der Gemeinde, einzelnen Gruppen und einzelnen Gemeindegliedern nicht nur ein einziges Ziel verfolgen kann. Immer geht es in der kirchlichen Praxis für ihn um Anpassung und Widerspruch, Bestätigung und Kritik, Annahme und Korrektur. Die Arbeit, die unter dem Vorzeichen der Andersartigkeit abläuft, ist deswegen spannungsvoll und spannend zugleich, weil sie permanent Entscheidungen darüber verlangt, wie das Mischungsverhältnis bei der Bestimmung dieser Zielrichtungen konkret aussehen soll.

2. In sozialpsychologischer Hinsicht ist der Pfarrer Repräsentativfigur jenes Bereichs jeder Menschengesellschaft, der als Religion bezeichnet wird. Als solcher wird er von Berufs wegen mit Wünschen und Ängsten besetzt, die zum Grundbestand kollektiver und individueller Fantasien gehören: Allmacht und Ohnmacht, Geborgenheit und Bedrohung, Liebe und Aggressivität.

Auf der Gemeindeebene bedeutet das, daß das Verhältnis zum Pfarrer durch ein hohes Maß von Übertragungsvorgängen bestimmt ist. Erfahrungen mit den Eltern, die Auseinandersetzung mit eigenen Idealbildern, frühere Erfahrungen mit der Religion und ihren Repräsentanten fließen in die Beziehung zum gegenwärtigen Pfarrer immer mit ein und bestimmen sie. Er ist für jeden einzelnen in der Gemeinde eine vielschichtig besetzte Figur und droht als konkrete Person in dem Wirbel von Ängsten und Wünschen oft zu verschwinden.

Für das Verhalten des Pfarrers bedeutet das: Er muß auf der einen Seite damit rechnen, daß er seinerseits von Gegenübertragungsvorgängen bestimmt ist, daß also seine eigene Auseinandersetzung mit den Eltern, mit der religiösen Sozialisation, mit den eigenen Idealbildern in seinen beruflichen Alltag hineinwirkt; und er sollte auf der anderen Seite wenigstens annäherungsweise herauszufinden versuchen, mit wem seine Partner im Augenblick des Kontakts eigentlich kommunizieren, mit ihren Eltern, mit früheren Pastoren, mit den eigenen Idealen, mit Gott oder mit ihm selber als Person in diesem Beruf.

3. In fundamentaltheologischer Hinsicht bedeutet der Satz »Der Pfarrer ist anders«, daß die Andersartigkeit Gottes nicht zureichend bedacht werden kann, wenn man nicht die Alternativität des gesellschaftlichen Bewußtseins und die Ambivalenz der psychischen Erfahrungen berücksichtigt, daß aber auch die Andersartigkeit des Pfarrers nicht bestimmt werden kann ohne Berücksichtigung der anderen Andersartigkeit Gottes, an der auch dem Pfarrer gegenüber festzuhalten ist. Das Gottesverständnis der biblischen Tradition ist eingebettet in die sozialen und psychischen Konstellationen menschlicher Lebenspraxis, will aber gleichzeitig nicht einfach die Überhöhung oder Widerspiegelung dieser Lebenspraxis darstellen. Die Differenz der anderen Andersartigkeit Gottes wird freilich nur faßbar, wenn man ihren Zusammenhang mit den soziologischen und psychologischen Phänomenen nicht ausblendet oder verdrängt.

In ekklesiologischer Hinsicht bedeutet das, daß die Andersartigkeit des Pfarrers umrahmt ist vom allgemeinen Priestertum aller Christen. Was er in seiner beruflichen Praxis repräsentiert, ist ein Teil der Verheißung, der Aufgabe, des Lebenssinns aller Christen. Das Modell des allgemeinen Priestertums wird freilich mißverstanden, ja in sein Gegenteil verkehrt, wenn der Pfarrer daraus den Auftrag ableiten wollte, alle Gemeindeglieder nach dem eigenen Bild formen zu sollen. Die Kommunikations- und Kooperationsschwierigkeiten, die in der Gemeindearbeit zwischen Pfarrern, anderen Mitarbeitern und den Gemeindegliedern auftreten, müssen nicht unbedingt darauf basieren, daß die Beteiligten die Prinzipien des allgemeinen Priestertums nicht respektieren, sondern können auch so interpretiert werden, daß die jeweilige Besonderheit der Aufgaben und Fähigkeiten von den Betroffenen im Blick auf sich selber und untereinander nicht akzeptiert worden ist.

In gemeindepraktischer Hinsicht bedeutet das schließlich, daß die Tätigkeit des Pfarrers, der die andere Andersartigkeit Gottes zur Geltung bringen soll, von der reformatorischen Dialektik von Gesetz und Evangelium geleitet sein wird. Wenn diese Dialektik die kirchliche Praxis bestimmt, dann heißt das, daß es in dieser Praxis immer um Annahme und

Verwerfung, um Anpassung und Protest gehen wird, gegenüber dem einzelnen wie der Gesellschaft, durch Wort und Tat, in Gottesdienst, Predigt, Seelsorge, Unterricht und Diakonie.

Für das persönliche Leben des Pfarrers bedeutet der Leitsatz, daß er in seinem Lebensvollzug zwischen der eigenen Andersartigkeit und der Andersartigkeit Gottes unterscheiden lernen muß. Von der sozialen Erwartung, aber auch von den eigenen Wünschen her möchte er sich mit Gott identifizieren. Damit er nicht unter der Last eines solchen übermenschlichen Erwartungsdrucks zusammenbricht, ist es für ihn wie für alle Menschen lebensnotwendig, diesem inneren und äußeren Perfektionsdruck zu widerstehen und die doxologische Differenz zwischen Mensch und Gott jeden Tag lebenspraktisch zum Ausdruck zu bringen, im Gebet, in der Anfechtung und in der Doxologie.

III.

»Eine Pastoraltheologie ist als Funktion des Pastoralamtes nur so lange lebensfähig, solange es ein Pfarramt gibt. Daher zeigt das Ende der pastoraltheologischen Tradition das Ende des traditionellen Pfarramts an.«[10] Dieser Satz, von G. Rau im Rückblick auf die Geschichte der Disziplin niedergeschrieben, läßt auch seine Umkehrung zu. Wer den Neuentwurf einer Pastoraltheologie vorlegt, gibt damit zu erkennen, daß er das Ende des traditionellen Pfarramtes noch nicht für gekommen hält.

In den Jahren, als von der Neustrukturierung des parochialen Systems die Rede war, als man die Funktionalisierung des kirchlichen Angebots versuchte, als man das Team-Pfarramt einführte oder gar von der Abschaffung des Pfarramtes träumte, war eine Pastoraltheologie nur als Rückblick auf ihre Vergangenheit möglich. Insofern ist dieses Buch durchaus ein Ergebnis jener Tendenzwende, von der allenthalben gesprochen wird. Auf der anderen Seite ist aber auch erklärungsbedürftig, warum sich das Pfarramt, trotz des Krisenbewußtseins der Amtsinhaber, trotz vielfältiger soziologischer und theologischer Kritik als so eigentümlich reformresistent erwiesen und auch im Bewußtsein der Theologen wieder konsolidiert hat. Eine Restauration der Pastoraltheologie in dieser Situation braucht keine Legitimation des Pfarramtes zu liefern, aber sie sollte verständlich machen, welche Bedürfnisse und Zielvorstellungen in

10. G. Rau, Pastoraltheologie. Untersuchungen zur Geschichte und Struktur einer Gattung praktischer Theologie, München 1970, 317.

kirchlicher wie allgemeingesellschaftlicher Hinsicht sich darin artikulieren.

Was aber ist das: Pastoraltheologie? Seit dem Aufkommen der Praktischen Theologie im 19. Jahrhundert ist das Verhältnis beider Disziplinen zueinander umstritten. Idealtypisch kann man drei Zuordnungsmöglichkeiten unterscheiden.

1. Die Pastoraltheologie *ist* praktische Theologie, und zwar deswegen, weil die Praxis der Kirche mit der Praxis des kirchlichen Amtsträgers identifiziert werden kann. Es liegt auf der Hand, daß insbesondere das römisch-katholische Amtsverständnis dazu neigen kann, die Praktische Theologie als Pastoraltheologie zu entwerfen. Welche Gegenentwicklungen auch im römisch-katholischen Raum gelaufen und welche Gegenargumente angeführt worden sind, hat H. Schuster in seiner Geschichte der Disziplin zusammengetragen.

»Alle neueren Versuche, das Wesen der Pastoraltheologie als die Lehre vom Wirken der Kirche zu bestimmen, zielen darauf ab, auf irgendeine Weise jenes enge Verständnis der Kirche zu sprengen. Man spricht von der Funktion aller Glieder am Aufbau des Leibes Christi; man schlägt eine Erweiterung des Pastoralamtes in dem Sinne vor, daß auch das Laienapostolat als Teil dieses Pastoralamts verstanden werden kann; man spricht von der ›ganzheitlichen Gestalt‹ und dem ›Vollsinn des personalen Bestandes‹ der Kirche. Das gemeinsame Anliegen all dieser Vorschläge ist deutlich: Weil zur Kirche als solcher nicht nur die Träger des Pastoralamtes gehören, sondern auch jeder einzelne Gläubige, und weil in der Pastoraltheologie primär über die Realisierung des Erlösungswerkes Christi durch diese eine und ganze Kirche gesprochen werden muß . . ., darum müssen in der Pastoraltheologie auch die Aufgaben und Funktionen der einzelnen Glieder der Kirche zur Sprache kommen.«[11]

Faktisch hat sich damit die Pastoraltheologie in die Praktische Theologie aufgehoben.

2. Die Pastoraltheologie bildet eine *Ergänzung* zur Praktischen Theologie, und zwar deswegen, weil der wissenschaftliche Anspruch der Praktischen Theologie bestimmte Problemkreise offenläßt, die in der stärker erfahrungsorientierten Pastoraltheologie behandelt werden können und müssen. So schildert F. Wintzer die Pastoraltheologie von Claus Harms:

»Harms gibt in ihr einen Durchblick durch die pastorale Praxis; auf eine ausführliche Erörterung der prinzipiellen Fragen hat er in ihr verzichtet. Alle grundsätzlichen Äußerungen sind in die Besprechung der praktischen Fragen des Pfarramtes integriert. Die Pastoraltheologie erscheint dem Leser deshalb in einer singulären Weise vom Leben durchpulst.«[12]

W. Steck hat die Entwicklung nach Schleiermacher mit dem Satz charakterisiert:

11. H. Schuster, Wesen und Aufgabe der Pastoraltheologie als praktischer Theologie, in: Handbuch der Pastoraltheologie I, Freiburg 1964, 94.
12. F. Wintzer, Claus Harms. Predigt und Theologie, Flensburg 1965, 30.

»Die pastoraltheologischen Lehrbücher bringen einen Aspekt der beruflichen Praxis des Pfarrers theoretisch zur Geltung, der der wissenschaftlichen Reflexion nur schwer zugänglich ist: das komplexe Feld der Berufserfahrungen und Berufserkenntnisse des Pfarrers.«[13]

Und G. Krause hat unterstrichen, daß auch eine Praktische Theologie, die sich als Handlungswissenschaft präsentiert, eine solche Ergänzung notwendig hat.

»Solange die heutigen Handlungswissenschaften und mit ihnen die PrTh die Forderung nach Handlungsgewißheit als mit wissenschaftlichen Mitteln nicht erreichbar ausklammern, bleibt die Bemühung der PTh um sie von unverminderter Bedeutung.«[14]

Die Frage ist, ob die vorausgesetzte Unterscheidung von Wissenschaft und Erfahrung, Wissenschaft und personaler Gewißheit so weitreichend und tragfähig ist, daß sich die Differenzierung zwischen Praktischer Theologie und Pastoraltheologie methodologisch und wissenschaftstheoretisch aufrechterhalten läßt.

3. Die Pastoraltheologie behandelt einen *Teilbereich* der Praktischen Theologie, und zwar denjenigen, in dem es um die spezifisch pastorale Tätigkeit des Pfarrers geht. So sagt W. Trillhaas in der Einleitung seiner Pastoraltheologie, nachdem er ein umfassenderes Verständnis des Begriffs ausgegrenzt hat:

»Im engeren Sinn ist die Pastoraltheologie die Lehre von der Seelsorge, also von dem unmittelbaren Hirtendienst des ›Pastors‹ an seiner Herde. In diesem Sinn bezeichnen wir den Inhalt dieses Buches als Pastoraltheologie. Es soll im ersten Teil von dem Amt des Pastors handeln, im zweiten und dritten Teil von der spezifisch pastoralen Tätigkeit, wobei wir uns zuerst der allgemeinen, dann der speziellen Seelsorgelehre zuwenden.«[15]

Demgegenüber hat schon D. Müller für eine Ausweitung der Perspektive einer Pastoraltheologie plädiert, so daß sie generell »die Frage nach den personalen und den existenziellen Voraussetzungen für alle sachlichen Aufgaben – nicht nur die Seelsorge –, die im Bereich der kirchlichen Praxis liegen«[16], traktieren soll.

Ich selber gehe von der Beobachtung aus, daß in fast allen pastoraltheo-

13. W. Steck, Der Pfarrer zwischen Beruf und Wissenschaft. Plädoyer für eine Erneuerung der Pastoraltheologie, ThExh 183, München 1974, 29.
14. G. Krause, Hat die Praktische Theologie wirklich die Konkurrenz der Pastoraltheologie überwunden?, in: ThLZ 95, 1970, Sp. 730.
15. W. Trillhaas, Der Dienst der Kirche am Menschen. Pastoraltheologie, München 1958², 9.
16. D. Müller, Die Zukunft der Pastoraltheologie. Eine grundsätzliche Frage zu Wolfgang Trillhaas: »Der Dienst der Kirche am Menschen. Pastoraltheologie«, in: ThLZ 80, 1955, Sp. 21.

logischen Entwürfen drei Dimensionen pastoraler Existenz aufeinander bezogen und wechselseitig interpretiert werden:
- der Beruf des Pfarrers,
- der Glaube des Pfarrers,
- die Person des Pfarrers.

Man kann unter diesem Gesichtspunkt alle beruflichen Handlungsfelder durchgehen und also eine pastoraltheologische Homiletik, Poimenik, Katechetik usw. entwickeln; das liefe letztlich auf die Darstellung der Praktischen Theologie in der Form einer Pastoraltheologie hinaus.

Man kann aber auch gezielt jene Schnittpunkte und Spannungsfelder pastoraler Existenz herausgreifen, in denen sich die beruflichen, religiösen und persönlichen Probleme in besonderer Weise akkumulieren. Ich wähle diesen Zugang, weil solche Konfliktzonen
- sich bei der Wahrnehmung beruflicher Funktionen immer auswirken und
- in der theologischen Reflexion dieser beruflichen Aufgaben kaum behandelt werden.

Deswegen arbeite ich in diesem Buch auf der Basis folgender Definition: Eine zeitgenössische Pastoraltheologie hat die Konfliktzonen, die an den Schnittpunkten zwischen der beruflichen, der religiösen und der personalen Dimension pastoraler Existenz lokalisiert sind, wissenschaftlich zu reflektieren.

IV.

»Die Wiederaufnahme pastoraltheologischer Tradition in der Gegenwart kann keinen Rückschritt hinter die wissenschaftlichen Standards gegenwärtiger Theologie bedeuten. Die Pastoraltheologie gestaltet sich zwar nicht nach den Regeln wissenschaftlicher Erkenntnis. Sie unterwirft sich nicht den Bedingungen streng wissenschaftlicher Methodik. Und sie kann daher auch nicht beanspruchen, Wissenschaft zu sein . . . Vielleicht liegt eine genuine Leistung der Pastoraltheologie für die gegenwärtige Praktische Theologie gerade darin, deren scheinbar zeitlose Prämissen ihres Ewigkeitswertes zu entkleiden und sie als das zu enthüllen, was sie wirklich sind: Ausdrucksformen eines wissenschaftlichen Bewußtseins, das weit mehr den Bedingungen seiner Zeit unterliegt, als es selbst wahrzunehmen imstande ist.«[17]

Wie immer man die Frage nach dem wissenschaftlichen Charakter der Pastoraltheologie auch beantworten mag, sicher ist, daß die Art ihrer inhalt-

17. W. Steck, Die Wiederkehr der Pastoraltheologie. Wissenschaftsgeschichtliche Betrachtungen zum Wechsel des Titels, in: PTh 70, 1981, 27. Natürlich ist der erneute Titelwechsel der Zeitschrift höchst signifikant, nicht nur weil er eine Reduktion des früheren Universalitätsanspruchs (»Wissenschaft und Praxis in Kirche und Gesellschaft«) bedeutet.

lichen Gestaltung sehr stark verknüpft ist mit der Entscheidung über ihren methodischen Ansatz, und der wiederum ist verknüpft mit ihrer Stellung im theologischen System insgesamt. Wenn ich recht sehe, stehen für dieses Problem gegenwärtig drei Lösungsmöglichkeiten zur Verfügung.

1. *Normativ* soll ein Ansatz heißen, der innerhalb der Pastoraltheologie von außen vorgegebene Prinzipien zur Anwendung bringt. Das Verfahren sieht dann im einzelnen so aus, daß aus der biblischen und kirchlichen Tradition wichtige Lehraussagen zum Amt, zur Gemeinde, zur Verkündigung usw. herausdestilliert und in ihren Konsequenzen für die kirchliche Praxis in der gegenwärtigen Situation entfaltet werden. Die Pastoraltheologie versteht sich dann als eine Vermittlungsinstanz zwischen den normativen Aussagen, die in der Exegese und der Dogmatik erhoben werden, und deren Anwendung in der kirchlichen Praxis durch den Pfarrer. Dementsprechend formuliert sie vorwiegend Soll-Aussagen. Sie ist faktisch den anderen theologischen Disziplinen einschließlich der Praktischen Theologie nachgeordnet. Was dort im allgemeinen untersucht und reflektiert wird, wird hier im Blick auf ein spezifisches Berufsfeld der Kirche zur Geltung gebracht.

Die Einwände gegen einen derartigen Einstieg liegen gerade nach der Diskussion der letzten zehn Jahre auf der Hand[18]. Praxis wird hier rein als Anwendungsfeld von Theorie gesehen; das aber ist aus mindestens drei Gründen unzureichend:

- Die Theorie wird normativ verstanden, von den Entstehungsbedingungen und den funktionalen Interdependenzen theoretischer Aussagen wird also abstrahiert;
- die Praxis in ihrer Eigendynamik wie in ihrer spezifischen Realität kommt nur verkürzt in den Blick, wenn sie allein als Realisierungsfeld für theoretische Sätze begriffen wird;
- speziell die Probleme des Pfarrers, die in den Konfliktzonen zwischen Beruf, Glaube und Person angesiedelt sind, werden einseitig unter ethischen Vorzeichen traktiert.

Sicher ist, daß die Pastoraltheologie auf die Übernahme biblischer und kirchlicher Lehrtradition nicht verzichten kann; sicher ist auch, daß diese Lehrtradition durchaus einen normativen Aspekt enthält; aber ebenso sicher ist, daß es zu einer Problemreduktion innerhalb der Pastoraltheologie kommt, wenn dieser normative Aspekt dominiert.

2. Während die klassischen Lehrbücher der Pastoraltheologie sehr stark

18. Vgl. N. Mette, Theorie der Praxis. Wissenschaftsgeschichtliche und methodologische Untersuchungen zur Theorie-Praxis-Problematik innerhalb der Praktischen Theologie, Düsseldorf 1978.

von einem solchen normativen Anspruch bestimmt sind, ist ein anderer möglicher Ansatz bisher noch gar nicht realisiert: der *ideologiekritische*. So wäre ein wissenssoziologischer Ansatz zu charakterisieren, der die Pastoraltheologie als Grundform von Theologie überhaupt interpretiert und aufdecken will, daß Theologie prinzipiell die Berufstheorie des religiösen Professionals darstellt. Die theologischen Einzelaussagen wie die Systembildungen wären dann zu verstehen als Ausdruck spezifischer Perspektiven, Bedürfnisse und Interessen, die sich aus den Führungsaufgaben und Leitungstätigkeiten innerhalb einer religiösen Gemeinschaft ergeben.

Um es an einem, zugegeben stark simplifizierten, Beispiel zu verdeutlichen: Theologie als begriffliche Explikation religiöser Tradition gibt es im Neuen Testament vor allem bei Paulus; bei ihm ist aber unverkennbar, daß die theologischen Aussagen aufs engste verquickt sind

- mit der Autoritätsproblematik seines Apostolats (Kor, Gal) und
- mit der Identitätsproblematik seiner Konversion (Röm),

also mit der personalen und, wenn man so will, mit der beruflichen Dimension seiner apostolischen Existenz.

Ideologiekritisch im wissenssoziologischen Sinn wäre ein Ansatz, der derartige Aspekte freizulegen versucht, deswegen, weil er theologische Sätze nicht einfach als reine Aussagen von dogmatischer Wahrheit akzeptiert, sondern nach ihrem Sinn in der beruflichen und personalen Lebenspraxis fragt. Eine Pastoraltheologie auf dieser Basis wäre letztlich als theologische Metatheorie zu bezeichnen, weil sie alle anderen theologischen Disziplinen in eine übergreifende theoretische Perspektive integriert. Die Pastoraltheologie müßte dann behaupten, von den anderen theologischen Disziplinen sagen zu können, warum sie entstanden sind und welchem Zweck sie dienen.

Sicher ist dieser Aspekt in der theologischen Selbstreflexion aller Disziplinen bisher zu kurz gekommen. Die Theologen haben kaum darüber nachgedacht, was es für die Theologie bedeutet, daß sie von Personen entwickelt worden ist, die innerhalb des religiösen Systems Kirche berufliche Positionen wahrnehmen. Theologie steht dadurch von vornherein unter dem Verdacht,

- gegebene Machtpositionen in der Kirche zu legitimieren,
- überlieferte Traditionen gegen Neuentwicklungen zu verteidigen,
- Formen unerwünschter Religiosität im Namen der reinen Lehre abzuwehren und
- von den psychischen und sozialen Konflikten des gelebten Lebens zu abstrahieren.

Natürlich ist die Kombination von beruflicher Tätigkeit und theoretischer Reflexion nicht zufällig. Um über Religion nachdenken zu können, braucht man Motivation, Zeit, Wahrnehmungsfeld, spezifische Interessen. Und die Pastoraltheologie hat sicher die Aufgabe, innerhalb der Theologie dergestalt als selbstkritische Instanz zu wirken, daß die Probleme, die sich aus der institutionellen Stellung der Theologie innerhalb der Kirche ergeben, auch den anderen theologischen Disziplinen bewußt werden.

Dennoch wäre die Hypothese, Theologie sei nur die Berufstheorie der religiösen Professionals, eine Reduktion der gegebenen Realität[19]. Theologie als ganze bearbeitet drei miteinander verquickte Phänomenbereiche:
- sprachliche Phänomene, Texte der Bibel, der kirchlichen Tradition und der Gegenwart;
- soziologische Phänomene, etwa Riten, Gemeinschaftsbildungen, institutionelle Prozesse, gesellschaftliche Antagonismen,
- psychische Phänomene, wie z.B. individuelle Bedürfnisse und Konflikte.

So sehr in die Aussagen der Theologie die beruflichen und die persönlichen Interessen der Theologen eingeflossen sein mögen, so wenig wären diese Aussagen innerhalb von Gemeinde und Kirche kommunikabel, wenn sich darin nicht auch Aspekte fänden, die für die Probleme und Konflikte der anderen Gemeindeglieder lebensrelevant wären. Theologie, die reine Insider-Theorie wäre, fände noch weniger Interesse als das, was wir Theologen in der Gegenwart als Theologie präsentieren.

3. Angesichts der neueren Diskussion bleibt zu prüfen, ob nicht auch die Pastoraltheologie, wie die Praktische Theologie, als *Handlungswissenschaft* entworfen werden kann. Von ihrer Aufgabenstellung her ist eine gewisse Konvergenz zu handlungstheoretischen Ansätzen unverkennbar. Indem sie die Konfliktzonen pastoraler Existenz
- empirisch analysieren,
- kritisch reflektieren und
- konstruktiv modifizieren will,

arbeitet sie auf jenen drei Ebenen, die für handlungstheoretische Entwürfe charakteristisch sind[20]. Daß es im Augenblick noch unmöglich erscheint, eine Pastoraltheologie als entwickelte Handlungstheorie vorzulegen, hat seinen Grund vor allem darin, daß die sachgemäße Zuordnung von sozialwissenschaftlichen und theologischen Fragestellungen, Methoden und

19. Vgl. G. Sauter/Th. Strohm, Theologie als Beruf in unserer Gesellschaft, ThExh 189, München 1976, bes. 14ff.
20. Vgl. K.-F. Daiber, Grundriß der Praktischen Theologie als Handlungswissenschaft. Kritik und Erneuerung der Kirche als Aufgabe, München/Mainz 1977, 61ff.

Einsichten eine Unzahl von Verknüpfungsentscheidungen und -begründungen impliziert. Wie komplex das Verbundnetz ausfallen müßte, kann deutlich werden, wenn man die methodischen Einzelschritte zusammenstellt, die auf der analytischen, der kritischen und der konstruktiven Dimension einer handlungswissenschaftlich orientierten Pastoraltheologie zu vollziehen sind.

Auf der *analytischen* Ebene stehen für die Erfassung der empirischen Realität des Pfarrerberufs vor allem kirchensoziologische Untersuchungen zur Verfügung[21], während die Auswertung von Erfahrungen im Bereich der pastoralpsychologischen Ausbildung sich bestenfalls im Anfangsstadium befindet. Einen theoretischen Rahmen für die Interpretation der Einzeldaten hat K.-W. Dahm mit seiner funktionalen Theorie des kirchlichen Handelns vorgelegt[22], wonach die entscheidenden Funktionsbereiche für die gesellschaftliche Relevanz des kirchlichen Handelns heute in der »Darstellung und Vermittlung von grundlegenden Deutungs- und Wertsystemen« und in der helfenden Begleitung »in Krisensituationen und an Knotenpunkten des Lebens« bestehen[23].

Für eine möglichst vollständige Beschreibung der empirischen Realität des Pfarrerberufs scheint es mir freilich notwendig zu sein, in verstärktem Umfange auch historische, soziogenetische und psychogenetische wie komparatistische Betrachtungsweisen in die Pastoraltheologie einzubeziehen. Schon der Beruf des Pfarrers als solcher, der die zentrale Rolle in der religiösen Gemeinschaft der protestantischen Kirchen spielt, wird in seiner spezifischen Ausprägung erst verständlich, wenn man seine Entwicklung mit dem Prozeß der neuzeitlichen Zivilisation im Zusammenhang sieht und wenn man das spezifische Profil seiner Aufgabenstellung und Lebensweise vergleicht mit den Lösungen, die andere christliche Konfessionen, aber auch andere Religionen[24] für entsprechende Problemkonstellationen gefunden haben. Das Ziel eines solchen interkonfes-

21. Vgl. G. Rau, Was kann die soziologische Analyse zu einer neuen Theorie und Praxis des Pfarramtes beitragen? Literaturbericht zum Thema »Pfarrer«, in: VuF 18, 1973/1, 75ff, sowie die umfassende Bibliographie von V. Drehsen, in: Social compass XXVII/1, 1980, 104ff.
22. K.-W. Dahm, Beruf: Pfarrer. Empirische Aspekte, München 1971, bes. 99ff und 303ff.
23. AaO. 305f.
24. Zur Bedeutung der lange vernachlässigten Religionswissenschaften für die Theologie vgl. H.-R. Müller-Schwefe, Praktische Theologie und Religionswissenschaft, in: U. Mann (Hg.), Theologie und Religionswissenschaft. Der gegenwärtige Stand ihrer Forschungsergebnisse und Aufgaben im Hinblick auf ihr gegenseitiges Verhältnis, Darmstadt 1973, 425ff, und C. Colpe, Nicht »Theologie der Religionsgeschichte«, sondern »Formalisierung religionsgeschichtlicher Kategorien zur Verwendung für theologische Aussagen«, in: Theologie, Ideologie, Religionswissenschaft. Demonstrationen ihrer Unterscheidung, ThB 68, München 1980, 278ff.

sionellen wie interreligiösen Vergleichs kann nicht mehr in der apologetischen Verherrlichung protestantischer Religiosität bestehen, weil das Wesen von Religion sich hier am reinsten realisiert haben soll; vielmehr sollte es dabei um die selbstkritische Einsicht in die Ambivalenzen auch der protestantischen Kirchlichkeit gehen.

Damit aber ist die Frage nach dem Zustandekommen und der Geltung *kritischer* Aussagen innerhalb der Pastoraltheologie angeschnitten. Herkömmlich fällt die Aufgabe der kritischen Reflexion kirchlicher Wirklichkeit der Dogmatik zu, indem sie die gegenwärtige Situation der Kirche im Licht der biblischen Verheißungen und der kirchlichen Lehrtradition bedenkt. Daß die Dogmatik, solange sie einzige Instanz einer solchen Urteilsbildung bleibt, mit dieser Aufgabe überfordert wird, scheint mir gerade im Fall der Pastoraltheologie offenkundig zu sein. Denn wenn es richtig ist, daß die Pastoraltheologie die Konfliktzonen pastoraler Existenz zu erhellen hat, dann ist schon bei deren Analyse, aber erst recht bei deren kritischer Prüfung zu berücksichtigen, daß entscheidende Aspekte auch der kirchlichen Realität der Verschleierung und der Verdrängung anheimzufallen drohen. Um die vorfindliche Wirklichkeit von Kirche hinterfragen zu können, benötigt die Pastoraltheologie deshalb auch den Anhalt an

- gesellschaftstheoretischen Konzeptionen, die damit rechnen, daß die kirchliche Realität eingebettet ist in die Antagonismen sozialer Konflikte, daß gesellschaftliche Realität durch ideologische Konstrukte überhöht und verschleiert wird und daß ein bevorzugtes Feld zur Kaschierung gesellschaftlicher Spannungen die Religion darstellt;

ebenso benötigt die Pastoraltheologie zur vollen Erfassung der pastoralen Existenz den Anhalt an

- tiefenpsychologischen Konzeptionen, die davon ausgehen, daß interaktionale und interpsychische Vorgänge auch von unbewußten Triebkräften gesteuert werden, daß deren Wahrnehmung auch im religiösen Bereich durch Abwehr und Widerstand verweigert wird und daß ein bevorzugtes Feld für solche Verdrängungsvorgänge auch die religiöse Symbolbildung und die theologische Begriffs- und Systembildung sein kann.

Damit ist zugleich gesagt, daß diese drei Instanzen kritischer Reflexion, die dogmatische, die gesellschaftstheoretische und die tiefenpsychologische, nicht unverbunden nebeneinanderstehen und nacheinander abgehandelt werden können, sondern daß sie im Blick auf konkrete Einzelfragen pastoraler Existenz miteinander kombiniert werden müssen. Dabei kann es auch für den, der an der sachlichen Vorordnung der Dogmatik festhalten will, unter Umständen notwendig sein, gerade um der intendierten Priorität dogmatischer Sätze willen deren Inhalt und Wirkung mit Hilfe gesellschaftstheoretischer und tiefenpsychologischer Einsichten kritisch zu überdenken.

Aus der Kombination von dogmatischen, gesellschaftstheoretischen und tiefenpsychologischen Kategorien zur Entwicklung kritischer Gesichtspunkte ergibt sich die Eigenart dessen, was eine derartige Pastoraltheologie an *konstruktiven* Aussagen zu liefern vermag.

Eine rein dogmatisch arbeitende Pastoraltheologie würde klare Soll-Aussagen formulieren müssen. Aus normativen Prinzipien würden im Idealfall eindeutige Handlungsanweisungen deduziert, die die Veränderung der kirchlichen Realität in einer bestimmten Richtung intendieren. Auf der anderen Seite würde eine rein empirische Pastoraltheologie im Grunde nur Ist-Aussagen zustande bringen, indem sie die Situation des Pfarrers unter den gegebenen kirchlichen und gesellschaftlichen Bedingungen beschreibt; für weitergehende Aussagen, die auch eine Handlungsperspektive einschließen, wird sie sich als unzuständig erklären müssen. Eine Pastoraltheologie, die die Konfliktzonen pastoraler Existenz zu erhellen bemüht ist und dies im handlungswissenschaftlichen Sinn zu durchleuchten unternimmt, wird hinsichtlich ihrer konstruktiven Aufgabe das Ziel verfolgen,

- die Wahrnehmungsbreite,
- die Einstellungsbreite und
- die Verhaltensbreite

der angesprochenen Leser, seien es Pfarrer oder nicht, erweitern zu wollen. Die faktische Wirkung eines solchen Unternehmens kann natürlich ganz unterschiedlich aussehen. So kann z.B. die Explikation der Machtproblematik im Pfarrerberuf dazu führen, daß sich der einzelne Pastor seiner Wünsche und Ängste bewußt wird – oder auch nicht. Den Hinweis auf die Kontexte seiner Berufs- und Glaubensprobleme in der gesellschaftlichen und psychischen Realität kann der einzelne als Befreiung erleben, aber auch als Verunsicherung, gegen die er sich schützen muß. Und auf der Basis einer erweiterten Wahrnehmung und einer modifizierten Einstellung können Verhaltensalternativen ausprobiert werden; aber es kann gerade in Phasen einer inneren Umstrukturierung für den einzelnen auch das Festhalten an den bisherigen Verhaltensformen notwendig sein.

V.

Damit rede ich von den Grenzen dieses Buches.

Ich habe unter den zu behandelnden Problemfeldern eine Auswahl treffen müssen. Im Rückblick vermisse ich, über einzelne Andeutungen hinaus, ein ausgeführtes Kapitel zum Verhältnis zwischen dem Pfarrer und den anderen Mitarbeitern.

Ich habe angesichts der Komplexheit der behandelten Themen immer nur Einzelaspekte herausgreifen können. Vor allem der historische Hintergrund, aber auch der interkonfessionelle bzw. der religionswissenschaftliche Vergleich können durchweg nur thetisch und skizzenhaft angedeutet werden.

Schließlich bildet der akademische Stil, in dem dieses Buch geschrieben ist, einen gewissen Widerspruch zu dem Ziel, das ich damit verfolge: dem Pfarrer zu helfen, sich selbst, und anderen zu helfen, den Pfarrer besser zu verstehen.

Es wäre ja auch möglich, bei Beschreibungen von Vorgängen aus der Praxis anzusetzen, die in einem zweiten Gang reflektiert und danach ausgewertet werden.

Der Pfarrer und das Amt

Der Pfarrer ist anders. Seine Andersartigkeit wird in der klassischen Pastoraltheologie in der Lehre vom Amt reflektiert. Ob dieses Amt, wie im römischen Katholizismus, durch Weihe vermittelt, substanzhaft vorgestellt, hierarchisch organisiert wird und in einem character indelebilis besteht oder ob es, wie es der protestantischen Tradition entspricht, von der Funktion her begründet und in personalen Kategorien entfaltet wird[1], immer geht es in der Lehre vom Amt um eine Verhältnisbestimmung zwischem dem Pfarrer und der Gemeinde, die die Beziehung zwischen beiden in den Spannungen von Distanz und Nähe, Autorität und Solidarität, Auftrag und Erwartung zu erfassen versucht.

Grundlegend für den Weg ins kirchliche Amt ist das, was in der Sprache der pastoraltheologischen Tradition Berufung heißt. »Gott beruft in mannigfaltiger Weise in den Gemeindedienst. Jedoch sind für den Weg in die Jüngerschaft wohl immer drei Stufen kennzeichnend: Ruf, Entschluß zur Gefolgschaft, Treue, die in Anfechtungen reift.«[2] Dabei hat die Rede von der Berufung vornehmlich einen vergewissernden Sinn. Wer sich berufen weiß, braucht sich der eigenen Unwürdigkeit nicht zu schämen. Gegenüber jeder denkbaren Zukunftsentwicklung kann er auf die Verheißung Gottes vertrauen. Und in Zeiten des Zweifelns kann er sich auf die eigene Berufung, wie immer sie erlebt werden mag, gegen alle Anfechtungsfaktoren – berufen.

Diese Vergewisserungsintention der Rede von der Berufung war und bleibt auf die Beseitigung innerer Skrupel gerichtet. Aber in den letzten Jahrzehnten ist mit dieser Redefigur auch sehr stark eine Absicherung nach außen verbunden. Die Berufung schützt und verpflichtet den Amtsträger in Situationen politischer Konfrontation. Sie schützt und verpflichtet ihn nicht nur gegenüber der Gesellschaft im ganzen, sondern speziell

1. Vgl. G. Haendler, Amt und Gemeinde bei Luther im Kontext der Kirchengeschichte, Arbeiten zur Theologie 63, Stuttgart 1979, und J. Baur (Hg.), Das Amt im ökumenischen Kontext. Eine Studienarbeit des Ökumenischen Ausschusses der VELKD, Stuttgart 1980.
2. G. Holtz, Zur Person des kirchlichen Amtsträgers, in: Handbuch der Praktischen Theologie I, Berlin 1975, 299ff, hier 303.

im Blick auf die Ansprüche, Erwartungen und Wünsche aus der eigenen Gemeinde. Für das Selbstbewußtsein der Pfarrer vor allem im Gefolge der dialektischen Theologie scheint es charakteristisch zu sein, daß sie ihr Verhältnis zur Gemeinde durch die Spannung von göttlichem Auftrag und menschlicher Erwartung interpretieren. Dabei werden soziale und psychische Motivatoren wirksam, die es verbieten, das Phänomen der pastoralen Andersartigkeit, das sich in diesem Denkmuster artikuliert, allein in theologischer Begrifflichkeit erfassen zu wollen.

I.

Der Pfarrer ist anders. Das heißt zunächst: Der Pfarrer will anders sein. Er will sich dem Erwartungshorizont, den er bei den Gemeindegliedern vermutet, entziehen. Er sieht sich im Dienst eines Auftrags, der zu menschlichen Bedürfnissen, Sehnsüchten, Wünschen im Gegensatz steht.

In der zweiten Auflage seines Römerbriefs hatte K. Barth die apostolische Existenz mit einem Satz Kierkegaards charakterisiert: »Der Apostelberuf ist ein paradoxes Faktum, das im ersten und letzten Augenblick seines Lebens außerhalb seiner persönlichen Identität mit ihm selbst steht«[3]. Die Paradoxie besteht für Barth darin, daß der Apostel zugleich Mensch unter Menschen und als von Gott Berufener »ein ›Ausgesonderter‹, ein Vereinzelter, ein Verschiedener« ist[4]. Die logische Paradoxie manifestiert sich als soziologische Diastase. »Gerade als Apostel ohne ein geordnetes Verhältnis zur menschlichen Gemeinschaft in ihrer geschichtlichen Wirklichkeit, von da aus gesehen vielmehr eine nur als Ausnahme mögliche, ja unmögliche Erscheinung.«[5] Und die soziologische Diastase gründet in einem theologischen Auftrag, der alle menschlichen Bedürfnis- und Erwartungskategorien, auch und gerade die religiösen, sprengt. »Also keine religiöse Botschaft, keine Nachrichten und Anweisungen über die Göttlichkeit oder Vergöttlichung des Menschen, sondern Botschaft von einem Gott, der ganz anders ist, von dem der Mensch als Mensch nie etwas wissen noch haben wird und von dem ihm eben darum das Heil kommt.«[6]

Die Andersartigkeit, zu der sich der Pfarrer in der Nachfolge des Apostels verpflichtet sieht, die er gegen Nivellierungs- und Vereinnahmungs-

3. K. Barth, Der Römerbrief, Neunter Abdruck der neuen Bearbeitung, Zürich 1954, 3.
4. Ebd.
5. AaO. 4.
6. Ebd. In der ersten Auflage steht der lapidare Satz: »Eine Botschaft von *Gott* hat er auszurichten, keine menschliche Religionslehre« (Der Römerbrief, Zürich 1919, 1).

tendenzen zu vertreten hat, soll die Andersartigkeit Gottes zur Geltung bringen. Sie ist zu verstehen als Versuch zur theologischen Definition einer sozialen Rolle. Inwieweit in den Anfängen der dialektischen Theologie diese Rollenzuschreibung sich wirklich nur einer theologischen Konzeption verdankt und nicht mindestens auch gesellschaftlichen Veränderungen und geistesgeschichtlichen Entwicklungen, braucht hier nicht entschieden zu werden. Immerhin läßt sich der Satz, der Apostel existiere »ohne ein geordnetes Verhältnis zur menschlichen Gemeinschaft«, auch als Reflex auf das Zusammenbrechen der Koalition von Thron und Altar, von Kultur und Kirche interpretieren und damit als Ausdruck jener Krisenmentalität, die gerade die politischen Einstellungen der evangelischen Pfarrerschaft in der Weimarer Zeit erheblich verunsichert hat[7]. Der gesellschaftlichen Erschütterung soll eine theologische Eindeutigkeit Abhilfe schaffen, die auch das Unsicherheitsgefühl, die fehlende Möglichkeit zur Rollenidentität in der Gesellschaft sachlich legitimiert. Und der Andersartigkeit des Pfarrers entspricht die Einsamkeit des expressionistischen Künstlers, der sich ebenfalls außerhalb der Lebenszusammenhänge lokalisiert, der an den verrotteten Institutionen Kritik übt und der sich in den Dienst einer utopischen Humanität gestellt sieht[8].

Die Spannung zwischen Auftrag und Erwartung, die seither das Selbstverständnis des Pfarrers bestimmt, äußert sich in vielen Situationen seiner alltäglichen Praxis. Wird sie zur Grundfigur seiner theologischen Existenz, prägt sie die Wahrnehmung anderer Menschen, die Einstellung ihnen gegenüber und das eigene Verhalten in der Begegnung mit ihnen. Wer sich in diese Spannung gestellt sieht, wird einerseits auf andere mit Mißtrauen zugehen und wird auf der anderen Seite sich gegen sie abgrenzen müssen. Denn bildet die Differenz zwischen Auftrag und Erwartung das Wahrnehmungsraster für die soziale Realität, lauert in jedem Gesprächspartner und in jeder sozialen Situation die Gefahr, dem eignen Auftrag untreu zu werden. Gleichzeitig aber enthält jeder kommunikative Akt den Appell, den anderen Menschen, der einem beim Hausbesuch, bei der Beerdigung oder im Gottesdienst als Predigthörer begegnet, im Sinne des eigenen Auftrags zu belehren, zu beeinflussen oder auch zu manipulieren. Wer sich selbst im Dienst eines anderen sieht, muß die Andersartigkeit anderer Menschen als problematisch erleben.

Die Spannung zwischen Erwartung und Auftrag wird vom Pfarrer in

7. Vgl. K.-W. Dahm, Pfarrer und Politik. Soziale Position und politische Mentalität des deutschen evangelischen Pfarrerstandes zwischen 1918 und 1933, Köln 1965.
8. Vgl. W. Rothe, Der Expressionismus. Theologische, soziologische und anthropologische Aspekte einer Literatur, Frankfurt 1977.

vielen Situationen seiner beruflichen Alltagsarbeit erlebt. Die praktisch-theologische Literatur hat das Problem vor allem in drei Bereichen diskutiert: im Blick auf die Beerdigungspraxis, im Zusammenhang mit den christlichen Festen, im Konfliktfeld der politischen Predigt. Einige Zitate sollen verdeutlichen, wie prominente Autoren das Problem beschreiben und zu lösen versuchen.

R. Bohren hat vielen Pfarrern aus dem Herzen gesprochen, als er vor zwanzig Jahren die verbreitete Rede von der Kasualpraxis als missionarischer Gelegenheit kritisiert hat. Was er unter dem Stichwort der »Baalisierung der Kasualrede« zusammenfaßt, meint jenen Vorgang, durch den angesichts der Übermacht der rituellen Situation »Christus unmerklich zum Baal, zu dem Gott, der das kreatürliche Leben segnet, zum Gott der Fruchtbarkeit, zum Garanten von Eheglück und gelungener Erziehung« verwandelt wird[9]. Verführt wird der Pfarrer zur Verfälschung des Evangeliums aber durch den Erwartungshorizont derer, die ihn in dieser Situation als Zeremonienmeister mißbrauchen. »Verlangt wird im Normalfall nicht das Wort des Evangeliums, sondern die Handlung. Dem Pastor aber geht es um die Ausrichtung des Evangeliums. Weil das Reden des Pfarrers zur Handlung gehört, läßt man ihn reden. Was er sagt, ist sowieso mehr oder weniger seine Privatsache . . . Weil man die Handlung des Pfarrers will, nimmt man vieles, was der Pfarrer sagt, gutmütig in Kauf.«[10] Die theologische Unmöglichkeit der Kasualsituation besteht für Bohren letztlich darin, daß sich hier Erwartung und Auftrag diametral widersprechen. Selbst wenn der Pfarrer dem Verlangen nach Bestätigung widersteht, bleibt er im Widerspruch auf die Adressaten und ihre Wünsche fixiert. Aus dem Teufelskreis von Erwartung und Verführung gibt es deshalb nur einen Ausweg, die Verweigerung, die die Gemeinde zur Selbstversorgung zwingen soll.

Nur in der Radikalität der empfohlenen Konsequenz unterscheidet sich Bohrens Analyse von ähnlichen Äußerungen anderer Autoren[11]. Die Bedrohung für die Reinheit der Verkündigung gilt auch als Problem der großen kirchlichen Festtage, nur rechnet man in der Regel damit, daß der Pfarrer der Versuchung zur Anpassung zu widerstehen und die Gemeinde zu einem korrekten Vollzug des Festes anzuleiten vermag. Am deutlich-

9. R. Bohren, Unsere Kasualpraxis – eine missionarische Gelegenheit?, ThExh 147, München 1968³ (1960¹), 19.
10. AaO. 18.
11. Schon 1947 hatte G. Harbsmeier seine Kritik der gängigen Beerdigungspraxis unter das Leitmotiv »Heidentum in sogenannter christlicher Form« gestellt: Was wir an den Gräbern sagen, in: Anstöße. Theologische Aufsätze aus drei Jahrzehnten, Göttingen 1977, 64ff.

sten verrät eine Überschrift in H. Schreiners Homiletik die theologische Stimmung gegenüber den Feiertagen: »Von der Verführung der großen Festtage«[12]. Schreiner unterstreicht zunächst ihren Doppelcharakter: »Gottes Gnade besucht uns besonders eindringlich. Aber immer wenn das geschieht, wachen die Dämonen auf.« Wenn der nächste Satz das Stichwort »Gemeinde« bringt, ahnt man, wo die Dämonen gedeihen. Die Gemeinde nämlich erlebt den Sinn der Feste durchaus gemischt. »Da steht Heidnisches und Christliches dicht beieinander, ist miteinander verschmolzen oder steht widereinander, in schreiendem Gegensatz ... Glaube, Halbglaube, Aberglaube und Unglaube – sie alle sind wach.«[13] Die Aufgabe des Pfarrers besteht in dieser Verführungssituation in der »entschlossenen Hinwendung« zum kirchlichen Sinn des Festes und damit zu den Texten[14]. Das Zeugnis der Schrift leitet an, der Erwartung der Hörer weder durch Anpassung noch durch dogmatische Belehrung zu folgen. Der Pfarrer kann anders bleiben, weil und sofern er sich dem Erwartungsdruck mit Hilfe der Bibel entzieht.

Ein dritter Bereich, an dem sich die Diskrepanz zwischen Erwartung und Auftrag manifestiert, ist der Streit um die politische Predigt. Wenn die VELKD-Untersuchung erbracht hat, daß die befragten Protestanten zu 60 % die Erörterung politischer Tagesfragen auf der Kanzel ablehnen, dagegen in verstärktem Umfang die Behandlung von Themen wie »Frieden«, »Gerechtigkeit auf der Welt«, »Nächstenliebe« und »Wahrheit« verlangen[15], dann wird man diese Zahlen so interpretieren können[16], daß sich hier ein Konsens über Grundwerte artikulieren soll, die in ihrer Allgemeinheit unumstritten und in gleicher Weise mit politischen wie religiösen Einzelinhalten zu füllen sind. In der Predigt soll laut werden, worüber bei allen Einverständnis besteht. Wenn der Pfarrer über die Formulierung dieses Konsenses hinausgehen will, gerät er in einen doppelten Zugzwang. Er muß die Rezeptionsbarrieren, die die Erwartungen darstellen, zu überspringen versuchen. Er muß aber vor allem seine Absicht, nun auch zu po-

12. H. Schreiner, Die Verkündigung des Wortes Gottes. Homiletik, Schwerin 1936², 175; dort auch das folgende Zitat. – Für die neuere Diskussion vgl. vor allem G. Rau, Rehabilitation des Festtagskirchgängers, in: M. Seitz / L. Mohaupt (Hg.), Gottesdienst und öffentliche Meinung. Kommentare und Untersuchungen zur Gottesdienstumfrage der VELKD, Stuttgart 1977, 83ff.

13. AaO. 176.

14. AaO. 184.

15. G. Schmidtchen, Gottesdienst in einer rationalen Welt. Religionssoziologische Untersuchungen im Bereich der VELKD, Stuttgart/Freiburg 1973, 96f.

16. Vgl. L. Ulrich, Erwartungen an die Predigt. Überlegungen zu Ergebnissen der Gottesdienstumfrage, in: M. Seitz / L. Mohaupt (Hg.), Gottesdienst und öffentliche Meinung, aaO. 121ff.

litischen Tagesfragen das Wort zu ergreifen, legitimieren[17]. Auch da bildet die Differenz zwischen Erwartung und Auftrag für ihn eine gängige Denkfigur.

Der Pfarrer, der seine Rolle durch die Spannung zwischen Erwartung und Auftrag definiert, bestimmt im Rahmen dieser Einstellung seine Stellung in der Gemeinde. Er sieht sich nicht oberhalb oder außerhalb ihrer, aber im Gegenüber zu ihr. Wo die Gemeinde den Auftrag verfälschen will, will er treu bleiben und die Reinheit des Evangeliums verteidigen. Anders zu sein, ist ihm dann Pflicht, Wunsch und Belastung. Mit Hilfe der Bibel muß er abwehren, was seinen Auftrag auch im religiösen Kontext bedroht. Das Wort der Verheißung kann vom Ritual verschlungen und zur Verherrlichung des kreatürlichen Lebens mißbraucht werden. Der christliche Ansatz der Feste kann sich mit heidnischen Traditionen und Feierformen vermischen. Das Wort des göttlichen Friedens kann verinnerlicht werden und zum religiösen Seelentrost degenerieren. Im Gehorsam gegen den Auftrag ist der Pfarrer Wahrer der Tradition, Wächter der reinen Lehre und Lehrer seiner Gemeinde, Experte in Theologie.

Die Frage ist: Woher kommt diese Denkfigur? Auf welchen soziologischen und psychologischen Konstellationen beruht sie? Welche theologische Relevanz kann sie in Anspruch nehmen, wenn ihre soziologischen und psychologischen Implikate bekannt sind?

II.

Der Pfarrer will anders sein. Ihm erscheint es als Pflicht, seinem Auftrag zu folgen und sich gegen Erwartungen aus der Gemeinde, die die Reinheit des Evangeliums im Rahmen einer allgemeinen Religiosität aufzulösen drohen, abzugrenzen. Daß es die Spannung zwischen Auftrag und Erwartung in der Realität der parochialen Praxis wirklich gibt, ist nicht zu bestreiten. Daß die Schwierigkeiten, die zwischen Pfarrer und Gemeinde auftreten mögen, immer mit Hilfe dieses Interpretationsrasters wahrge-

17. S. etwa Y. Spiegel/U. Teichler, Theologie und gesellschaftliche Praxis, München 1974, 86f: »Generell gewinnt man aus den Äußerungen den Eindruck, daß nicht so sehr eine einseitige politische Haltung der Hörer die politische Predigt so schwer macht. Es ist vor allem die Erwartung der Gemeinde, nur in solchen Fragen angesprochen zu werden, die sie selber persönlich beschäftigen . . . Es bedarf dann eines besonderen theologischen Anstoßes, der über den seelsorgerlichen Anlaß hinausgeht, um solche weiterreichenden sozialethischen und politischen Themen zu behandeln. Dies mag die Ursache dafür sein, daß theologisch nicht profilierte Pfarrer besonders selten auf politische Fragen zu sprechen kommen.«

nommen werden müssen, ist andererseits auch nicht selbstverständlich. Die Eigenart der Rollendefinition, die der Pfarrer mit dem Spannungs-Modell vollzieht, läßt sich durch einige religionsgeschichtliche und religionssoziologische Hinweise präzisieren.

Seitdem Grundfunktionen menschlichen Lebens arbeitsteilig verwaltet werden, gehört die Spezialisierung der religiösen Rollen zu den frühesten Formen gesellschaftlicher Differenzierung. Neben dem politischen Führer, dem Häuptling und König, ist es der Zauberer, der Medizinmann, der Priester, der als erster eine besondere Aufgabe im sozialen System zugewiesen erhält. Als Träger einer spezifischen Macht besitzen die Spezialisten in Sachen Religion durchaus einen besonderen Status. Durch den Initiationsakt der Weihe stehen sie unter dem Schutz des Tabu. Durch Überlieferung und Offenbarung verfügen sie über geheimes, heilvolles wie gefährliches Wissen. Auch der Charismatiker, der nicht im Rahmen einer Traditionskette auftritt, ist ein ausgesonderter Mensch, weil er die Berufung durch seinen Gott demonstrieren kann. Sie alle sind also anders, der Zauberer, der Priester, der Geistbegabte. Sie sind anders aber auf eine Weise, die sich von der intendierten Andersartigkeit des Pfarrers charakteristisch unterscheidet.

Es ist keineswegs einfach, das spezifische Profil der angeführten religiösen Rollen im einzelnen nachzuzeichnen. In seiner idealtypischen Betrachtung führt M. Weber als eine Möglichkeit zur Differenzierung zwischen Zauberer und Priester den Gesichtspunkt an, »daß die Funktionäre, sei es erblich oder individuell angestellt, im Dienst eines vergesellschafteten sozialen Verbandes, welcher Art immer er sei, tätig werden, also als dessen Angestellte oder Organe und lediglich im Interesse seiner Mitglieder, nicht wie die Zauberer, welche einen freien Beruf ausüben«[18]. Trotz dieses Unterschiedes, der sich meistens in der Bindung an einen Kultort manifestiert, gibt es zwischen dem Zauberer und dem Priester eine fundamentale Gemeinsamkeit. Sie beide sind, selbst wenn sie sich untereinander befehden, gerade durch ihre Andersartigkeit in das soziale System integriert. Sie verwalten die kultische oder magische Macht, die der Sippe oder dem Stamm zur Verfügung steht. Nicht obwohl, sondern weil sie anders sind, gehören sie notwendigerweise dazu. Und ihre Macht wirkt sich in der Regel positiv aus; die Schadenskräfte, über die sie verfügen, richten sich oft gegen äußere, schlimmstenfalls gegen persönliche Feinde, werden aber so gut wie nie gegen die eigene Sozialität eingesetzt. Überspitzt kann man sagen: Zauberer und Priester sind Exekutivorgane reli-

18. M. Weber, Wirtschaft und Gesellschaft. Grundriß der verstehenden Soziologie I, Tübingen 1956^4, 259.

giöser Potenzen in einem gesellschaftlichen System, sie stehen oberhalb, teilweise auch außerhalb der Stammesgemeinschaft, aber eigentlich nicht in einem Verhältnis, das sich als antagonistisch beschreiben läßt.

Eine solche Andersartigkeit beginnt mit dem rätselhaften Auftreten der Propheten in Israel. Bei ihnen artikuliert sich die Berufung durch Gott und die Berufung auf Gott im Widerspruch gegen die Verhältnisse ihrer Gesellschaft, auch und gerade im Bereich der Religion. »Sie traten nicht als Glieder einer Gilde oder eines Standes, nicht als Vertreter eines Stammes oder einer Sippe, auch nicht als Beamte eines Heiligtums oder Königs auf, sondern betonten stets, daß sie ausschließlich als Vertreter und Botschafter ihres Gottes gegen Volk, König und Heiligtum auftreten.«[19] Die Spannung zwischen Auftrag und Erwartung, die ihr Wirken in der Öffentlichkeit charakterisiert und die sich bis zur Zementierung dieser Spannung durch die intendierte Verstockung der Hörer potenzieren kann, wird greifbar in schon der neuen literarischen Gattung der Berufungsberichte.

»Das, was in den alten kultischen Formen im Ichstil über die Dinge zwischen Gott und dem Menschen gesagt wurde, das konnte und sollte mehr oder minder jeder von sich sagen; es war mehr ein kollektives, inklusives Ich, während das der prophetischen Aufzeichnungen ausgesprochenermaßen ein exklusives Ich ist. Diejenigen, die in diesen Berichten zu uns reden, waren ja Männer, die in einem entscheidenden Sinn aus den religiösen Ordnungen, die die Vielen noch für gültig hielten, herausgerufen waren (und was bedeutete das für einen antik-orientalischen Menschen!) und die deshalb vor der Notwendigkeit standen, sich in ihrer neuen und durchaus analogielosen Situation vor sich und vor den anderen zu rechtfertigen. Der Prophet berichtet von einem Ereignis, das ihn mit einem Auftrag, mit einem Wissen und einer Verantwortung belud, das ihn vor Gott ganz auf sich selbst stellte. Und das zwang den Propheten dazu, sich in dieser seiner Sonderstellung gegenüber den Vielen zu legitimieren.«[20]

Kaum eine der Fragen, die durch das Auftreten der Propheten gestellt sind, ist bisher befriedigend geklärt. Sind sie ein spezifisches Phänomen in Israel? Hat es kultische Vorläufer gegeben? Wie ist ihr Auftreten zu erklären? Wie ist ihr Offenbarungsempfang zu verstehen? Wie ist es zur Schulbildung, zur Entwicklung eines prophetischen Amtes, zur schriftlichen Sammlung der Tradition gekommen? Auf welche Normen stützen sie ihre Kritik[21]?

In der neueren Exegese werden die Fragen besonders im Blick auf den

19. G. Fohrer, Die Propheten des Alten Testaments 1, Gütersloh 1974, 11.
20. G. von Rad, Theologie des Alten Testaments II, München 1960, 66f.
21. Zur Forschungsgeschichte und Forschungssituation vgl. K. Koch, Die Profeten I, Urban-Taschenbücher 280, Stuttgart 1978, und P. H. A. Neumann, Prophetenforschung seit H. Ewald, in: ders. (Hg.), Das Prophetenverständnis in der deutschsprachigen Forschung seit Heinrich Ewald, Wege der Forschung CCCVII, Darmstadt 1979, 1ff.

ersten Vertreter der Schriftprophetie, Amos, verhandelt. H. W. Wolff hat die verschiedenen Vorschläge in einem Fragenkatalog zusammengestellt:

»Sah er das alte Gottesrecht so sehr verletzt, daß ihm deshalb alle Hoffnung auf eine Zukunft Israels entschwand? Haben wir ihn also als einen unerhört selbständigen Zeitkritiker anzusehen oder als einen Kultusbeamten, der die alte Fluchagende weiterentwickelte, oder als einen Rechtskünder, der als Gesetzesausleger den Maßstab des überlieferten Gotteswillens an seine Zeitgenossen legte?«[22]

Man kann den Beginn der klassischen Prophetie also unter vielen Gesichtspunkten interpretieren. Man kann sie verstehen und hat sie verstanden als Prediger des Bundesgesetzes[23], als Entdecker der sittlichen Weltordnung, als Visionäre des Untergangs, als Vertreter eines bestimmten Gesellschaftsideals, als Wahrer der israelitischen Sippenweisheit, wie Wolff selber sie sieht[24], oder, so der Vorschlag von K. Koch, als Sozialkritiker[25], die in der Erfahrung der Bundesgeschichte verwurzelt sind.

Von der traditionsgeschichtlichen Frage nach der Herkunft der Kriterien und Normen der prophetischen Sozial- und Kultkritik ist zu unterscheiden der Anlaß, der die Ausbildung der prophetischen Botschaft allererst notwendig macht. Woher auch immer man die Tradition für den prophetischen Widerspruch ableiten mag, deutlich ist, daß dieser Widerspruch in einer bestimmten Situation erfolgt, in einer Situation, die durch verschiedene Spannungsmomente gekennzeichnet ist. Im 8. Jahrhundert befindet sich Israel im Übergang von der Eidgenossenschaft der Amphiktyonie zum Königtum[26], in der Ablösung vom nomadischen Erbe zur kanaanäischen Stadtkultur, die vor allem in Gestalt einer einflußreichen Beamtenschaft, etwa bei der Rechtssprechung, neue Sitten und Unsitten praktiziert[27]. Wichtigstes Merkmal dieser Entwicklung ist eine zunehmende Verschuldung und in deren Folge die Versklavung der freien Bau-

22. H. W. Wolff, Die Stunde des Amos. Prophetie und Protest, München 1979⁴ (1969¹), 31.
23. Vgl. W. Zimmerli, Das Gesetz und die Propheten. Zum Verständnis des Alten Testamentes, KVR 166–168, Göttingen 1969².
24. S. vor allem H. W. Wolff, Amos geistige Heimat, WMANT 18, Neukirchen 1964, und ders., Mit Micha reden. Prophetie einst und jetzt, München 1978, 30ff.
25. K. Koch, Die Entstehung der sozialen Kritik bei den Propheten, in: Probleme biblischer Theologie. Festschrift G. von Rad, München 1971, 236ff, abgedruckt auch in: P. H. A. Neumann (Hg.), aaO. 565ff; bei Koch auch die Zusammenstellung der verschiedenen Interpretationsmöglichkeiten.
26. Vgl. zuletzt F. Crüsemann, Der Widerstand gegen das Königtum. Die antiköniglichen Texte des Alten Testaments und der Kampf um den frühen israelitischen Staat, WMANT 49, 1979.201ff.
27. Vgl. A. Alt, Der Anteil des Königtums an der sozialen Entwicklung in den Reichen Israel und Juda, Kleine Schriften zur Geschichte des Volkes Israel III, München 1968², 348ff, und H. Donner, Die soziale Botschaft der Propheten im Lichte der Gesellschaftsordnung in Israel, Oriens Antiquus 2, 1963, 236ff.

ernschaft, die übrigens nicht nur in Palästina, sondern auch in Griechenland, in Italien und im Iran zu beobachten ist und die man unter der Überschrift »Die Entstehung der antiken Klassengesellschaft« beschrieben hat[28]. Amos und Hesiod sind durchaus miteinander vergleichbar.

»Im Zusammenstoß zwischen kleinbäuerlicher, der Sippe verhafteter, und großbäuerlich-frühkapitalistischer Gesellschaft im 8. und 7. Jahrhundert erhoben die israelitischen Propheten ihre Stimme. In der Wandlung vom Adelsstaat zur Polis verkündigt der böotische Dichter Hesiod um die Wende vom 8. zum 7. Jahrhundert die Macht der δίκη, der Gerechtigkeit, welche Adel und Gemeinfreie in eine neue Gemeinschaft einfügt.«[29]

Dann aber ist der Antagonismus, der sich in der prophetischen Botschaft artikuliert, nicht zu verstehen ohne die Antagonismen der Gesellschaft, in der die Propheten erscheinen. Gewiß sind sie in keiner Weise Propagandisten einer Revolution[30]. Der gewaltsame Umsturz, den sie ankündigen, wird von Jahwe in Gang gesetzt. Aber die Formulierung M. Webers, der Prophet stünde »dem Demagogen oder politischen Publizisten näher als dem ›Betrieb‹ eines Lehrers«[31], trifft jedenfalls in der Hinsicht einen wichtigen Sachverhalt, daß sich in diesen Gestalten eine religiöse Figur auf dem politischen Forum präsentiert mit der Absicht, auf die öffentliche Meinung Einfluß zu gewinnen. Die Andersartigkeit der klassischen Propheten ist also von zweifacher Art. Sie unterscheiden sich von dem, was bis dahin als Seher oder Nabi in Israel zu beobachten war. Und sie unterscheiden sich vor allem dadurch, daß sie nun Widerspruch, Kritik, ja Unheil im Namen Jahwes ankündigen. Ihr Erscheinen ist aus den sozialen Spannungen ihrer Zeit nicht zu erklären. Aber es ist ohne den Hinter-

28. Vgl. die Beiträge des Bandes H. G. Kippenberg (Hg.), Seminar: Die Entstehung der antiken Klassengesellschaft, stw 130, Frankfurt 1977.
29. O. Kaiser, Gerechtigkeit und Heil bei den israelitischen Propheten und griechischen Denkern des 8.–6. Jahrhunderts, NZsTh 11, 1969, 312ff, hier 313.
30. Eben deswegen werden sie in der marxistischen Religionstheorie kritisiert; vgl. S. A. Tokarew, Die Religion in der Geschichte der Völker, Köln o.J. [1978], 482f: »Als sich aber in Israel und Juda . . . die Klassengegensätze verschärften, betätigten sich die Propheten in einem gewissen Grade als Wortführer des unzufriedenen Volkes . . . Dieser Ruf nach moralischer Reinigung, nach Recht und Gerechtigkeit hatte einen ziemlich klaren Klassensinn; die Propheten, die meist aus den gebildeten und herrschenden Gesellschaftskreisen stammten, lenkten die Unzufriedenheit und den Protest des unterdrückten Volkes von den eigentlichen Schuldigen ab. Die Ursache des Bösen, die Ursache der Nöte des Volkes ist nach den Propheten nicht in der sozialen Ungleichheit, nicht in der Ausbeutung, sondern auf rein moralischem Gebiet zu suchen, darin nämlich, daß das Volk sündig ist.«
31. M. Weber, aaO. 272; s. auch: Gesammelte Aufsätze zur Religionssoziologie III, Tübingen 1923², 281f: »Die vorexilischen Propheten von Amos bis Jeremia und Hesekiel waren, mit den Augen der außenstehenden Zeitgenossen angesehen, vor allem: politische Demagogen und, gelegentlich, Pamphletisten.«

grund dieser Spannungen auch nicht zu verstehen. Der Antagonismus ihrer Botschaft ist auch Ausdruck einer antagonistischen Konfliktsituation in der Gesellschaft.

Zwischen den Anfängen der klassischen Prophetie und der Gegenwart liegt eine lange Geschichte. Warum sich die Denkfigur des antagonistischen Auftrags, warum sich auch so typische Nomadenmotive wie der Exodus[32] oder das wandernde Gottesvolk[33] durch die Jahrtausende hin erhalten haben, wäre eine verdienstvolle Untersuchungsaufgabe. Notwendig ist jetzt nur der Hinweis, daß der Pfarrer, der sich von jener Denkfigur her interpretiert, damit in erhebliche Widersprüche gerät.

Der Pfarrer, der sich in der Spannung zwischen Auftrag und Erwartung arbeiten sieht, will Prophet sein, obwohl er als Priester lebt. Er ist nicht von Gott berufen, sondern von der Gemeinde, wenn auch im Namen Gottes. Er tritt nicht privat auf, sondern im Rahmen einer Institution. Weil er an den Kultraum gebunden ist, weil er ein Kanzelrecht hat, findet er auch in der Öffentlichkeit Beachtung. Vor allem: Er wird von der Institution Kirche für die Erfüllung des Auftrags, im Namen Gottes zu reden, bezahlt.

> »Die Unentgeltlichkeit der prophetischen Propaganda, z.B. der ausdrücklich festgehaltene Grundsatz: daß der Apostel, Prophet, Lehrer des alten Christentums kein Gewerbe aus seiner Verkündigung mache, nur kurze Zeit die Gastfreundschaft seiner Getreuen in Anspruch nehmen, entweder von seiner Hände Arbeit oder (wie der Buddhist) von dem ohne ausdrückliche Bitte Gegebenen leben muß, wird in den Episteln des Paulus (und, in jener anderen Wendung, in der buddhistischen Mönchsregel) immer erneut mit größtem Nachdruck betont . . . und ist natürlich auch eines der Hauptgeheimnisse des Propagandaerfolges der Prophetie selbst.«[34]

Der Widerspruch, in dem sich der Pfarrer dadurch befindet, daß er als Priester lebt und als Prophet arbeiten will, ist dann freilich weder sein rein privates noch sein ausschließlich berufsständisches Problem. Er signalisiert auch den Widerspruch in einer Kirche und in einer Gesellschaft, die vom Pfarrer Widerspruch erwartet und ihn dafür zu honorieren gedenkt. Was für ein Widerspruch darf das dann sein?

32. S. vor allem J. Moltmann, Theologie der Hoffnung. Untersuchungen zur Begründung und zu den Konsequenzen einer christlichen Eschatologie, BEvTh 38, München 1964, 280ff, und G. Sauter, »Exodus« und »Befreiung« als theologische Metaphern. Ein Beispiel von Allegorese und mißverstandenen Analogien in der Ethik, in: EvTh 38, 1978, 538ff.
33. E. Käsemann, Das wandernde Gottesvolk. Eine Untersuchung zum Hebräerbrief, FRLANT 55, Göttingen 1957²
34. M. Weber, Wirtschaft und Gesellschaft, aaO. 269.

III.

Der Pfarrer fühlt sich einem Auftrag verpflichtet, der ihn dazu zwingt, sich im Gegenüber zur Gemeinde zu sehen. Obwohl er auf der anderen Seite den Wunsch hat, seine Stellung als Gemeindeleiter aufzugeben, obwohl er davon träumt, ein Leben wie alle anderen Christen führen zu dürfen – als theologischer Experte, als Lehrer der Tradition, als Hüter des prophetischen Erbes baut er sich im Gegenüber zu den Erwartungen auf, die er bei der Gemeinde vermutet.

Die Frage ist: Was hat er davon? Wenn es zutrifft, daß die Rede von der Spannung zwischen Erwartung und Auftrag nicht einfach eine reine Realitätsbeschreibung darstellt, sondern zugleich Wahrnehmungsmuster und Selbstdefinition des Theologen enthält, dann kann man sich mit dem historischen Aufweis der Herkunft dieser Denkfigur und mit der Reflexion ihrer theologischen Relevanz nicht zufrieden geben. Dann ist die Beschäftigung mit dem Problem unvermeidlich, wozu denn die Rede von der Spannung zwischen Auftrag und Erwartung dem Theologen bei der Bildung seiner beruflichen und persönlichen Identität im einzelnen dient.

Einen wichtigen Ausgangspunkt für die folgenden Überlegungen bildet die Beobachtung, daß das Spannungsmodell zur Selbstinterpretation besonders in Krisen- und Konfliktsituationen gefragt ist. Zwei davon haben wir schon kennengelernt. Nach dem Zusammenbruch der Koalition von Thron und Altar, Kultur und Religion entwirft K. Barth das Bild eines Apostels, der, allein der Berufung durch Gott verpflichtet, »ohne ein geordnetes Verhältnis zur menschlichen Gemeinschaft« arbeiten muß. Ebenso dürfte deutlich geworden sein, wie das Auftreten der frühen Propheten, die mit Berufung auf göttlichen Auftrag der innen- und außenpolitischen Entwicklung entgegentreten, eingebettet ist in eine gesellschaftliche Situation, die von Konflikten unterschiedlicher Art erschüttert ist. Aber auch an zwei andere Urszenen des pastoralen Selbstverständnisses ist zu erinnern, in denen der Konflikt zunächst privater Natur ist, um sich dann freilich alsbald ins Prinzipielle und historisch Wirksame auszuweiten. Im Streit mit der Gemeinde in Korinth (um seine Bezahlung!) macht Paulus geltend, daß der Auftrag Gottes als schicksalhafter Zwang auf ihm liegt (1Kor 9,14ff): »'Ανάγκη bezeichnet hier die Macht des radikal fordernden, sich dem Menschen gegenüber mit seiner Forderung durchsetzenden, seinen Diener zu seinem Werkzeug machenden Gotteswillens.«[35]

35. E. Käsemann, Eine paulinische Variation des »amor fati«, Exegetische Versuche und Besinnungen 2, Göttingen 1964, 234.

Sicher noch stärker mit Identifikationsvorstellungen der Theologen besetzt hallen Luthers Worte auf dem Reichstag zu Worms durch die Jahrhunderte nach: »Hier stehe ich, ich kann nicht anders, Gott helfe mir, Amen.«[36]

Was leistet das Bewußtsein, im Dienst seines Auftrags zu stehen, für ein Subjekt, das einen Konflikt zu bewältigen hat? Zunächst führt die Verobjektivierung zu einer Steigerung der Konfliktintensität. G. Simmel hat darauf hingewiesen, es könne das Bewußtsein, »nur der Vertreter überindividueller Ansprüche zu sein, nicht für sich, sondern nur für die Sache zu kämpfen, dem Kampfe einen Radikalismus und eine Schonungslosigkeit geben, die ihre Analogie an dem gesamten Verhalten mancher sehr selbstloser, sehr ideal gesonnener Menschen findet«[37]. Aber neben diesen Auswirkungen auf die Konfliktdynamik gewinnt ein Selbstbewußtsein, das sich als Sendungsbewußtsein verstehen kann, erhebliche Vorteile für die Definition der eigenen Rolle.

Wenn es zutrifft, daß im Konfliktfall Inhalte oder Ziele umstritten sind, dann geraten die beteiligten Menschen durch diese Situation zunächst in einen Zustand gesteigerter Unsicherheit. Die Tatsache, daß zu einem Problem zwei Positionen vertreten werden, verrät ja einen Mangel an Eindeutigkeit. Und angesichts dieses Mangels muß der einzelne nun entscheiden, für welche Position anhand welcher Kriterien er sich einsetzen will. Auch wenn die Entscheidung getroffen ist, signalisiert die Tatsache des Konfliktes die fortdauernde Bestrittenheit der eigenen Meinung. So gibt es gerade in dieser Situation ein starkes Bedürfnis nach Begründungsinstanzen, die der Zweideutigkeit persönlicher Interessen oder sachlicher Kalkulationen entzogen sind.

»Mit das auffälligste Merkmal, das die Haltung Jesajas zur Politik aufweist, ist ihre geradezu erregende Eindeutigkeit . . . Jesaja hat sich in keiner der wichtigen politischen Fragen, zu

36. Vgl. dazu K.-V. Selge, Capta conscientia in verbis Dei. Luthers Widerrufsverweigerung in Worms, in: F. Reuter (Hg.), Der Reichstag zu Worms von 1521. Reichspolitik und Luthersache, Worms 1971, 180ff; er gibt den Wortlaut von Luthers Erklärung so wieder: »Wenn ich nicht durch Schriftzeugnisse oder einen klaren Grund widerlegt werde – denn allein dem Papst oder den Konzilien glaube ich nicht, da es feststeht, daß sie häufig geirrt und sich auch selbst widersprochen haben –, so bin ich durch die von mir angeführten Schriftworte bezwungen. Und solange mein Gewissen durch die Worte Gottes gefangen ist, kann und will ich nichts widerrufen, weil es unsicher ist und die Seligkeit bedroht, etwas gegen das Gewissen zu tun. Gott helfe mir. Amen« (180).

37. G. Simmel, Soziologie. Untersuchungen über die Formen der Vergesellschaftung, Leipzig 1908, 268f; vgl. die Weiterentwicklung dieser Einsicht bei L. A. Coser, Theorie sozialer Konflikte, SL 58, Neuwied 1972, 132ff; zur Eigenart des funktionalistischen Ansatzes bei Simmel und Coser vgl. H. J. Krysmanski, Soziologie des Konflikts. Materialien und Modelle, rde 362, Reinbek 1971, 115ff und 126ff.

denen er sich äußerte, von den Argumenten beeindrucken lassen, die für die Gegenposition sprachen; höchstens, um sie zu widerlegen, nahm er sie zuweilen auf. Seine Worte lesen sich (und klangen gewiß auch) so, als ob eine andere Auffassung, als er sie vertritt, gar nicht möglich . . . wäre. Er erhebt schlicht den Anspruch, das Richtige zu sagen, während das, was seine Kontrahenten sagen und tun, falsch sei.«[38]

W. Dietrich beschreibt mit diesen Worten ziemlich genau, was bis heute den subjektiven Gewinn eines Sendungsbewußtseins ausmacht. Angesichts der Zweideutigkeit religiöser Phänomene, theologischer Inhalte oder politischer Ziele kann sich die Gewißheit, im Dienst Gottes zu stehen, eine Eindeutigkeit verschaffen, die zu klaren Entscheidungen, deutlichen Abgrenzungen und konkreten Handlungsanweisungen befähigt. In der Situation des Konflikts, die durch große innere wie äußere Unsicherheit charakterisiert ist, erlangt derjenige, der sich allein als Vertreter der Sache, und erst recht derjenige, der sich als Beauftragter Gottes sieht, eine Selbstgewißheit, die ihn auch harte Auseinandersetzungen aushalten läßt. Sozialpsychologisch gesehen läßt sich die Berufung auf Gott auch als eine Strategie interpretieren, um die eigene Position und Person im Streit zu bestärken.

Der Hinweis auf diesen Mechanismus ist deswegen wichtig, weil gerade unter Theologen manchmal der Aberglaube grassiert, daß prophetisches Selbstbewußtsein schon Indiz für die Wahrheit sei. Kritische Theologen, die sich in jüngster Zeit so intensiv um die Aufdeckung von Legitimationsprozessen bemühen, in denen der Glaube zur Sanktionierung gesellschaftlicher Verhältnisse mißbraucht wird, müssen die kritische Frage auch gegen sich selber zulassen, inwieweit ihr Sendungsbewußtsein nicht den Zwängen der Selbstlegitimation entstammt. Man kann sich, gerade wenn man sich hinter den Anspruch verschanzt, im Dienst, im Auftrag, im Gehorsam gegen eine transzendente Instanz zu agieren, auch umso ungestörter um die Durchsetzung der eigenen Interessen bemühen. Der andere, in dessen Auftrag man zu stehen behauptet, kann immer auch ein vergrößertes Spiegelbild des eigenen Selbst sein. Im »Ich muß« steckt oft die verschämt-unverschämte Form des »Ich will«.

Das prophetische Sendungsbewußtsein ist also aus zwei Gründen gefährlich. Durch die Verobjektivierung, die dabei der eigenen Person widerfährt, wird die Spannung in der Konfliktsituation aufgeheizt; die Meinungen bleiben gegenübergestellt im Entweder-Oder-Klischee. Daß ein Kompromiß nahezu unmöglich erscheint, muß aber nicht Ausdruck der Wahrheitstreue bei den Beteiligten sein, sondern nur Indikator ihrer Unfähigkeit, aus einem Konflikt auf rationale Weise wieder herauszufinden.

38. W. Dietrich, Jesaja und die Politik, BEvTh 74, München 1976, 292f.

Das dürfte schon deswegen schwierig sein – und damit nenne ich den zweiten Problemaspekt des Sendungsbewußtseins –, weil das Ich, das sich dahinter versteckt, unter Umständen sehr viel schwächer ist, als es sich öffentlich darstellt. Ein Subjekt, das sich als im Auftrag, im Gehorsam befindlich präsentiert, entzieht sich damit ja nicht nur der Diskussion zwischen den beteiligten Partnern, vielmehr signalisiert es durch die Berufung auf eine übergeordnete Größe auch eigene Schwäche. Ob die Berufung auf Gott sich nun aus der Konfliktdynamik ergibt oder/und zur Kaschierung eigener subjektiver Ich-Schwäche dient, der Theologe hat auf jeden Fall Anlaß, sich selbst bei der Inanspruchnahme des göttlichen Namens kritisch in Frage zu stellen.

Nun scheint die Gefahr des Kommunikationsabbruchs[39] im kirchlichen Raum dadurch gebannt zu sein, daß sich der Auftrag des Theologen immer auf die konsensuale Basis der biblischen Tradition bezieht. In der Tat. Mit der Einführung dieser Appellationsinstanz scheint eine Vermittlungsmöglichkeit geschaffen zu sein, die es zur Zeit des prophetischen Wirkens so nicht gegeben hat. Damals standen sich gegenüber die nackte Behauptung, durch charismatischen Wortempfang von Gott berufen zu sein, und ein durch kultische, auch politische Macht abgesicherter Standpunkt, der die Evidenz der Tradition auf seiner Seite wußte. Heute sind die Konfliktparteien im Raum der Kirche aufgefordert, ihre Position vor dem Forum einer kanonischen Schrift zu verteidigen. Das verbietet dem einzelnen einerseits, neue Gottesoffenbarungen aus anderen Quellen geltend zu machen; und die Institution, aber auch die Gemeinde ist auf der anderen Seite gehalten, im Rückgriff auf die biblische Tradition argumentativ zu begründen, warum sie sich kritischen Einwänden gegen überlieferte Praxisformen meint widersetzen zu müssen.

Die Bibel als Basis-Konsens soll verhindern, daß sich die Spannung zwischen Erwartung und Auftrag gleichsam explosionsartig entlädt und zur Auflösung der organisatorischen Einheit von Kirchengebilden führt. Auf der anderen Seite darf man nicht übersehen, daß im Konfliktfall beide Seiten einzelne Traditionskomplexe für sich ins Feld führen können, daß die Inanspruchnahme des biblischen Erbes oft auf komplizierten und auch manipulativen hermeneutischen Verfahren beruht und daß der Konflikt mit der Einführung einer solchen Appellationsinstanz nicht beseitigt,

39. Daß auch der Verzicht auf Abgrenzung im protestantischen Binnenraum einen »Abbruch der Kommunikation« darstellen kann, hat W. W. Bartley, Flucht ins Engagement. Versuch einer Theorie des offenen Geistes, München 1962, 193ff, gezeigt: »Zwei Menschen können einander nicht verstehen, wenn sie keine Möglichkeit haben, festzustellen, wann und worin sie uneins sind« (196).

sondern nur auf eine andere Ebene verlagert ist. Selbst die Denkfigur einer Spannung zwischen Auftrag und Erwartung, von der hier die ganze Zeit über die Rede ist, bildet ja nur ein Element jener vielfältigen Formen, in denen sich auch in der Bibel das Verhältnis zwischen der Gemeinde und ihrer Leitung darstellt. Eben dadurch kann auch die Bibel gerade das werden, was sie nach dem Willen ihrer kritischen Interpreten nicht werden soll, Legitimationsinstrument für die Interessen des Theologen, der mit der Berufung auf die Sache durchaus persönliche Ziele verfolgt.

Nun haben einzelne Konzeptionen im Bereich der Praktischen Theologie, wie die von E. Lange und W. Neidhart, das Spannungsmodell scheinbar abgebaut. E. Lange hat das antagonistische Interpretationsmuster für die homiletische Situation dadurch zu korrigieren versucht, daß er dem Prediger eine doppelte Aufgabe zuschrieb: »Anwalt der Hörergemeinde in ihrer jeweiligen Lage und Anwalt der Überlieferung in der besonderen Gestalt des Textes« zu sein[40]. Ähnlich hat W. Neidhart dem Pfarrer bei der Beerdigung empfohlen, eine Doppelrolle zu spielen, so daß er einerseits als Zeremonienmeister, andererseits aber als Prediger des Evangeliums wirkt[41]. Wenn man genauer hinsicht, stellt sich freilich heraus, daß es beiden Autoren nicht um die Überwindung des Spannungsmodells geht, sondern unter Voraussetzung von dessen Gültigkeit um ein Verhalten des Pfarrers, das trotz der damit verbundenen Kommunikationsschwierigkeiten zu einer möglichst effektiven Verständigung führt. Ausdrücklich heißt es bei Lange: »Die homiletische Situation leistet . . . der Bemühung des Predigers um verständliche Bezeugung der Relevanz der christlichen Überlieferung im Hic et Nunc einen spezifischen Widerstand.«[42] Und Neidhart verrät, warum die Berücksichtigung der in der Beerdigungssituation vorhandenen Emotionen so wichtig ist:

»Das Verständnis für die Lage der Angesprochenen ist Bedingung dafür, daß der Zeremonienmeister die Grenzen des Rituellen überschreitet und daß er ihnen als Mensch und als christlicher Zeuge begegnet. Was er *inhaltlich* zu ihrer Situation zu sagen hat, muß vom Glauben und von dessen Gegenstand aus gefunden werden und läßt sich nicht aus der menschlichen Situation ableiten.«[43]

Was mag auch diese Autoren, obwohl sie sich gegenüber der dialektischen

40. E. Lange, Zur Theorie und Praxis der Predigtarbeit, in: Predigen als Beruf, Stuttgart 1976, 9ff, hier 30.
41. W. Neidhart, Die Rolle des Pfarrers beim Begräbnis, in: Wort und Gemeinde. Festschrift E. Thurneysen, Zürich 1968, 226ff.
42. Lange, aaO. 24.
43. Neidhart, aaO. 233.

Theologie in einer deutlichen Absetzbewegung befinden[44], veranlaßt haben, am Spannungsmodell zwischen Erwartung und Auftrag festzuhalten? Was überhaupt verleiht dieser Denkfigur ihre Überzeugungskraft, so daß sie, wenn auch in gemilderter Form, immer wieder zur Selbstdefinition des Theologen verwendet wird? Offensichtlich reichen hier die Hinweise auf Konfliktdynamik, Ich-Schwäche und Legitimationsbedürfnis nicht aus. Wahrscheinlich reicht überhaupt eine Betrachtung, die nur von den beteiligten Individuen sowie ihren emotionalen Bedürfnissen und kommunikativen Interessen ausgeht, zur vollständigen Erfassung der mit dieser Denkfigur verbundenen Fragen nicht aus. Sie muß einen Beitrag zur Identitätsbildung des Theologen leisten, der durch die objektiven gesellschaftlichen Bedingungen, in denen religiöse Praxis sich heute ereignet, abgestützt wird.

IV.

Die antagonistische Selbstinterpretation des Pfarrers, die sich im Modell der permanenten Spannung zwischen Auftrag und Erwartung niederschlägt, ist in mancher Hinsicht problematisch. Sie kann einen Verstoß gegen das Verbot implizieren, den Namen Gottes für eigene Zwecke in Anspruch zu nehmen. Sie kann zu einer tiefen Abwertung, ja Ablehnung der Gemeinde führen, weil der Theologe sie nur noch als Bedrohung der reinen Lehre zu erleben vermag. Sie kann die kirchliche Spielart jener Überheblichkeit des Experten sein[45], der in der modernen Gesellschaft sein Spezialwissen als Machtmittel einsetzt. Sie kann überhaupt in einer fundamentalen Verachtung des Menschlichen begründet liegen. Auf der einen Seite genügt dann nicht, daß ich als die Person, die ich bin, das biblische Erbe so oder so verstehe, vielmehr muß meine Interpretation des Evangeliums mit dem Evangelium selber identisch sein. Und auf der anderen Seite darf es keine Brücke zwischen dem Menschlichen und dem Christlichen, keine Korrelation zwischen menschlicher Erwartung und göttlichem Auftrag geben, vielmehr muß der Widerspruch zwischen beiden Sphären radikal und absolut sein. Das alles sind Gesichtspunkte, die man mehr oder weniger entschlossen gegen diese Denkfigur ins Feld führen kann und die doch ihren Geltungsanspruch nicht endgültig zu gefähr-

44. Zu den neueren Entwicklungen in der Homiletik vgl. W. Steck, Das homiletische Verfahren. Zur modernen Predigttheorie, Arbeiten zur Pastoraltheologie 13, Göttingen 1974.
45. Vgl. I. Illich, Entmündigung durch Experten, rororo aktuell 4425, Reinbek 1979.

den vermögen. Was steht an objektiven Gründen hinter dem Verlangen des Theologen, in der beschriebenen Weise anders zu sein bzw. die Andersartigkeit Gottes vertreten zu wollen?

Offensichtlich hängt das mit bestimmten Aspekten der Erfahrung von Wahrheit zusammen. Wahrheit, die sich als Auftrag manifestiert, ist damit als transsubjektiv verstanden. Was immer auch am konkreten Wahrheitsgehalt Anteil meiner persönlichen Interessen oder Bedürfnisse sein mag – Wahrheit als solche erhebt den Anspruch, den Kreislauf meiner Selbstreflexion zu durchbrechen und als transsubjektive Größe kommunikabel zu sein. Das aber bedeutet zugleich, daß sie auch die Zirkelstruktur partikularer Interessenvertretung zu sprengen intendiert. Denn wer den Anspruch einer Wahrheitsposition in der Öffentlichkeit anmeldet, rechnet mit ihrem Verpflichtungscharakter, dem er sich im Ernstfall selber zu unterwerfen hat. Wahrheit ist also, was ihre Entdeckung und was ihre Vertretung betrifft, in keiner Weise beliebig. Ihr Anspruch ist schließlich auch nicht abhängig von ihrer Wirkung. Ein hermeneutischer Ansatz, der die Ansage von Wahrheit in der Spannung von Erwartung und Auftrag sich wahrzunehmen getraut, rechnet mit einer unwahrscheinlichen Innovationskraft der Wahrheitsgehalte. Obwohl sie den Erwartungshorizont der angeredeten Hörer weit transzendieren, ist ihre Formulierung nicht vergeblich, auch nicht nur zur Verstockung bestimmt; vielmehr impliziert die Aussage bestimmter Wahrheitsinhalte das Vertrauen darauf, sie vermöchten von sich aus die Bestätigungssucht und die Innovationsphobie, die die selektive Wahrnehmung weitgehend determinieren, mindestens teilweise zu durchbrechen.

Die Transsubjektivität, die Innovationskraft, der Verpflichtungscharakter von Wahrheit lassen sich freilich auch in anderen interaktionalen Konstellationen zum Zuge bringen als im Modell der antagonistischen Spannung von Auftrag und Erwartung. G. Krüger sagt vom platonischen Dialog: »Der platonische Dialog . . ., der selbst dem Nichtwissen entspringt, zeigt diese Wahrheit positiv und negativ an den dargestellten Personen: an ihrem Schicksal im Gespräch läßt er sie klar werden; er ›lehrt‹ auch sie nicht, als ob er sie selbst im Besitz hätte.«[46] Wahrheit ist auch hier durchaus nicht Besitz, sie bricht sich Bahn im Gespräch der beteiligten Menschen, transsubjektiv und verpflichtend, Neues vermittelnd, ohne daß einer im Kreis einen Absolutheitsanspruch erhebt.

Woher kommt es, daß in der biblischen Tradition das Ereignis von Wahrheit anders erlebt wird? Nicht im Gespräch zwischen Freunden,

46. G. Krüger, Einsicht und Leidenschaft. Das Wesen des platonischen Denkens, Frankfurt 1939, 70.

sondern im Streit unter Gegnern? Was begründet den Unterschied zwischen griechischer und hebräischer Wahrheitserfahrung?

»Das Wort Gottes und die daraus gezogene Lehre vom Talmud, dem hebräischen Corpus oraler Überlieferung, ist per definitionem autoritär und nicht wie die rhetorische Rede persuasiv. Vor dem Hintergrund der griechischen Redeauffassung scheint hier das Gespräch um soviel an dogmatischer Ausrichtung zu gewinnen, wie ihm an Sozialität verlorengeht.«[47]

Auch wenn die Antithetik von »autoritär« und »persuasiv« angesichts so zentraler Überlieferungskomplexe wie der prophetischen Zeichenhandlungen und der Gleichnisse Jesu[48], die beide demonstrative und argumentative Elemente im höchsten Ausmaß enthalten, sicher unangemessen ist, so ist die Grundfeststellung ohne Zweifel nicht zu bestreiten, daß sich die Geburt von Wahrheit in der biblischen Tradition unter sozialen Schmerzen und deshalb immer auch antagonistisch vollzieht. Das kann nicht allein daran liegen, daß das Wort der Wahrheit in Israel faktisch die Offenbarung Jahwes bedeutet. Auch für Plato ist sie ein unbedingtes Geschenk. Was sich in der biblischen Tradition durch die Jahrhunderte hin erhalten hat, ist die Erinnerung an die prophetische Ursituation. Der gesellschaftliche Widerspruch artikuliert sich im Widerspruch gegen die Gesellschaft. Eine Botschaft, im Modell der Spannung zwischen Auftrag und Erwartung vorgetragen, mag im Einzelfall autoritär und doktrinär klingen. Sie mag zur Kaschierung eigener Schwächen und zur Verbrämung eigener Ansprüche dienen. Aber in einer Situation, in der die Voraussetzungen für eine freundschaftliche Konversation nicht mehr bestehen und in der die Bedingungen für den rationalen Diskurs real nicht gegeben sind, in einer Gesellschaft also, in der der Kampf zwischen den Klassen auch die kommunikativen Konstellationen bestimmt[49], ist ein Modell, das die Spannung zwischen Erwartung und Auftrag der religiösen Praxis zugrunde legt, nicht inadäquat, in mancher Hinsicht sogar unvermeidlich.

Die Frage ist dann nur: In welcher Polarität wird dieses Modell angesiedelt? Dient es dem Theologen dazu, sich im Rahmen einer dogmatisch

47. So C. Schmölders (Hg.), Die Kunst des Gesprächs. Texte zur Geschichte der europäischen Konversationstheorie, dtv 6102, München 1979, 16.

48. Vgl. H. Weder, Die Gleichnisse Jesu als Metaphern. Traditions- und redaktionsgeschichtliche Analysen und Interpretationen, FRLANT 120, Göttingen 1978, 279: »Die Gleichnisse Jesu machen Gott in einer Weise verständlich, daß der Mensch dabei auch sich selbst neu verstehen lernt.«

49. Vgl. die neueren Arbeiten zur Predigt der religiösen Sozialisten: W. Deresch, Predigt und Agitation der religiösen Sozialisten, Konkretionen 12, Hamburg 1971; U. von den Steinen, Agitation für das Reich Gottes. Zur religiös-sozialen Predigtpraxis und homiletischen Theorie bei Leonhard Ragaz, BEvTh 77, München 1977, sowie F.-W. Marquardt, Erster Bericht über Karl Barths »Sozialistische Reden«, in: Verwegenheiten. Theologische Stücke aus Berlin, München 1981, 470ff.

korrekten Religiosität gegen die Ansprüche und Auswüchse der Volksfrömmigkeit abzugrenzen, wie es in den eingangs zitierten Texten zum Fest und zur Kasualpraxis anklang? Oder hindert das Spannungsmodell den Theologen daran, sich der Intention zur gesellschaftlichen Domestikation von Religion zu unterwerfen, die im ungeplanten, aber faktisch geförderten Projekt einer reinen Betreuungskirche beschlossen liegt?[50] Dann wäre weder die elitäre Kritik der religiösen Bedürfnisse im Gemeindebereich noch deren zynische Befriedigung der angemessene Umgang mit ihnen. Notwendig wäre dann ein Verstehen, das menschliche Grundbedürfnisse in religiöser Artikulation und ihre Zerfaserung durch inhumane Verhältnisse in Beziehung zu setzen wüßte zu den eigenen Sehnsüchten und zu den gesellschaftlichen Bedingungen, unter denen die Arbeit des Pfarrers in der Gemeinde und mit der Gemeinde erfolgt. Was sich in den kasuellen Wünschen bei der Beerdigung und beim Fest manifestiert, wären Sehnsüchte nach Anerkennung des eigenen Lebens, nach Erfahrung von Geborgenheit, Heil und Glück, die sich gesellschaftlichen Defiziten verdanken. Wer solche Sehnsüchte als heidnisch oder kleinbürgerlich disqualifiziert, verurteilt letztlich die Opfer, die an gesellschaftlichen Fehlkonstruktionen leiden. Ein reflektierter Umgang mit dem Spannungsmodell schließt ein, daß der Theologe zur Solidarität und Sympathie mit den Frömmigkeitsformen in seiner Gemeinde fähig ist. Das aber wiederum setzt voraus, daß er seine eigene gesellschaftliche Stellung zu überdenken gelernt hat.

Deshalb ist an dieser Stelle noch einmal von jenen Widersprüchen zu reden, in denen der Pfarrer selbst existiert. Er möchte Prophet sein und arbeitet faktisch als Priester. Dieser Widerspruch enthält zwei Aspekte. Der eine betrifft den Pfarrer selber, der in diesem Widerspruch seine Arbeit verrichtet. Wenn er die prophetische Absicht, gegen verstümmelte Erwartungen seinem Auftrag zu folgen, nicht aufgeben will, wie kann er dann diese Existenz im Widerspruch interpretieren? Muß er sich als einen Menschen betrachten, der sich aus ökonomischen Gründen angepaßt hat, der gar käuflich geworden ist? Muß er den Verdacht, den er unbewußt gegen sich selber hegt, durch eine überforsche Konfliktbereitschaft widerlegen? Oder ist er fähig, diese Widersprüchlichkeit einer pastoralen Existenz wahrzunehmen, zu ertragen und in Grenzen für die Arbeit fruchtbar zu machen?

Sicher wird die Antwort darauf mit der Antwort auf die andere Frage

50. Zur Kritik der Betreuungskirche J. B. Metz, »Wenn die Betreuten sich ändern«. Unterwegs zu einer Basiskirche, in: Jenseits bürgerlicher Religion. Reden über die Zukunft des Christentums, München/Mainz 1980, 111ff.

HIER HILFT AUCH ERLAS MODELL: SITUATION DER GEMEINDE U. AUFTRAG DES PF. DURCHDRINGEN EINANDER GEGENLÄUFIG. DER DABEI AUFBRECHENDE KONFLIKT MUSS ORGANISIERT WERDEN.

zusammenhängen, wie er nämlich die gesellschaftliche Dimension dieses Widerspruchs einschätzt. Die Kirche hat das Pfarramt geschaffen, die Gesellschaft hat das Amt akzeptiert. Zu den konstitutiven Aufgaben dieses Amtes gehört aber auch, daß es auf der Basis der biblischen Tradition an den Verhältnissen in Kirche und Gesellschaft Kritik übt. Was ist mit der Einrichtung und Tolerierung dieses Amtes geschehen? Hat man den Widerspruch, der sich in seinem Auftrag artikuliert, durch Institutionalisierung kanalisiert? Oder drückt sich darin wirklich die Einsicht aus, daß Kirche und Gesellschaft den kritischen Einspruch benötigen, um an ihren Widersprüchen nicht zu zerbrechen? Hat man den Propheten an den Kultort gelockt, um seine Botschaft zu kaufen? Oder hat man ihn in die Kirche geholt und mit einem offiziellen Auftrag ausgestattet, weil man seinen Widerspruch braucht?

Das aber würde für unser Thema bedeuten: Nicht nur er selber, der Pfarrer, will anders sein; und nicht nur die Kirche verlangt, daß er eine Botschaft vertritt, die aus menschlichen Erwartungen nicht ableitbar ist; sondern die Gesellschaft als ganze hofft, trotz aller Konflikte, in die der Pfarrer verstrickt wird, daß sie anders zu werden vermag und daß der Pfarrer mit seinem kritischen Wort ihr dabei hilft.

Wenn es zutrifft, daß das prophetische Amt in Israel mit dem Auftreten gesellschaftlicher Antagonismen entstanden ist und daß das kirchliche Amt seither immer auch in die gesellschaftlichen Konflikte involviert gewesen ist, dann werden einzelne Aspekte verständlich, die die Arbeit des Pfarrers bis heute in problematischer Weise bestimmen. Die Andersartigkeit, die er in den gesellschaftlichen Kämpfen repräsentieren soll, kann immer eine doppelte sein. Er kann die Andersartigkeit der Befreiung vertreten und den Aufbruch der Unterdrückten, der Unterprivilegierten und der Deklassierten in ein besseres Leben begleiten. Und er kann die Andersartigkeit der Versöhnung darstellen wollen, die zwischen den streitenden Parteien vermitteln und auf einer höheren Ebene zum Frieden anstiften will. Traditionell hat sich die Kirche meist der zweiten Aufgabe widmen wollen, wobei die intendierte Überparteilichkeit gegen die eigene Absicht oft eine »falsche Versöhnung«[51] ins Auge faßte, weil sie auf einer Koalition mit den Mächtigen basierte und den Interessen der Besitzenden diente. Das Amt, das dem theologischen wie dem soziologischen Sinn der Andersartigkeit des Pfarrers gerecht werden will, wird die Versöhnung nicht predigen können, ohne die Befreiung zu unterstützen. In einer unversöhnten Welt ist auch die Andersartigkeit des Pfarrers nicht eindeutig

51. Vgl. E. Thaidigsmann, Falsche Versöhnung. Religion und Ideologiekritik beim jungen Marx, BEvTh 81, München 1978.

zu bestimmen. Die Versöhnung, die nicht Befreiung zur Voraussetzung hat, aber auch die Befreiung, die nicht Versöhnung mit sich bringt, wirken tödlich. Nur dort, wo man das Wort der Gnade und das Wort des Gerichts zu unterscheiden und zu seiner Zeit anzusagen gelernt hat, dient das Amt seinem Auftrag.

Im Grunde geht es um Bekehrung der Kirche für den Menschen u. die Bekehrung der Pfarrer für Gemeinde.

Der Pfarrer und die Gemeinde

Der Pfarrer ist anders. Die Spannung zwischen Auftrag und Erwartung, in die er sich gestellt sieht und die den Wahrnehmungshorizont seiner beruflichen Praxis weitgehend prägt, meldet sich gleichsam auch spiegelverkehrt zu Wort. Was er als eigenen Wunsch, aber auch als fremdbestimmenden Druck sich selber gegenüber erfährt, gibt er seinerseits an die Gemeinde zurück. Der Pfarrer möchte die anderen ändern. Wie er anders ist, sollen sie anders werden. Das läßt sich je nach Art der von ihm erlebten Andersartigkeit differenzieren. Dort, wo er die Gemeindewünsche als irreguläre Außensteuerung erlebt, soll sie auf diese Wünsche verzichten; dort aber, wo seine Andersartigkeit mit dem System seiner theologischen Werte und Normen konform geht, soll die Gemeinde sich diese Werte und Normen zu eigen machen.

Die Erwartungen des Pfarrers an die Gemeinde, die auf Änderung zielen, lassen sich an verschiedenen Punkten seiner Alltagsarbeit erfassen. Insbesondere die gottesdienstliche Predigt dürfte ein Forum sein, auf dem sich solche Erwartungen, legitimiert durch die biblische Tradition, programmatisch artikulieren. Aber auch die theologische Diskussion zu ekklesiologischen Fragen ist fast ausschließlich von der Perspektive des professionellen Theologen bestimmt und dürfte deswegen als Fundgrube für unsere Fragestellung ergiebig sein. Aus den Problemen, die in diesem Zusammenhang zu erörtern wären, greife ich zwei Themenkreise heraus:

1. die Problematik der Volkskirche und
2. das Verhältnis des Pfarrers zur Volksreligiosität.

Dabei weise ich noch einmal ausdrücklich darauf hin, daß aus den Problemkonstellationen dieser Themenkreise nur jene Punkte von Interesse sind, die das Verhältnis des Pfarrers zur Gemeinde im Sinne einer Erwartung des Pfarrers an die Gemeinde betreffen.

I.

Das Thema »Volkskirche« hat die kirchliche Öffentlichkeit Mitte der siebziger Jahre in erheblichem Umfang beschäftigt[1]. 1975 wurde auf der Synode der EKD ein »Wort« verabschiedet, in dem die Gemeinden gebeten wurden, an diesem Thema mitzuarbeiten. Die Materialien und Diskussionsbeiträge der Freiburger Synode sind inzwischen publiziert, und zwar im Rahmen eines »Arbeitsbuches«, das das Gespräch in den Gemeinden initieren möchte[2]. 1974 bis 1977 hat der Theologische Ausschuß der VELKD ekklesiologische Probleme beraten; die Veröffentlichung der dabei gehaltenen Referate hat das Stichwort »Volkskirche« ebenfalls ins Zentrum gerückt[3].

Fragt man nach den Gründen für das Interesse an diesem Begriff, muß man an zwei Entwicklungen erinnern, die zu Beginn der siebziger Jahre das kirchliche Selbstverständnis, und zwar insbesondere das der Leitungsgremien, tangiert haben. Das war einerseits die sogenannte Austrittswelle[4], durch die man den kirchlichen Mitgliederbestand unmittelbar gefährdet sah und die R. Schloz im Einleitungsaufsatz der Synodaldokumente zu der Frage veranlaßte: »Wird sie (die Kirche, M.J.) durch Kirchenaustritte und Taufunterlassungen undramatisch aber stetig zur ›Minderheitskirche‹ werden – und welche institutionelle Verfassung wird sie dann annehmen?«[5] Und das war auf der anderen Seite die mancherorts ängstlich beobachtete sogenannte »Politisierung« der jungen Theologen,

1. Zur neueren Diskussion um die Volkskirche vgl. J. Moltmann, Kirche in der Kraft des Geistes. Beiträge zu einer messianischen Ekklesiologie, München 1975; H. Gollwitzer, Was ist Kirche? Thesen zur Diskussion, in: Vortrupp des Lebens, München 1975, 111ff; W. Kreck, Kirche und Kirchenorganisation. Einige Fragen zu Helmut Gollwitzers Kirchentheorie, in: EvTh 38, 1978, 518ff, jetzt auch in: Kirche in der Krise der bürgerlichen Welt. Vorträge und Aufsätze 1973–1978, München 1980, 203ff; W. Huber, Kirche (Themen der Theologie, Ergänzungsband), Stuttgart 1979; W. Lück, Die Volkskirche. Kirchenverständnis als Norm kirchlichen Handelns, Urban-TB 653, Stuttgart 1980; W. Kreck, Grundfragen der Ekklesiologie, München 1981.
2. Thema: Volkskirche. Ein Arbeitsbuch für die Gemeinde im Auftrag des Präsidiums der Synode der EKD hg. von der Kirchenkanzlei, Bearbeitung R. Schloz, Gelnhausen 1978.
3. W. Lohff/L. Mohaupt (Hg.), Volkskirche – Kirche der Zukunft? Leitlinien der Augsburgischen Konfession für das Kirchenverständnis heute, Zur Sache 12/13, Hamburg 1977.
4. Kirchlicherseits hat man darauf vor allem mit Meinungsumfragen reagiert; vgl. H. Hild (Hg.), Wie stabil ist die Kirche? Bestand und Erneuerung, Ergebnisse einer Meinungsbefragung, Gelnhausen 1974; A. Feige, Kirchenaustritte. Eine soziologische Untersuchung von Ursache und Bedingungen, Gelnhausen 1977², und A. Kuphal, Abschied von der Kirche. Traditionsabbruch in der Volkskirche. Zugleich ein Beitrag zur Soziologie des kollektiven Verhaltens, Gelnhausen 1979.
5. Thema: Volkskirche, aaO. 15.

die in der Studie der VELKD zu der Warnung führte: »Aus diesem Grunde kann der Auftrag der Kirche nicht für bestimmte soziale Programme exklusiv in Anspruch genommen werden.«[6] Die Volkskirche wurde zum Thema, weil sie sich gerade in ihren repräsentativen Vertretern bedroht sah: Ihre Mitgliederbasis schien im Schwinden begriffen, und der theologische Nachwuchs schien diese Entwicklung durch parteiliche Stellungnahmen in politischen Fragen noch zu forcieren. Deshalb artikulierte sich in diesem Begriff weniger ein Definitions- als ein Legitimationsinteresse, wenn etwa die VELKD-Studie als ihre Absicht kundtut, »in einem neuen Zugang mit dem Begriff ›Volkskirche‹ die lebendige Wirklichkeit unserer Kirche im Rahmen des reformatorischen Kirchenverständnisses theologisch zu begreifen«[7].

Ob die Realität der Volkskirche aber wirklich noch so lebendig ist, wie ihr unterstellt wird, war und ist besonders unter den Pfarrern umstritten. Die nominelle Kirchenmitgliedschaft vieler Zeitgenossen wird für sie im sozialen Feld der parochialen Praxis kaum greifbar. Die Diskrepanz zwischen der statistischen Zugehörigkeit und der faktischen Partizipation am kirchlichen Leben ist groß. In den Ohren des Pfarrers klingt es fast wie ein Euphemismus, diese Kirchlichkeit als »distanziert«[8] zu bezeichnen. Und auch die neuerdings beliebte Begründung für die angenommene Stabilität der Kirche, der Hinweis auf die andauernde Nachfrage nach dem Kasualangebot, wirkt auf sein Erleben ambivalent, weil für ihn damit vor allem Belastungen und Anforderungen verbunden sind. Die behauptete Lebendigkeit der Volkskirche manifestiert sich, überspitzt formuliert, im Bedürfnis nach der Beerdigung der Toten.

In dieser Situation ist es nicht erstaunlich, daß gerade unter den Pfarrern das Interesse an Alternativen zur Volkskirche groß ist. Dabei kann es sich, was seine Begründung und seine inhaltliche Füllung betrifft, aus ganz unterschiedlichen Quellen nähren. Wer aus einem pietistischen Elternhaus kommt, hat die Kritik an einer kirchlichen Institution, die auf Entscheidung und Bekehrung verzichtet, schon im Rahmen der familialen Sozialisation kennengelernt[9]. Im Studium kann die Beschäftigung mit der neutestamentlichen Ekklesiologie die Forderung, die Kirche müsse eine Be-

6. AaO. 17.
7. AaO. 11.
8. Der Begriff meint die Unterstützung kirchlicher Zielsetzungen ohne aktive Beteiligung am Gemeindeleben; vgl. J. Freytag, Die Kirchengemeinde in soziologischer Sicht. Ziel und Weg empirischer Forschungen, Hamburg 1959, 98ff.
9. Vgl. G. Huntemann, »Diese Kirche muß anders werden«. Ende der Volkskirche – Zukunft der Bekenntniskirche, Bremen 1979.

kenntnisgemeinschaft sein, weiter fundieren[10]. Daß unter diesem Schlagwort das entkirchlichte Proletariat reintegriert werden sollte, zeigt den bürgerlichen Hintergrund des Begriffs[11]. Und ein Blick über die Grenzen kann zeigen, wie sich im Modell der Basisgemeinde eine lebendige Kirchlichkeit neuer Prägung bildet[12].

Die pastorale Kritik an der Volkskirche, ob sie explizit lehrmäßig vorgetragen oder eher in alternativen Phantasien assoziiert wird, läßt sich wohl in vier Stichworten zusammenfassen. Wie auch immer die Gegenmodelle beschaffen sein mögen, es geht um die richtige, die wichtige, die reine und die einige Kirche.

Dabei meint das Stichwort »richtige« Kirche eine ekklesiologische Realität, die ein hohes Maß an Normenkonformität aufweist. Der Widerspruch zwischen exegetischen Ergebnissen sowie dogmatischen Prinzipien auf der einen und der kirchlichen Empirie auf der anderen Seite, der gerade den jüngeren Theologen so schwer zu schaffen macht, ist dann weitgehend aufgehoben. Die Merkmale, die Kirchlichkeit exegetisch bzw. dogmatisch konstituieren, haben sich in Einstellung und Verhalten der Mitglieder sozial faßbar niedergeschlagen. Theorie und Praxis, Lehre und Leben sind annähernd deckungsgleich geworden. Der Pfarrer kann das, was er in der Theologie gelernt hat, in der Empirie wiederfinden: eine Gemeinde, die in Kommunikation und Organisation, in Verkündigung, Gemeinschaft und Diakonie dem Leitbild der wahren Kirche entspricht und deshalb als richtige Kirche gelten kann.

Im Blick auf die Mitglieder dieser Kirche bedeutet das, daß die Zugehörigkeit zur Gemeinde ein wichtiges, ja das entscheidende Element ihres Lebensvollzuges bildet. Glaube, Liebe und Hoffnung, theologische Existenz und soziales Engagement erweisen ihre Relevanz darin, daß sie die Alltagspraxis der Christen in Beruf, Familie und gesellschaftlichem Kontext bestimmen. Kirchlichkeit ist dann nicht länger ein marginales Charakteristikum dieser Menschen, sondern Basis, Zentrum und Kraft ihres gesamten Lebens. Bei der Überwindung der Volkskirche sollen soziale

10. Zu den Schwierigkeiten einer Transformation des neutestamentlichen Befundes in die Gegenwart vgl. A.-M. Ritter, Die frühchristliche Gemeinde und ihre Bedeutung für die heutigen Strukturen der Kirche, in: Theologie und Wirklichkeit. Festschrift W. Trillhaas, Göttingen 1974, 123ff.

11. Vgl. D. Schellong, Von der bürgerlichen Gefangenschaft des kirchlichen Bewußtseins. Dargestellt an Beispielen aus der evangelischen Theologie, in: G. Kehrer (Hg.), Zur Religionsgeschichte der Bundesrepublik Deutschland, München 1980, 163ff.

12. Vgl. G. Hartmann, Christliche Basisgruppen und ihre befreiende Praxis. Erfahrungen im Nordosten Brasiliens, München/Mainz 1980, und H. Frankemölle (Hg.), Kirche von unten. Alternative Gemeinden – Modelle, Erfahrungen, Reflexionen, München/Mainz 1981.

Realität und theologische Prinzipien dadurch einander angenähert werden, daß die Relevanz dieser Prinzipien für den Lebensvollzug des Einzelchristen, aber auch für die Gestaltung der gemeindlichen Ordnung gesteigert wird.

Die richtige Kirche kann freilich wichtige Kirche nur sein um den Preis einer quantitativen Reduktion. Sie muß und kann sich von jenen trennen, die ihrer Zugehörigkeit zur Kirche keinen lebensgestaltenden Sinn abzugewinnen vermögen. Damit hört sie nicht auf, »Kirche für alle« zu sein. Aber sie gibt der Illusion den Abschied, daß »alle in der Kirche« sein müssen. Gerade die reine Kirche, die einen exklusiven Anspruch erhebt und verbindliche Richtlinien für die Zugehörigkeit aufstellt, kann und soll wieder missionarisch wirkende Gemeinde werden.

Aus der Konzentration auf die Kernstücke der biblischen Tradition, aus der Kraft der gelebten Glaubenspraxis und aus der Reduktion auf die engagierten Christen würde mit einiger Selbstverständlichkeit das erwachsen, was man die »einige« Kirche nennen kann. Einig darin, daß sie sich über grundlegende Fragen, die ihr Dasein konstituieren, von vornherein verständigt hat. Das muß eine weitere Diskussion an diesen Punkten nicht grundsätzlich ausschließen und wird erst recht eine gewisse Meinungsvielfalt in anderen Problembereichen nicht unmöglich machen. Aber die Gemeindemitglieder und vor allem der Pfarrer können dann in dem Bewußtsein leben, daß sich ihre Gemeinschaft auf einen benennbaren Konsens über religiös bzw. politisch relevante Fragen aufbaut. Die einige Kirche, die gewiß keine Glaubensuniform trägt, braucht sich nicht mit der permanenten Beschwörung eines imaginären Zusammengehörigkeitsbewußtseins zu begnügen, sondern kann die einheitsstiftende Übereinstimmung im Verständnis der Glaubenstradition mit konkret qualifizierten Inhalten füllen.

Eine solche Überwindung der Volkskirche in Richtung auf die richtige und wichtige, die reine und einige Glaubensgemeinschaft muß dem kirchlichen Theologen deswegen willkommen sein, weil dadurch die frustrierende Diskrepanz zwischen theologischer Theorie und kirchlicher Realität wenigstens teilweise überholt werden könnte. Seine eigene Tätigkeit würde sich in mancher Hinsicht leichter gestalten, weil er über die Ziele, Inhalte und lebenspraktischen Konsequenzen einer christlichen Glaubensgemeinschaft zwischen sich und den Gemeindegliedern ein verbindliches Einverständnis voraussetzen könnte. Und der Druck, der auf der pastoralen Lebenspraxis durch Außenerwartungen lastet, würde vermindert, wenn sich die Kirchengemeinde auch nur annähernd als solidarische Lebensgemeinschaft gestalten ließe.

Der Pfarrer hat also gute Gründe, eine grundlegende Veränderung der gemeindlichen Strukturen zu unterstützen. Wie müssen in seiner Perspektive die Argumente wirken, die zur Verteidigung der Volkskirche vorgebracht werden? Es sind im wesentlichen deren zwei, die sich mit den Stichworten »offene« Kirche und »freie« Kirche charakterisieren lassen.

Daß die Kirche eine offene Kirche ist und deshalb in der Sozialgestalt der Volkskirche existieren kann, hat vor allem die Studie der VELKD unterstrichen. Danach folgt die Offenheit der Kirche aus den Kernsätzen der biblischen Tradition, nämlich aus dem Charakter des Evangeliums ebenso wie aus der Intention der Rechtfertigungslehre. »Die programmatische Absicht, Kirche für die Menschen, Kirche für andere zu gestalten, ist derart begründet, daß das Evangelium allen gilt.«[13] – »Im Sinne dieses Rechtfertigungsgeschehens ist die Kirche Jesu Christi eine Kirche ohne selbstgemachte Bedingungen für den Heilsempfang; dem muß sie auch in ihrem Kirchesein ausdrücklich entsprechen.«[14] Die Verlockung dieser Konzeption für den Pfarrer könnte darin bestehen, daß ihm im Rahmen der offenen Kirche eine Funktion zugewiesen wird, die seiner Arbeit für das Leben fast aller Menschen in der Gesellschaft Bedeutung zumißt. »Er hat nämlich die Aufgabe, das Evangelium über alle Gruppenzugehörigkeiten und gemeindlichen Aktivitäten der Christen hinaus für jedermann präsent zu halten.«[15] Der Verzicht auf theologische und politische Positionalität ist der Preis, eine gewiß reduzierte Relevanz für breite Bevölkerungsschichten ist der Gewinn des Pfarramtes in der volkskirchlichen Situation. In der offenen Kirche kann und muß der Pfarrer für viele Menschen offen sein, wie er umgekehrt auch mit einer gewissen Offenheit ihm gegenüber rechnen kann.

Die Probleme, die in dieser Offenheit stecken, werden greifbarer, wenn man das Stichwort der »freien« Kirche genauer betrachtet. Die Volkskirche erhebt, jedenfalls in den Worten des VELKD-Dokuments, den Anspruch, »Institution der Freiheit«[16] zu sein. T. Rendtorff hat in seinem Referat, auf das sich diese Formulierung bezieht, das Freiheitsverständnis so entfaltet:

13. Volkskirche – Kirche der Zukunft? Leitlinien der Augsburgischen Konfession für das Kirchenverständnis heute (Eine Studie des Theologischen Ausschusses der VELKD), in: W. Lohff / L. Mohaupt (Hg.), Volkskirche – Kirche der Zukunft?, aaO. 11.
14. AaO. 14.
15. AaO. 15f. – Vgl. die Verbundenheitstypologie bei K.-W. Dahm, Verbundenheit mit der Volkskirche: Verschiedenartige Motive – Eindeutige Konsequenzen? in: J. Matthes (Hg.), Erneuerung der Kirche. Stabilität als Chance?, Gelnhausen 1975, 127ff.
16. AaO. 15.

»Freiheit heißt ein Zustand, in dem alle Anforderungen des Lebens, alle Leistungen, die gefordert und beurteilt werden, in einem letzten Sinne nicht über den Bestand des Menschen entscheiden, das Leben also nicht mehr lebensgefährlich ist, ohne das Risiko, alles gewinnen oder verlieren zu können. Frei sein heißt, von dieser absoluten Lebenssorge befreit zu sein. Einen Zustand nennen wir diese Freiheit, wenn die Bedingungen für diese Freiheit vom einzelnen nicht hervorgebracht werden müssen, sondern ihm gegeben werden und ihm als diese Gabe deutlich gegenübertreten.«[17]

Man wird nicht bestreiten können, daß die Prävenienz von Gnade in historischer, institutioneller und sakramentaler Gestalt einen wesentlichen Aspekt der befreienden Wirkung des Evangeliums für den Lebensvollzug zur Geltung bringt. Auf der anderen Seite wird eben dadurch die Frage nach den Grenzen der Kirche geradezu provoziert. Vorgegebenheit als solche ist höchst ambivalent. Die Zugehörigkeit zu einer Institution kann als Sicherung, aber auch als Verhängnis erfahren werden. Ein lebendiges Verhältnis zur Tradition schließt die kritische Auseinandersetzung ein. Schließlich ist auch der Empfang sakramentaler Gnade für protestantische Theologie immer auch ein konfessorischer Akt gewesen, weil der Glaube sich nur in der Absage an den Unglauben konstituiert. Das Rechtfertigungsverständnis, das die ekklesiologischen Aussagen der VELKD-Studie trägt, ist darin höchst problematisch, daß es von der Gnade meint reden zu können, ohne das Gericht zu erwähnen. »Rechtfertigung geschieht in einem konkret gestalteten Kommunikationsprozeß, in dem Gott den Sünder bedingungslos annimmt und in die Nachfolge stellt. Diese heilsame Gemeinschaft des Menschen mit Gott ist zugleich die Voraussetzung für gelingende Gemeinschaft unter den Menschen.«[18] Die »offene« Kirche will die Annahme des Sünders in der kirchlichen Sozialgestalt realisieren – ohne die Verwerfung der Sünde, die Kirche der Freiheit die Vorgegebenheit der Gnade zum Ausdruck bringen – ohne die Verbindlichkeit ihres Anspruchs[19]. Obwohl die Aufgabe kirchlicher Grenzziehung mit immensen Schwierigkeiten verbunden ist[20], dürfen Kirche und Theologie

17. T. Rendtorff, Theologische Probleme der Volkskirche, in: W. Lohff/L. Mohaupt (Hg.), Volkskirche – Kirche der Zukunft?, aaO. 129; zum Problem s. auch T. Rendtorff, Die Kirche als dogmatische Form der Freiheit. Ein Beitrag aus der Geschichte des christlichen Freiheitsbewußtseins, in: EvTh 38, 1978, 183ff.
18. AaO. 13.
19. Vgl. die kritischen Bemerkungen zur »Sicht der Kirche als Institution der Freiheit« von A. Peters, Die Spiritualität der lutherischen Reformation, in: W. Lohff/L. Mohaupt (Hg.), Volkskirche – Kirche der Zukunft?, aaO. 141ff, und U. Kühn, Kirche. Handbuch Systematischer Theologie 10, Gütersloh 1980, 170f.
20. Vgl. vor allem W. Huber, Die Schwierigkeit evangelischer Lehrbeanstandung. Eine historische Erinnerung aus aktuellem Anlaß, in: EvTh 40, 1980, 517ff, und W. Sparn, Evangelium und Norm. Über die Perfektibilität des Bekenntnisses in den reformatorischen Kirchen, in: EvTh 40, 1980, 494ff.

sich nicht mit der Feststellung zufriedengeben, daß »die Kirche als Volkskirche bei der Frage nach ihren Grenzen in erster Linie auf die Begrenztheit der ihr selbst gegebenen Möglichkeiten« stößt[21]. Eine solche Kapitulation vor der Aufgabe der konfessorischen Definition der eigenen kirchlichen Identität könnte eher die Vermutung nähren, eine Kirche, die ihre Grenzen nicht zu beschreiben vermag, wäre trotz aller Berufung auf Bibel und Bekenntnis noch gar nicht konstituiert und diente, wie es Rendtorff mit anderer Aussageintention formuliert, dem Zweck, »als Kirche der Taufe, als Schule des Christentums, als Kirche der Frömmigkeit und des Bekenntnisses in den ihr gesetzten Grenzen überall präsent« zu sein[22]. Eine derartige Omnipräsenz der offenen und freien Volkskirche mag den Allmachtsträumen der Theologen im Pfarrhaus und in den Kirchenkanzleien entsprechen, einen zureichenden Grund für die Erhaltung und Verteidigung der Volkskirche in pastoraltheologischer Sicht bildet sie nicht.

Das ändert sich, wenn man zeigen kann, daß die in einer Hinsicht grenzenlose Volkskirche durchaus spezifische Begrenzungsfaktoren enthält, und zwar insbesondere gegenüber den Idealisierungswünschen des Theologen. Die andere Gemeinde, die er sich als richtige und wichtige, reine und einige Gemeinschaft der wahrhaft aus dem Glauben Lebenden ausmalt, stellt auch immer eine projektive Verlängerung der eigenen Sehnsüchte dar. In der Gemeinde, die anders sein soll als die derzeit erlebte und erlittene Realität, ist der Theologe auch ganz bei sich selber. Sie entspricht den Normen, die er für die wahre Gemeinde entwickelt hat. Sie praktiziert die lebensrelevante biblische Tradition, die für ihn zum beruflichen Alltag gehört. Sie hat sich von jenen Mitgliedern getrennt, die seinem Bild christlicher Existenz widersprechen. Und sie präsentiert sich in jener Einmütigkeit, die mit seinen eigenen Lebenszielen und Glaubenswünschen konform geht. Im Traum von der Überwindung der Volkskirche wird die Gemeinde von solchen Gestalten bevölkert, die verdächtig genau wie Doppelgänger des Theologen aussehen.

Ich betone ausdrücklich: Deshalb ist dieser Traum nicht verboten. Aber wer einkalkuliert, daß in solchen Wünschen nach der idealen Gemeinde immer auch die eigenen Idealbilder eingehen, kann die eigene theologische Kritik an den volkskirchlichen Verhältnissen etwas nüchterner einschätzen. Die Volkskirche leistet gegenüber dem Theologen auf jeden Fall dies, daß sie seinem Bedürfnis nach Bildung einer reinen, d.h. auch: einer ihm gemäßen Gemeinde sich in erheblichem Maß widersetzt. Die Menschen, denen er in seiner Alltagsarbeit begegnet, sind in der Regel nicht so, wie er

21. Volkskirche – Kirche der Zukunft?, aaO. 30.
22. Theologische Probleme der Volkskirche, aaO. 131.

sie in seinen Phantasien vom wahren christlichen Leben gern haben möchte. Sie sind, in welcher Nähe oder Distanz er zu ihnen im einzelnen auch stehen mag, anders als er. Es gibt zwischen ihnen und ihm gemeinsame Berührungspunkte, aber sie folgen auch anderen Normen, sie fühlen sich auch anderen Interessen verpflichtet, sie vertreten auch andere Meinungen als er. Die volkskirchliche Struktur der Kirche hindert den Pfarrer daran, allen Gemeindegliedern im Verein mit seinen Gesinnungsgenossen das eigene Glaubensverständnis und die eigene Lebenshaltung aufzupressen. Die volkskirchliche Struktur zwingt ihn dazu, auch Gemeindeglieder, die anders sind als er selber, so oder so zu akzeptieren. Das gilt für den einzelnen Pfarrer, aber auch für die Kirche insgesamt.

»Das ›Volk‹ als die Masse der Kirchenglieder fügt sich nicht dem subjekthaft auftretenden Handlungswillen der Kirche. ›Die Leute‹ sind nicht in dem Sinne Kirchenchristen, der sich in dem Handlungswillen der amtlichen Kirche gestaltet und weiß.«[23]

Insofern manifestiert sich gerade in der Volkskirche etwas, das man das ekklesiologische Realitätsprinzip nennen könnte. Gegenüber einer Mentalität, die sich in einer Mischung von Reinheits- und Absolutheitswünschen am liebsten als Ein-Mann-Sekte[24] organisieren möchte, begegnet dem Theologen in der volkskirchlichen Gemeinde Religiosität in Formen, die mit allen Problemdimensionen menschlicher Lebenspraxis vermischt sind und oft genug kraft der gegebenen gesellschaftlichen Verhältnisse beinahe ausgerottet erscheinen. Wenn die Volkskirche dem Pfarrer erlaubt, »in den . . . gesetzten Grenzen überall präsent« zu sein, dann wird er dabei gerade mit der Deformation von Religion im Leben der Gegenwart konfrontiert werden und nicht einfach in die Idylle eines privaten Zirkels der Frommen entfliehen können. Das schließt freilich ein, daß er den Akt seiner Präsenz nicht einfach als Aufgabe zur Anpassung versteht. Eine Apologetik der Volkskirche, die das Problem der Grenzziehung nicht mehr sieht, hätte gegenüber dem Auftrag, das andere Leben zu suchen, versagt. In der Volkskirche als Theologe präsent sein, das macht, wenn man der theologischen Aufgabe wie dem gesellschaftlichen Sinn theologischer Existenz treu bleiben will, die Doppelheit von Annahme und Widerstand, Bestätigung und Kritik notwendig. Der Pfarrer, der anders ist, anders sein muß und anders sein will, möchte die anderen ändern.

23. T. Rendtorff, aaO. 116.
24. M. L. Moeller, Zwei Personen – eine Sekte, in: Kursbuch 55, Berlin 1979, 1, führt die in jedem angelegte Sektenhaftigkeit auf zwei Neigungen zurück, »die wegen ihres archaischen Ursprungs triebähnlichen Charakter haben: mächtig zu sein und sich auszuliefern«.

Das ist sein Recht und seine Pflicht. Aber das schließt auf jeden Fall die Aufgabe ein, die anderen in ihrer Andersartigkeit zu verstehen. Erst in der Auseinandersetzung mit der ekklesiologischen Realität und den Menschen, die in dieser Realität existieren, wird erfahrbar, was die Verheißungen der biblischen Tradition für das Volk Gottes heute bedeuten können.

II.

Konkret begegnet dem Pfarrer die Andersartigkeit der Gemeinde in Formen von Volksfrömmigkeit, die er teils als skurriles Relikt einer unaufgeklärten Vergangenheit, teils als kleinbürgerlichen Kitsch, teils aber auch als Lebensform einer theologisch so zu bezeichnenden Irrlehre erlebt. Ob sich diese Religiosität im Wunsch nach Segenshandlungen, in der Vorliebe für sentimentale Kirchenlieder[25] oder in der Abfolge von Gottesdienstbesuch und exzessivem Alkoholkonsum bei bestimmten Familienfeiern artikuliert, immer hat der Theologe erhebliche Schwierigkeiten, solche Formen gelebter Religiosität in der Gemeinde zu akzeptieren. Daß sich diese in der direkten Interaktion meist unausgesprochenen Konflikte im Einstellungsbereich abspielen, zeigt eine Analyse von Predigten. Dabei geht es meiner Beobachtung nach vor allem um Aspekte der Rechtfertigungslehre, weil der Theologe bei Hausbesuchen oft auf Aussagen stößt, in denen für sein Verständnis Werkgerechtigkeit proklamiert wird: »mein Mann hat immer ein ordentliches Leben geführt«; »ich brauche die Kirche nicht, um mit Gott ins Reine zu kommen«; »dafür wird Gott sie im Jüngsten Gericht bestrafen«.

Nun gehört die Spannung zwischen unterschiedlichen Formen der Religiosität zur sozialen Grundstruktur mindestens der Hochreligionen. Mit der Ausbildung einer spezifischen Priesterkaste geraten einzelne Phänomene religiöser Aktivität in den Geruch der Zauberei. Die Etablierung von Autoritäten, und seien es schriftliche Dokumente einer heiligen Tradition, erleichtert die Beurteilung und auch die Selektion religiöser Lebensformen. Und die Koalition mit den Tägern der politischen Macht verschafft den Repräsentanten der offiziellen Religion den Vorteil, nichtnormenkonforme Formen religiöser Praxis in den Hintergrund abdrängen zu können.

Insbesondere im Protestantismus hat man die Reinheit der theologi-

25. Davon ist zu unterscheiden die theologische Kritik der sog. neuen Lieder, deren Texte ja oft auch von Theologen stammen; vgl. R. Bohren, Bemerkungen zu neuen Liedern, in: EvTh 39, 1979, 143ff.

schen Theorie gegenüber dem gelebten Glauben in der Gemeinde rigoros zur Geltung zu bringen versucht. Erwachsen unter dem Vorzeichen, die Freiheit der Christenmenschen gegen papale Herrschaftsabsicht und Gewissensbeschwernis zu verteidigen, ist auch die Rechtfertigungslehre zu einem normativen System ausgewachsen, das dem Theologen kaum Verständnismöglichkeiten für die Formen des gelebten Glaubens in der Gemeinde bietet. Was zum Purismus der theologischen Theorie nicht paßt, gilt ihm deshalb selbstverständlich als Aberglauben, als katholisch oder kleinbürgerlich, ist aber auf jeden Fall zu verändern. Die Auseinandersetzung mit den Schwärmern, auch die zwischen Pietismus und Orthodoxie, hat im evangelischen Raum eine Mentalität hinterlassen, die alle Gemeindearbeit unter der Aufgabe sieht, den gelebten Glauben an die theologische Theorie anzupassen. Nicht zufällig hat deshalb die »Wiederentdekkung der Volksreligiosität«[26] in der katholischen Theologie begonnen, die von jeher, von der Heiligenverehrung bis zum Reliquienkult, solche Phänomene zu integrieren versucht hat. Weil er unter dem Druck steht, anders zu sein, und mit der Absicht arbeitet, andere zu ändern, scheint es mir für den protestantischen Pfarrer wichtig zu sein, daß er seine Schwierigkeit mit dem gelebten Glauben wahrnehmen und zu reflektieren beginnt, ohne sofort hinter die Barriere des dogmatischen Selbstbewußtseins zu flüchten.

Zur Illustration der psychischen wie der sachlichen Schwierigkeiten, die ihm Erscheinungsformen gelebter Volksreligiosität bereiten, habe ich drei relativ simple Beispiele ausgewählt: 1. die Tatsache, daß zum Gesamtritual der Kasualien an den Krisen- und Wendepunkten des Lebens nicht nur der liturgische Akt, sondern auch die Familienfeier mit Festmahl und Alkoholkonsum gehören; 2. die Beobachtung, daß sich an den großen kirchlichen Festen nicht nur Feierbräuche, die auf die biblische Tradition zurückgeführt werden können, angesiedelt haben, sondern auch Vorstellungen und Sitten, die einen anderen Ursprungsort aufweisen müssen, die aber für das Festerleben der Durchschnittschristen mindestens ebenso wichtig sind wie die kirchlich sanktionierten Festelemente; 3. einzelne Stereotypen der christlichen Kleinliteratur, die dem Theologen verdächtig erscheinen, gerade weil sie das Glaubensverständnis der Gemeindeglieder immens zu prägen scheinen. Allen angesprochenen Phänomenen ist gemeinsam, daß sie typisch sind für die Religiosität in der volkskirchlichen Situation, daß sie zur theologischen Theorie des Pfarrers nicht passen wol-

26. Vgl. die Beiträge bei J. Baumgartner (Hg.), Wiederentdeckung der Volksreligiosität, Regensburg 1979.

len und daß er sie in seiner Gemeindearbeit in unterschiedlicher Weise abzustellen versucht.

Naürlich ist die Kritik an den Alkoholexzessen, die mancherorts zur Feier von Taufe, Konfirmation und Trauung gehören, nur allzu verständlich. Wer an die Probleme des Alkoholismus bei Jugendlichen denkt, wird die Kombination von Konfirmation und erstem Besäufnis mit Recht als makaber erleben. Und der Blick auf den psychischen und auch körperlichen Terror, der in Ehen mit einem alkoholkranken Partner aufbricht, kann die Freude an der Ausgelassenheit mancher Hochzeitsfeierlichkeit durchaus trüben. Freilich, die Kritik am Alkoholkonsum aus Anlaß der Kasualien bezieht sich nicht nur auf solche Formen lebensbedrohlicher Ausschweifung. Sie nährt sich aus dem Gefühl, daß die religiöse und die private Feier nicht zueinander passen. Der Pfarrer wird von dem Bewußtsein geleitet, daß der erste Abendmahlsgang und die erste öffentliche Bekanntschaft mit Alkohol für die Konfirmanden gerade nicht bei der Feier der Konfirmation zusammenfallen sollen. Und er weiß dabei die neutestamentlichen Mahnungen zur Nüchternheit auf seiner Seite[27]. Daß ähnliche Ermahnungen zur Enthaltsamkeit auch von den Veranstaltern der Jugendweihe verbreitet werden, braucht ihn nicht zu irritieren[28].

Bei aller Sympathie für eine solche Einstellung darf ihre Überprüfung freilich nicht unterbleiben. Was der Pfarrer als eine Bedrohung seiner religiösen Handlung erlebt, deren Sinn und Ernst durch den Alkoholkonsum der Familienangehörigen in Frage gestellt wird, enthält durchaus eine in sich stimmige Logik. Der liturgische Akt und die familiäre Feier müssen sich nicht widersprechen. Was da und dort in gleicher Weise gesucht wird, sind Transzendenzerfahrungen angesichts von Wendepunkten des Lebens. Gewiß sind die stimulierenden Medien verschieden. Hier das religiöse Ritual, dort Essen und Trinken[29], Tanz und Musik. Und gewiß ist die Reichweite dessen, was man an Verheißungs- und Bestätigungswirkung in der religiösen Feier erfährt, ungleich größer und vor allem dauerhafter als der Rausch der privaten Festivität[30]. Dennoch: eine theologische Interpretation, die die kirchlichen und die privaten Feierformen rein im Gegensatz zueinander sieht, wird nicht nur durch die Verbreitung dieser

27. Obwohl im NT damit zunächst viel umfassender die Haltung eschatologischer Wachsamkeit gemeint ist; vgl. 1Thess 5,6; 1Petr 4,7 u.ö.
28. Vgl. K. Richter, Feiern mit politischer Zielsetzung. Anmerkungen zur Ritenbildung im gesellschaftlichen System der DDR, in: ThPr 13, 1978, 186f.
29. Zur Funktion des Essens bei der Beerdigung vgl. Y. Spiegel, Der Prozeß des Trauerns. Analyse und Beratung, München/Mainz 1973, 153ff.
30. S. dazu M. Josuttis, Die kirchliche Trauung, in: F. Wintzer/M. Josuttis/D. Rössler/W. Steck, Praktische Theologie, Neukirchen 1982.

Kombination widerlegt, die alle theologische Kritik überlebt hat, sondern wird auch der Wirklichkeit der religiösen Handlung selbst nicht gerecht. Immerhin erhält man beim Abendmahlsgang auch einige Tropfen Wein, ein stark reduziertes Relikt jener Erfahrung, daß zur religiösen Begegnung im Sakrament auch der Rausch und die Ekstase gehören. So können gerade in den theologisch anrüchigen Feierformen Aspekte religiösen Lebens aufbewahrt werden, die durch die theologische Theorie längst segregiert worden sind, die die religiöse Dimension auch selber nur in höchst verzerrter Gestalt erhalten haben, die aber wahrzunehmen für den Theologen wichtig ist, wenn er den Erfahrungs- und Lebensbezug der religiösen Handlungen verstehen will.

Was sich bei den Kasualien in der Doppelung von religiöser und familiärer Feier manifestiert, begegnet in ähnlicher Weise bei den großen kirchlichen Festen. Ja, deren unterschiedliche Popularität hängt offensichtlich davon ab, in welchem Ausmaß sie auch nicht spezifisch biblische Traditionskomplexe auf sich gezogen haben. Pfingsten als fast rein binnenkirchliches Fest ist für das allgemeine Bewußtsein ungleich weniger wichtig als Weihnachten mit seinen zahlreichen außerbiblischen Feierbräuchen. Die Festsymbole machen die Doppelung von biblischem und außertheologischem Erbe unübersehbar: das Christkind und der Weihnachtsmann, der Stern und die Tanne, das leere Grab und das Osterei, der auferstandene Christus und der Osterhase. Für das theologische Empfinden liegen diese Symbole so weit auseinander, daß ihre gemeinsame Aufzählung schon fast blasphemisch wirkt[31]. Aber die Menschen, die die Feiertage erleben, bewegen sich im Feld solcher Symbolmischungen. Und das wird nur verständlich unter der Voraussetzung, daß zwischen den unterschiedlichen Festsymbolen trotz aller Differenzen auch Gemeinsamkeiten bestehen.

Wie komplex die Bildwelten sind, die sich um ein christliches Fest kristallisieren, haben A. Stock und M. Wichelhaus am Beispiel von Ostern gezeigt[32]. In den biblischen Texten, in den kirchlichen Liturgien und den Kirchenliedern, aber auch in politischen Reden und bildlichen Darstellungen werden Assoziationen geweckt, die um die Stichworte Aufbruch, Neubeginn und Befreiung kreisen. Daß zu Ostern der Sieg Gottes über die feindliche Todesmacht gefeiert wird, entspricht der kirchlichen Tradition. Aber zu dieser religiösen Dimension des Festes haben sich biologi-

31. Selbst auf den säkularisierten Osterpostkarten werden beide Symbolwelten nie miteinander verbunden; so H. Brög, Auf der Suche nach den verlorenen Eltern des Osterhasen, in: A. Stock/M. Wichelhaus (Hg.), Ostern in Bildern, Reden, Riten, Geschichten und Gesängen, Zürich 1979, 56f.

32. S. vorige Anmerkung.

sche und politische Aspekte hinzugesellt. »Die Wortführer des patriotischen Protestantismus haben aus der Perspektive des Osterglaubens die Ereignisse und Erlebnisse von 1812/13 gedeutet und für die persönlichen, gesellschaftlichen und politischen Verhältnisse Folgerungen entwickelt, die neues politischen Denken und konkreten Wandel im öffentlichen Leben ermöglichten«[33] – ein Umgang mit Ostern, der unter anderen Zielsetzungen in den siebziger Jahren dieses Jahrhunderts erneuert wurde[34]. Der vaterländische Aufbruch war nur eine weitere Explikation jener Aufbruchserfahrung, die in der Datierung des Osterfestes angelegt war und in den Fruchtbarkeitssymbolen von Ei und Hasen[35] ihre Darstellung findet. Schließlich hat erst die jüngste Ritenreform aus der Feier der Osternacht jene Anklänge an einen phallischen Kult getilgt[36], die schon F. Heiler beim Akt der Taufwasserweihe mit dem dreimaligen Eintauchen der Osterkerze ins Wasser beobachtet hatte[37].

Das theologische Bewußtsein neigt dazu, diese Kombination von religiösen, biologischen und politischen Osteraspekten für unzulässig zu halten. Wahr sind nur jene Symbole, die aus der biblischen Heilsgeschichte stammen, und diese müssen geschützt werden gegen ihre generalisierende Verfälschung durch eine politische und biologische Interpretation. Auf der anderen Seite ist aber daran zu erinnern, daß schon im altkirchlichen Streit um den Ostertermin die kosmische Weite des Festes umstritten gewesen ist; die Datierung, die sich durchgesetzt hat, schließt ja durch die Berücksichtigung der solaren und lunaren Konstellationen das Universum in den Feierkreis ein. Die mittelalterlichen Prediger haben zu Beginn ihrer Festpredigt eine deftige, oft auch obszöne Anekdote erzählt; und R. Warning, der geistliche Osterspiele analysiert hat, fragt die Theologie, ob sie die Verbindung von Auferstehungsfest und Frühlingsvitalität mit ihren Denkmustern nicht zu verdrängen versuche:

»Die ›frohe Botschaft‹ selbst ist der Punkt, wo das Kerygma sozusagen anfällig wird, wo es sich als ›Verlockungsprämie‹ potentieller Lustsuche anbietet. Die ›frohe Botschaft‹ selbst

33. So M. Wichelhaus, Deutschland erwache! Die Politisierung der Osterverkündigung im neueren Protestantismus, aaO. 97f.

34. Vgl. z.B. W. Hartmann, Politische Diakonie, 1968. Eine Predigt über 1Kor 15,20–28, in: PTh 57, 1968, 296: »Es zeigt sich, daß der Einsatz für hoffnungslose Existenzen eben nicht hoffnungslos ist. Wem das am Leben und Sterben Jesu aufgeht, der hat etwas von seiner Auferstehung gesehen.«

35. Zu den Problemen dieser Deutung vgl. H. Brög, aaO. 33ff.

36. Der Textvergleich bei A. Stock, Ostern feiern. Eine semiotische Untersuchung zur Osterliturgie, aaO. 112.

37. F. Heiler, Erscheinungsform und Wesen der Religion, Stuttgart 1961, 103, sowie A. Stock, aaO. 108ff.

entbindet, was sie verdrängt, und sie wird eben dadurch als Verdrängende enthüllt, tut doch das christliche Ostern, als gehöre das in seinem Namen sogar zitierte nicht mit zum lebensweltlichen Ganzen einer Frühlingsfeier.«[38]

Gewiß benötigt die Theologie jene Eindeutigkeit, die das biblische Erbe gegen Tendenzen zur Paganisierung verteidigt. Aber deswegen sollte sie nicht dem Pfarrer die Möglichkeit nehmen, das, was bei den christlichen Festen an religiösen Feierformen abläuft, in seiner Multidimensionalität zu verstehen. Wenn in der Kritik am Alkoholkonsum bei der Familienfeier der Kasualien Rausch und Ekstase als religiöse Grunderfahrungen abgewehrt werden, so zeigt sich am Beispiel des Osterfestes das unterschwellige Nachwirken, aber auch der kirchliche Widerstand gegen libidobezogene Frühjahrsfeiern. Die Volkskirche habe ich als ekklesiologisches Realitätsprinzip bezeichnet. In der Volksfrömmigkeit brechen Verbindungslinien auf, die den gelebten christlichen Glauben mit elementaren Bereichen menschlicher Existenz verknüpfen. Liegt in der Weigerung, solche Verbindungslinien auch nur zu konstatieren, eine theologische Abwehr humaner Realitäten?

Ein weiteres Gebiet, auf dem das theologische Bewußtsein mit der Volksfrömmigkeit kollidiert, ist die christliche Trivialliteratur. Dazu gehören Kalenderblätter, evangelistische Schriften[39], Biographien und Autobiographien, die individuelle Lebensschicksale als vorbildliche Zeugenexistenz unter dem Willen Gottes erzählen[40]. Das Stichwort »trivial«, so wertneutral es in der neueren literaturwissenschaftlichen und volkskundlichen Diskussion auch gemeint sein mag[41], drückt gleichwohl ein Überlegenheitsbewußtsein aus. Was trivial ist, gilt unter ästhetischen Gesichtspunkten als Kitsch[42]; die Wirklichkeitserfassung erfolgt in schematischer Schwarz-Weiß-Malerei; komplexe Problemstrukturen, auch religiöser und theologischer Art, werden durch Personalisierung und Emotionali-

38. R. Warning, Funktion und Struktur. Die Ambivalenzen des geistlichen Spiels, München 1974, 118.
39. H.-D. Roch, Naive Frömmigkeit der Gegenwart. Eine kritische Untersuchung der Schriften Werner Heukelbachs, Marburg 1969.
40. B. Mecking, Christliche Biographien. Beobachtungen zur Trivialisierung in der Erbauungsliteratur, Theol. Diss. Göttingen 1979.
41. Z.B. H. Kreuzer, Trivialliteratur als Forschungsproblem. Zur Kritik des deutschen Trivialromans seit der Aufklärung, DVflG 41, 1967, 173ff, und R. Schenda, Die Lesestoffe der Kleinen Leute. Studien zur populären Literatur im 19. und 20. Jahrhundert, München 1976.
42. Zur theologischen Diskussion vgl. M. Egenter, Kitsch und Christenleben, Ettal 1958²; G. Ruhbach, Zum theologischen Problem des Kitsches, in: MPTh 53, 1964, 457ff, und R. Bohren, Predigtlehre, München 1971, 419: »Im Kitsch predigt der Unglaube, der sich selbst verleugnet.«

sierung vereinfacht; überhaupt werden, wie insbesondere B. Mecking betont hat, die dialektischen Spitzensätze der Rechtfertigungslehre auf ein praktikables Modell christlicher Normalität zusammengestrichen. Gemessen am komplizierten Wahrnehmungsraster, das soziologische Analysen und theologische Distinktionen bereitstellen, liefern die Heiligenlegenden, Bekehrungsappelle und Kalendergeschichten der Volksreligiosität immer ein reduziertes Wirklichkeitsbild.

Aber eben das ist die Frage, ob der Theologe so selbstverständlich die eigene Art, den Glauben und seine Probleme zu sehen, zum Maßstab der Betrachtung erheben darf. Was als trivial denunziert wird, ist aus der einen Perspektive gewiß als Vereinfachung hochkomplexer Einsichten zu beschreiben. Aber auf der anderen Seite lebt in der naiven Eindeutigkeit des sogenannten Trivialen auch jene elementare Kraft eines festgefügten Einstellungssystems, das Menschen durch alle Gefährdungen ihres beschwerlichen Lebensweges zu tragen vermag. Das theologische Urteil, das die Simplizität erbaulicher Unterhaltung abzuwerten geneigt ist, übersieht allzu leicht den Neid und die Sehnsucht im Herzen derer, die ihr Leben ohne die Überzeugungskraft einfacher Geschichten bewältigen müssen.

III.

Der Pfarrer hat es in seiner Arbeit mit einer Gemeinde zu tun, die in volkskirchlichen Strukturen existiert und die, wenn sie nicht total säkularisiert lebt, in vielfacher Weise Formen volksreligiöser Frömmigkeit praktiziert. In beiden Punkten widerspricht sie jenen theologischen Idealvorstellungen, die mit einer weitgehenden Kongruenz zwischen Lehre und Leben, Gemeindebekenntnis und Gemeindeordnung rechnen. Die Gemeinde, der der Pfarrer im Alltag begegnet, ist anders, als sie im theologischen Lehrbuch steht.

Sein Verhältnis zu ihr an diesen und an anderen Punkten wird für ihn dadurch kompliziert, daß sich in ihm selber mehrere Tendenzen überschneiden. Dabei kann unberücksichtigt bleiben, daß auch für die Gemeinde die Beziehung zum Pfarrer eine höchst komplexe und gebrochene ist, so daß man in die wechselseitigen Interaktionen nie eindeutige und konstante Annahmen über die Intention der Gegenseite einbringen kann.

Der Pfarrer möchte sich 1. sicher von der Gemeinde unterscheiden. Sonst hätte er diesen Beruf nicht gewählt, der ihm eine ausgesprochene Führungsposition einbringt. Die Vorteile, die damit verbunden sind, liegen auf der Hand. Er steht im Mittelpunkt der parochialen Aufmerksamkeit; er kann in das Lebensgeschick anderer Menschen hilfreich und manchmal auch störend eingreifen; er findet durch das Engagement für andere und für die Sache Gottes Bestätigung in seinem Selbstwertgefühl. Mag er selber seine Arbeit auch als Dienst, Hingabe oder missionarischen Auftrag interpretieren und mag er die Machtposition, in der er sich befindet, vollkommen verleugnen, faktisch hat er sich für einen Beruf entschieden, in dem er per definitionem in einer religiösen Gemeinschaft Leitungsfunktionen versieht[43].

Der Pfarrer möchte 2. sicher immer wieder auch in den Kreis der übrigen Gemeindeglieder zurückkehren können. Er, der anders ist als die anderen, möchte einer von ihnen sein. Denn die Position an der Spitze ist auch in vieler Hinsicht beschwerlich. Er möchte heraus aus der sozialen Isolation, in der er sich trotz aller Gegenbemühung befindet. Er möchte der sozialen Kontrolle entfliehen, die mit einem solchen Amt immer verbunden ist. Er möchte auf manche Privilegien, wie etwa das Rederecht in der Kirche, verzichten, weil er dadurch auch immer in Abhängigkeitsverhältnisse gerät. Überhaupt leidet er am Schicksal aller Führungspositionen, daß sie sich, um den Preis eines gewissen Machtgewinns, sehr stark an den Bedürfnissen und Erwartungen der von ihnen geführten Menge zu orientieren haben[44]. Deshalb ist sein Verhalten in der Gemeinde oft von dem Wunsch bestimmt, in die Unauffälligkeit der Allgemeinheit unterzutauchen. Und deshalb kann er kirchenamtliche Äußerungen begrüßen, die von der pastoralen Tätigkeit auch erwarten, daß sich der Pfarrer letztlich selber überflüssig macht[45].

Als Lösung für diese divergierenden Interessen bietet sich 3. eine Arbeitsstrategie an, die dazu führt, daß die Gemeinde so wird, wie der Pfarrer ist. Sein innerer Konflikt, oberhalb der Gemeinde stehen und in der Gemeinde verschwinden zu wollen, läßt sich am leichtesten so beheben, daß die Gemeinde seinem Bild angepaßt wird. Dann ist er mächtig in der Gemeinde, weil die Gemeinde so ist wie er. Dann kann er auf seine Füh-

43. Zu den Problemen der Gemeindeleitung vgl. die Beiträge von N. Greinacher und K.-F. Daiber in: N. Greinacher/N. Mette/W. Möhler (Hg.), Gemeindepraxis. Analysen und Aufgaben, München/Mainz 1979, 171ff und 180ff.
44. Zur Problematik der Führerposition vgl. S. Freud, Massenpsychologie und Ich-Analyse, GW XIII, 115ff, sowie A. und M. Mitscherlich, Die Unfähigkeit zu trauern. Grundlagen kollektiven Verhaltens, München 1967.
45. Vgl. F. Viering (Hg.), Gemeinde – Amt – Ordination. Votum des Ausschusses der EKU, Gütersloh 1970, 15ff, besonders 19: »Dabei sollte es ihre (der Theologen, M.J.) Hauptaufgabe sein, in einer Gemeinde, der sie zur Mündigkeit verhelfen, die Bereitschaft möglichst vieler zu wecken, bisher auf den Pfarrer konzentrierte Funktionen zu übernehmen.«

rungsfunktion und die damit verbundenen Frustrationen verzichten, weil die Gemeinde aus lauter Menschen besteht, die dem Modell des Führer-Pfarrers gleichen. Dann ist er in der Gemeinde bei sich selbst.

Der Pfarrer verfolgt – so lautet die Hypothese – in seiner Gemeindearbeit auch immer diese drei Ziele: Er will oberhalb der Gemeinde stehen, er will in die Gemeinde zurückkehren, und er will die Gemeinde nach dem eigenen Bild formen. Auf dem Hintergrund dieser Annahmen wird noch einmal verständlich, warum er die Realität der volkskirchlichen Strukturen und der volksreligiösen Frömmigkeitsformen so schlecht akzeptieren kann. Auf der anderen Seite dürfte aber auch deutlich geworden sein, daß er sein Verhaltens- und Einstellungsrepertoire im Umgang mit der Gemeinde erweitern muß. Denn eine pastorale Praxis, die sich allein an den genannten Leitlinien orientiert, führt zwangsläufig dazu, daß der Pfarrer innerhalb der Gemeinde zwischen ihm willkommenen und ihm unangenehmen Mitgliedern unterscheidet, daß seine Interaktionen eine undurchschaubare Mischung zwischen Überlegenheitsbedürfnis, Anpassungs- und Angleichungswünschen enthalten und daß er, auf der Suche nach der Realisierung seiner Idealvorstellungen, die evangelische Botschaft in Richtung auf Gesetzlichkeit deformiert.

Die Grundvoraussetzung dafür, daß sein Verhältnis zur Gemeinde geklärt ist, dürfte darin bestehen, daß er seine und ihre Andersartigkeit akzeptiert. Wobei das Akzeptieren alle Dimensionen seines Erlebens betrifft, seine Wahrnehmung wie seine Einstellung, seine Realitätsinterpretation wie seine Arbeitsintention.

Als Pfarrer die eigene Andersartigkeit akzeptieren heißt zunächst, die untereinander widersprüchlichen Wünsche nach Distanz und Nähe, nach Überlegenheit und Anpassung gegenüber der Gemeinde bei sich einzusehen. Es heißt weiter, sich die Unauflöslichkeit dieses Dilemmas einzugestehen. Und es heißt schließlich, die Konsequenzen einer sozialen Rolle, die eine Leitungsposition versieht, verantwortlich zu übernehmen. Die Freude, auf andere Menschen Einfluß zu haben, wird dann begleitet von dem Schmerz, durch die berufliche Aufgabe von den anderen auch getrennt zu sein. Das betrifft die gesamte Lebensführung des Pfarrers, die unter der Beobachtung und damit auch der Kontrolle der gemeindlichen Öffentlichkeit vonstatten geht. Welche Gesichtspunkte dabei zu bedenken sind, läßt sich am Beispiel der Frage erörtern, ob der Pfarrer mit einzelnen Gemeindemitgliedern auch persönlich befreundet sein sollte. Natürlich sprechen keine prinzipiellen Gründe dagegen; aber er muß bei der Entscheidung dieses Problems auch wissen, daß er durch eine intensivere Bindung zu einzelnen Personen in der Gemeinde für andere auch wieder unzugänglicher wird. Und in manchen Fällen ist die Unterscheidung zwischen privaten und professionellen Kontakten die Voraussetzung dafür, daß man wirksame Hilfe zu leisten vermag.

Als Pfarrer die Andersartigkeit der Gemeinde akzeptieren, bedeutet dann umgekehrt, die eigenen Idealisierungswünsche ebenso einzusehen wie ihre theologische Fragwürdigkeit und ihre soziale Vergeblichkeit. Das bedeutet aber zugleich, wenn dieses Akzeptieren aus Einsicht geschieht, daß man vor der Realität der konkret existierenden Gemeinde nicht einfach kapituliert. Formen der Volksfrömmigkeit erscheinen ja nur in der Perspektive eines verengten dogmatischen Denkens als defizitär oder illegitim. Faßt man sie vorurteilslos ins Auge, so können solche Phänomene des gelebten Glaubens zum hermeneutischen Schlüssel werden für Aspekte auch christlicher Religiosität, die ein theologischer Rigorismus als abergläubisch, mystisch, kitschig oder kleinbürgerlich verurteilt. Die Andersartigkeit des gelebten Glaubens in der Gemeinde gegenüber den Normen, die der Theologe aus seinem Studium mitbringt, kann in zweifacher Hinsicht zu einer Erweiterung seiner Wahrnehmungs- und Einstellungsmuster führen[46]. Er kann in der säkularisierten Lebenspraxis, zu der die meisten Gemeindemitglieder gezwungen sind, die Zerstörungskraft einer gesellschaftlichen Entwicklung sehen, die im Rahmen einer funktionalen Differenzierung religiöse Werte und religiöse Handlungen in die Beliebigkeit einer Freizeitbeschäftigung abgedrängt hat[47]. Und er kann dort, wo sich einzelne Lebensformen von Volksreligiosität noch erhalten haben, die Entdeckung machen, in welch elementarer Weise religiöse Symbole mit Grundformen menschlichen Erlebens wie Rausch und Ekstase, Liebe und Trauer, Angst und Ohnmacht verbunden sind. Die Andersartigkeit der deformierten, reduzierten, aber gelebten Religiosität kann im Pfarrer ein neues Verständnis dafür erschließen, welche Lebenskraft und Lebensrelevanz in der religiösen Tradition der Kirche enthalten sind.

Die eigene Andersartigkeit und die Andersartigkeit der Gemeinde zu akzeptieren heißt freilich nicht, die eigenen Wünsche und Ziele zu unterdrücken, sich mit dem Status quo abzufinden, auf den Dialog, auch auf den Streit mit dem anderen grundsätzlich zu verzichten. Der Pfarrer hat ein Recht, er selber zu sein, als Mensch und als Theologe. Die Gemeinde

46. Zu den homiletischen Konsequenzen eines Ansatzes, der sich auch an den Erwartungen und Bedürfnissen der Hörer orientiert, vgl. H. van der Geest, Du hast mich angesprochen. Die Wirkung von Gottesdienst und Predigt, Zürich 1978, bes. 41f.

47. Vgl. M. Josuttis, Gemeindearbeit als Freizeitbeschäftigung – Selbstverwirklichung oder Kompensation?, in: Praxis des Evangeliums zwischen Politik und Religion, München 1980², 237ff.

hat es nötig, angesichts des rapiden Wandels in ihrer sozialen Umgebung neue Gemeinschafts- und Organisationsformen zu erproben. Und zum auch von der Gemeinde unterstützten Auftrag des Pfarrers gehört es, daß er die Formen des gelebten Glaubens kritisch und kreativ in Beziehung setzt zur biblischen Tradition. Aber sinnvoll, fruchtbar und konstruktiv wird die Arbeit in diesen Bereichen erst dann, wenn mindestens für den Pfarrer klar ist, daß er anders ist als die Gemeinde und die Gemeinde anders als er.

Die reformatorische Parole vom allgemeinen Priestertum aller Gläubigen bezeichnet ziemlich genau das Dilemma, in dem sich aus pastoraltheologischer Sicht die evangelische Kirche mit dem Verhältnis von Pfarrer und Gemeinde befindet:
– daß alle Gläubigen Anteil an der religiösen Vollmacht des Priesters zugesprochen erhalten, wendet sich gegen alle Formen klerikaler Bevormundung in der Gemeinde und tangiert damit das pastorale Selbstbewußtsein und Überlegenheitsstreben erheblich;
– daß die Gläubigen zu gleichberechtigten, weil durch die Taufe geistbegabten Priestern erklärt werden, enthält auf der anderen Seite aber auch die Verpflichtung für sie, so zu werden, so zu denken und so zu leben, wie es der theologischen Lehre entspricht, und bietet deshalb auch dem pastoralen Erziehungsstreben willkommenen Anlaß;
– daß in der kirchlichen Praxis der reformatorischen Kirchen auch weiterhin ein Amtsträger für Verkündigung und Sakramentsverwaltung benötigt wird, läßt sich von der theologischen Theorie her nicht mehr verstehen; es ergibt sich soziologisch aus dem Prinzip der Arbeitsteilung, die auch für den Bereich der Religion gilt, und psychologisch aus dem Bedürfnis nach Repräsentanz in personalen Symbolen, das in einer arbeitsteiligen, unüberschaubaren, technisierten Gesellschaft eher zunehmen dürfte.

Der damit angezeigte Widerspruch zwischen theologischer Theorie und parochialer Praxis darf nicht auf Kosten der Gemeinde behoben werden. Auch eine forcierte Erziehung zur Mündigkeit kann faktisch die Entmündigung der Gemeinde intendieren, wie umgekehrt die betonte Amtlichkeit des pastoralen Auftrags in der Angst vor der Gemeinde begründet sein kann. Die Rede vom allgemeinen Priestertum aller Gläubigen, einst als Kritik an klerikaler Überheblichkeit formuliert, sollte vom Theologen nicht zum Gesetz gemacht werden, mit dessen Hilfe er die Gemeinde nach dem eigenen priesterlichen oder prophetischen oder wie immer gearteten Bilde zu formen versucht.

Der Pfarrer und die Macht

Der Pfarrer will anders sein. Und der Pfarrer soll anders sein. Deshalb ist sein Verhältnis zur Macht höchst komplex. Er hat Macht und hat sie doch nicht; denn er darf nicht danach streben, er kann nicht damit umgehen, er will seine Möglichkeiten zur Beeinflussung anderer Menschen noch nicht einmal sehen.

Das Thema »Macht« ist ein Beispiel dafür, wie aus dem Gewirr von unbewußten Wünschen, internalisierten Verboten und rationalisierten Interaktionsstrategien ein Wahrnehmungsnetz entsteht, das den Blick für die Realitäten der Pfarramtspraxis trübt und dadurch gerade verhindert, was der Pfarrer auf der Bewußtseinsebene anstrebt, den partnerschaftlichen Umgang mit anderen Menschen. Das Dilemma, in dem er sich damit befindet, läßt sich so charakterisieren, daß er einerseits, wie schon die Berufswahl signalisiert, unbewußt an der Allmacht dessen, in dessen Namen er auftritt, partizipieren möchte, daß er sich auf der anderen Seite aber den Wunsch nach Macht im Namen der Allmacht Gottes oder auch im Namen von Humanität verbieten muß und deshalb mit schlechtem Gewissen leicht in ein Verständnis seiner Position flieht, das von seinen Ohnmachtsgefühlen bestimmt ist. Der Auftrag, der Wunsch und die Pflicht, anders zu sein als die anderen, die ihre berufliche Arbeit mit Ehrgeiz-, Neid- und Konkurrenzgefühlen versehen, treibt ihn dazu, zwischen Allmachtsträumen und Ohnmachtserfahrungen zu schwanken, so daß er blind wird für die Bedeutung, die er faktisch für andere Menschen besitzt, und blind auch für die Bemächtigungstendenzen, denen er manchmal folgt.

I.

Was bewegt junge Menschen dazu, Theologie zu studieren? Was reizt sie an einem Beruf, der sie noch immer dazu befugt und verpflichtet, im Namen Gottes zu reden? Und wie kann man sich in die Gründe und Hintergründe ihrer Entscheidung Einblick verschaffen? Neuere Untersuchungen zur Berufssoziologie haben ergeben, »daß zu einer adäquaten Erfassung des Berufswahlprozesses eine integrierte Perspektive gewählt werden muß . . ., nach der die Berufsfindung und Studienwahl gleichzeitig als subjektiver Entscheidungsprozeß, als Vorgang der sozialen Allokation und als (teilweise unbewußter) längerer Entwicklungsprozeß angesehen werden muß. Weiterhin ist es keinesfalls so, daß die einmal zu Studienbeginn realisierte Wahl mit den zu dieser Zeit aktuellen Motivationen eine hinreichende Motivierung abgeben kann, die die volle Absolvierung der beruflichen Ausbildung für den Sozialisanden legitimieren könnte«[1]. Die Schwierigkeiten, über die Berufswahl der Theologen empirisch fundierte Aussagen wagen zu können, sind also groß. Die Erziehung durch die Familie, der Religionsunterricht in der Schule, die Erfahrungen in der Jugendarbeit spielen dabei eine ebenso wichtige Rolle wie der Wunsch, anderen Menschen zu helfen, eigene Existenzfragen abzuklären oder ein Leben in der Nachfolge Jesu zu führen. Die Antwortvorgaben, zwischen denen Studenten bei Befragungen auswählen können[2], spiegeln in ihren Formulierungen ja immer auch den Interessenhorizont der Untersuchenden wider; bestenfalls bieten sie das Spektrum derjenigen Einstellungen an, die zu einer bestimmten Zeit als für eine bestimmte Entscheidung relevant bzw. besonders unangemessen gelten.

Wenn es richtig ist, daß die Machtproblematik dem theologischen Bewußtsein nur schwer zugänglich ist, dann ist der Versuch, durch Befragungen oder Interviews eine Bestätigung für die Vermutung zu finden, daß eine verdeckte Form des Strebens nach Macht ein wichtiger Grund für den Entschluß zum Theologiestudium bildet, mit erheblichen methodischen Schwierigkeiten belastet, vielleicht sogar zum Scheitern verurteilt. Daß man als Pfarrer dem Nächsten helfen und Gott dienen will, dazu kann man sich auf Befragen bekennen. Daß man durch diese Berufswahl hofft, an der Allmacht Gottes Anteil zu gewinnen, ist eine Aussage, die den Theologen ebenso diskreditieren würde wie das Eingeständnis, er hätte sich seinen Beruf gesucht, um Geld zu verdienen, um vom Wehrdienst befreit zu werden oder aus Gehorsam gegen die Eltern. So bleibt mir hier nur die Möglichkeit, einige Erwägungen zu formulieren, die aus der Primärbeobachtung bei mir selbst und bei Gesprächspartnern gewonnen sind, und dem Leser zu überlassen, ob er sich wenigstens in manchen dieser Äußerungen selber wiederzufinden vermag.

Wenn ich heute, rund 25 Jahre danach, angeben soll, was mich bewogen

1. W. Fischer, in: W. Marhold u.a., Religion als Beruf I: Identität der Theologen, Urban-TB T-Reihe 625, Stuttgart 1977, 127.
2. Vgl. die Items 36–49 in der Münsteraner Befragung; W. Marhold u.a., Religion als Beruf II: Legitimation und Alternativen, Urban-TB T-Reihe 626, Stuttgart 1977, 158f.

hat, Theologie zu studieren, muß die erste Antwort wohl lauten: Es war die Hoffnung, für mein Leben eine feste Basis zu finden. Als Spätling der »skeptischen Generation«[3] einerseits auf der Suche nach Sinn und Gewißheit, auf der anderen Seite von der Stimmung geprägt, alles sei menschlich, relativ und vergänglich, faszinierte mich an der Theologie und ihren Repräsentanten der Eindruck, sie besäßen festen Boden unter den Füßen, sie verwalteten einen Bereich, der dem Spiel menschlicher Irrungen und Wirrungen letztlich entzogen sei, sie hätten etwas zu sagen und weiterzugeben, was man sonst nirgends zu hören bekommt. Wenn ich mir heute auszumalen versuche, warum junge Menschen an der Theologischen Fakultät und nicht bei den Juristen, Sozialwissenschaftlern oder Medizinern zu studieren beginnen, dann drängt sich mir immer noch die Vermutung auf: Sie suchen hier etwas, was es sonst nirgends gibt, eine Wissenschaft, ein Studium, einen Beruf, die nicht nur mit menschlichen Phänomenen beschäftigt sind, die sich vielmehr dem zuzuwenden versuchen, was jenseits aller menschlichen Möglichkeiten liegt, dem ewigen, dem unvergänglichen, dem übermenschlichen Gott. Trotz aller Enttäuschungen, die ich mit dieser Erwartung erleben mußte, trotz der endlich weitgehend akzeptierten Einsicht, daß es auch in der Theologie um menschliche Dinge geht – ich kann die Hoffnung, die mich damals bewegt hat, nicht vergessen und deshalb jene Studenten verstehen, die den Abbau solcher Erwartungen in den Sinnkrisen ihres Studiums durchstehen müssen.

In diesem Motivationsbündel, das man vielleicht als Sehnsucht nach transzendenter Vergewisserung bezeichnen könnte, sind durchaus Elemente enthalten, die den Bereich der Machtproblematik berühren. Natürlich nicht einfach in dem politischen Sinn, daß hier Entscheidungen über Menschen zu treffen oder auch nur zu beeinflussen sind; auch nicht im Sinn jener kommunikativen Konstellationen, denen wir uns alsbald zuwenden werden und die in dem Gegenüber von Seelsorger und Klient, Prediger und Hörer, Lehrer und Schüler durch asymmetrische Rollenverteilung Möglichkeiten zur Meinungsbildung und Einstellungsänderung implizieren. Die Macht, die die Sehnsucht nach transzendenter Gewißheit erreichen will, besteht darin, daß ich als Person den Verstrickungen und der Irrtumsfähigkeit der Geschichte entzogen werde und Anteil gewinne an einem Wahrheitsbesitz, der sich von anderen Formen menschlicher Wahrheitssuche und Wahrheitsweitergabe konstitutiv unterscheidet. Letztlich bin ich aus Tod, Elend und Verblendung befreit, wenn ich der Offenbarung Gottes begegne. Diese Offenbarung zeigt mir, wie die

3. H. Schelsky, Die skeptische Generation. Eine Soziologie der deutschen Jugend, Düsseldorf 1957.

Theologie lehrt, erst recht meine Sündhaftigkeit; aber sie zeigt mir darüber hinaus, daß ich trotz dieser Sündhaftigkeit anderen Menschen etwas zu sagen vermag, was sie sonst nirgends zu hören bekommen. Offenbarung heißt also beides: Erkenntnis der menschlichen Ohnmacht und der göttlichen Macht. Eben in der Erkenntnis meiner Ohnmacht gewinne ich Anteil an der göttlichen Macht, weil gerade diese Erkenntnis mich über den Horizont des Alltagsbewußtseins hinaushebt. Das Wissen, das man in der Theologie suchen kann, ist ein »mächtiges« Wissen[4], weil es übermenschliches, auf Offenbarung beruhendes Wissen sein soll.

II.

Was der Theologiestudent bei der Wahl seines Faches sucht, kann er später in der Praxis seines Berufs realisieren. Dabei zeigt sich dann deutlich, daß auch jene Motivationen zum Studium, die stärker altruistisch oder missionarisch orientiert sind, durchaus Komponenten der Machtproblematik enthalten. Ohne daß ihm diese Dimension immer bewußt wird und trotz aller Ohnmachtsgefühle, die ihn dabei begleiten und die doch nur die Kehrseite seiner Allmachtsträume darstellen, hat der Pfarrer in entscheidenden Bereichen seiner beruflichen Praxis Macht, und zwar kommunikative Macht zur Beeinflussung anderer Menschen.

»Helfen heißt herrschen«, sagt D. Stollberg etwas provokativ in einer Zwischenüberschrift seines Artikels »Seelsorge« im »Handwörterbuch des Pfarramts«[5]. Auffällig ist, daß der Kommentar zu dieser Überschrift den Wunsch nach einem Autoritätsverhältnis zwischen den Partnern im seelsorgerlichen Gespräch allein auf den Ratsuchenden abschiebt:

»Der Pfarrer steht wie die Angehörigen aller helfenden Berufe in ständiger Gefahr, den Erwartungen seiner Klienten so zu entsprechen, daß der Circulus vitiosus, der das akute Problem hervorgebracht hat, aufrecht erhalten wird. Eine Seite im Unbewußten der Seelsorge Begehrenden sucht im Seelsorger den (die) zuverlässigen und Sicherheit gebenden Vater (Mutter) . . ., dem man sich unterordnen kann und der einem die Arbeit samt der Verantwortung wegnimmt.«[6]

4. H.-G. Geyer, Wahrheit und Pluralismus, in: EvTh 40, 1980, 78, redet in kritischem Zusammenhang zu Recht von der »Alternative zwischen Christus und Bacon, zwischen der Verheißung: ›Die Wahrheit wird euch frei machen‹ und dem Gesetz: ›Wissen ist Macht‹«.
5. D. Stollberg, Art. Seelsorge, in: D. von Heymann (Hg.), Handwörterbuch des Pfarramtes. Führungs- und Arbeitstechniken für Kirche und Gemeinde, München 1978, 8.
6. Ebd. Die Zweiseitigkeit der Macht-Problematik betont Stollberg stärker in: Helfen heißt herrschen. Zum Problem seelsorgerlicher Hilfe in der Kirche, Wort und Dienst 15, Bethel 1979, 167ff.

Auch in den Bemerkungen zu den Stichworten[7] »Entlasten ist Entmündigen« sowie »Schonen schadet« geht die Initiative zur Veränderung der interaktionalen Balance immer vom Ratsuchenden aus. Erst auf die Überschrift »Verändernwollen heißt Verwerfen« folgen Erläuterungen, die den Grund zu einem Fehlverhalten im poimenischen Gespräch stärker beim Seelsorger suchen. Immerhin, daß der Theologe gerade in der intensiven Kommunikationsform des seelsorgerlichen Gesprächs vom Klienten viel Macht eingeräumt erhält, leuchtet nach diesen Ausführungen ein.

Sie sind freilich zu ergänzen durch Einsichten aus der neueren Literatur, die nicht speziell beim Pfarrer, sondern in den helfenden Berufen generell das sogenannte Helfer-Syndrom entdeckt hat. Danach gibt es im Beratungsgespräch nicht nur den Wunsch der Ratsuchenden nach väterlicher Betreuung, Beaufsichtigung und Bestrafung, sondern auch die Tendenz auf seiten der Therapeuten, Sozialarbeiter, Erzieher und Krankenschwestern, durch uneigennützige Hilfe gegenüber anderen Menschen eigene Probleme zu lösen. 1976 hatte H. E. Richter auf die Bedürfnisverschränkung zwischen Hilfesuchenden und ihren Helfern mit dem Satz hingewiesen: »Wer eine soziale Tätigkeit wählt, sucht Kommunikation und eine Vervollständigung seiner selbst.«[8] Danach geht es den Helfern in der Begegnung mit dem Klienten nicht nur um die Überwindung der drohenden Isolation, sondern auch um die Ergänzung zur eigenen Person, wie Untersuchungen zur Auswahl der Patienten durch Psychoanalytiker ergeben haben[9]. Der Theologe kann sich diese Zusammenhänge wenigstens vordergründig bewußt machen, wenn er sich auf die Fragen einläßt: Welche Menschen würde ich in der Seelsorge sehr gerne beraten? Mit welchen Berufsgruppen, Problembereichen oder auch Persönlichkeitstypen käme ich absolut nicht zurecht? Und was haben diese positiven und negativen Idealbilder vermutlich mit mir selber zu tun?

Ausführlich zur seelischen Problematik der helfenden Berufe hat sich ein Jahr später W. Schmidbauer geäußert. Sein Terminus »Helfer-Syndrom« ist in den betroffenen Kreisen inzwischen zum geflügelten Wort geworden. Die zentrale Schwierigkeit des Helfers, der eigene Schwächen kaum zugeben, eigene Gefühle kaum äußern kann und der in seinen sozialen Kontakten permanent die Rolle des Starken, Überlegenen und Unangreifbaren spielen muß (und will), hat Schmidbauer, auf Grund eigener Gruppenarbeit mit Angehörigen dieser Berufe, so beschrieben:

7. AaO. 8ff.
8. H. E. Richter, Flüchten oder Standhalten, Reinbek 1976, 140.
9. AaO. 145ff.

»Die Grundproblematik des Menschen mit dem Helfer-Syndrom ist die an einem hohen, starren Ich-Ideal orientierte soziale Fassade, deren Funktionieren von einem kritischen, bösartigen Über-Ich überwacht wird. Eigene Schwäche und Hilfsbedürftigkeit werden verleugnet; Gegenseitigkeit und Intimität in Beziehungen vermieden. Die orale und narzißtische Bedürftigkeit des Helfers ist groß, doch ganz oder teilweise unbewußt.«[10]

Wer es bildhaft ausgedrückt einleuchtender findet: »Die innere Situation des Menschen mit dem Helfer-Syndrom läßt sich in einem Bild beschreiben: Ein verwahrlostes, hungriges Baby hinter einer prächtigen, starken Fassade.«[11] Was dieses verwahrloste, hungrige Baby in sich selber unglücklich und für die Umwelt bedrohlich macht, ist die Tatsache, daß es seine Wünsche nach Bestätigung und Geborgenheit sich nicht einzugestehen, sondern nur durch Indienstnahme anderer Menschen auszuagieren vermag. Deshalb die starke Abhängigkeit von der Ehefrau, wobei die Beziehung durch die Forderung nach emotionaler Stabilisierung geprägt ist; deshalb die Konkurrenzängste der Helfer untereinander; deshalb auch die immer wieder zu konstatierende Unfähigkeit, Menschen aus der Situation der Hilfsbedürftigkeit zu entlassen, weil man sie ja zum Aufbau der eigenen Stärke benötigt.

»Helfen heißt herrschen«, hat D. Stollberg gesagt. Wenn das Pfarramt zu den karitativen Berufen gehört und wenn die Motivation zu diesem Beruf sehr stark von Helfer-Motiven bestimmt ist, dann ist zu vermuten, daß auch der Pfarrer als Helfer in die unbewußte Machtkonstellation dieses Berufs verstrickt ist. Auf der einen Seite wird ihm von den Gemeindegliedern in unterschiedlichem Ausmaß die Möglichkeit eingeräumt, auf ihre Einstellungen, Entscheidungen, ja selbst auf ihr Verhalten Einfluß zu nehmen. Und andererseits lebt in ihm selbst die Tendenz, durch Indienstnahme, ja Bemächtigung anderer Menschen die eigene Person zu ergänzen, aufzuwerten und sich mit der gefürchteten Schwäche und Hilflosigkeit zu verstecken. Bei der Aufdeckung des Helfer-Syndroms geht es nicht um das Entlarven solcher Motive, die auch altruistischen Einsatz als letztlich egoistisch bedingt denunzieren, sondern es geht um das Wahrnehmen einer Situation, die für den Seelsorger und den Klienten gleichermaßen gefährlich ist, solange das Spiel um die Macht und die Stärke zwischen ihnen unbewußt bleibt.

Was für das seelsorgerliche Gespräch durch die tiefenpsychologischen Forschungen der letzten Jahre freigelegt worden ist, gilt natürlich auch für die anderen klassischen Arbeitsfelder der kirchlichen Praxis. Auch Predigt

10. W. Schmidbauer, Die hilflosen Helfer. Über die seelische Problematik der helfenden Berufe, Reinbek 1977, 23.
11. AaO. 15.

und Unterricht können als Möglichkeiten betrachtet werden, durch die Beeinflussung anderer Menschen Macht über sie zu gewinnen[12]. Ob der Pfarrer von seinen Talenten und Neigungen her nun diese oder jene Kommunikationsform bevorzugt – ihm stehen gerade in einer Institution wie der Kirche, die Meinungsbildung und Einstellungsänderung beim Menschen zum Ziel hat, viele Betätigungsmöglichkeiten offen, seinem Streben, andere Menschen nach dem eigenen Bild zu formen, zu frönen. Was D. Beckmann für den Analytiker gezeigt hat[13], dürfte in modifizierter Form für den Pfarrer gelten: Er verfolgt im professionellen Gegenüber ein Stück der eigenen Person, er beschäftigt sich vornehmlich mit jenem Typ Menschen, der für ihn selber entweder ein positives oder ein negatives Idealbild darstellt.

Nun kann man natürlich darauf verweisen, daß die Einflußmöglichkeiten des Pfarrers im Akt der Predigt ungleich begrenzter sind als in der persönlichen Begegnung des seelsorgerlichen Gesprächs. Wie die Wirkungsforschung trotz aller Unzulänglichkeiten[14] gezeigt hat, ist ein spürbarer Wandel in Einstellung und Verhalten weder durch mediale noch durch verbale Kommunikation in der Öffentlichkeit sehr schnell zu erzielen. Und nicht zuletzt die Tatsache, daß so viele Pfarrer an der Wirkungslosigkeit ihres Predigens leiden, bestätigt auf der Ebene der Primärerfahrung die sozialwissenschaftliche These, daß die Einflußnahme auf andere Menschen wie in der wirtschaftlichen Werbung und in der politischen Propaganda so auch und gerade im Bereich der Religion ein höchst mühseliges Geschäft ist. Das Unbehagen der Theologen an der mangelnden Effektivität ihres Tuns auf der Kanzel verrät auf der anderen Seite aber auch viel über ihre Absicht. In der Tat gehört der entschiedene Wunsch, andere Menschen zu beeindrucken, zu bessern und zu bekehren, zu den Voraussetzungen, die ein Prediger mitbringen muß. Sein Problem besteht darin, daß er diesen Wunsch im Rahmen einer theologischen Normierung sich selber gar nicht oder nur sehr verdeckt eingestehen darf.

Ich habe das Glück, das zum Machterleben auf der Kanzel gehört, nirgendwo so offen und einladend beschrieben gefunden wie in den ersten Sätzen der »Predigtlehre« von R. Bohren.

12. Vgl. die psychoanalytische Fassung des Macht-Begriffs bei B. Bettelheim, Die symbolischen Wunden. Pubertätsriten und der Neid des Mannes, München 1975, 90, der sehr stark die dabei erfolgende Beschränkung der Triebwünsche unterstreicht; Predigt- und Unterrichtsanalysen können zeigen, daß Theologen solche Ziele mindestens intendieren.
13. D. Beckmann, Der Analytiker und sein Patient, Bern 1974.
14. Vgl. R. Zoll/E. Hennig, Massenmedien und Meinungsbildung. Angebot, Reichweite, Nutzung und Inhalt der Medien in der BRD, München 1970, 27ff.

»Vier Dinge tue ich leidenschaftlich gern: das Aquarellmalen, das Skilaufen, das Bäumefällen und das Predigen. Eine Leidenschaft empfindet man als schön, beglückend, sie eröffnet Seligkeit: ein weißes Blatt, ein Pinsel und Farben, Farben vor allem, eine neue Welt entsteht, und man ist dabei. – Ein Steilhang, Pulverschnee. Von den Brettern getragen scheint man die Schwerkraft zu verlieren, man fährt und fährt, Herr über Raum und Zeit, frei von aller Erde und doch mitten drin, stiebend im Schnee. – Ein stolzer Baum, Widerstand leistend, ein kleiner Schlachtplan wird erforderlich, ihn anzugehen, List und dann vor allem Zähigkeit; denn der Bursche kann sich wehren, es wird Augenblicke geben, wo er unbesieglich scheint, bis sein Stolz krachend niedergeht.«[15]

Bohren brauchte es gar nicht ausdrücklich zu annoncieren: »Die drei genannten Tätigkeiten gelten mir als Metaphern für das Predigen.«[16] In Wahrheit steckt in allen vier Erfahrungen dasselbe Erleben, oder auch: Alle anderen beschriebenen Tätigkeiten legen symbolisch einen wesentlichen Erlebnisaspekt des Predigens frei. Dazu zählt die Fähigkeit, Neues zu schaffen – »eine neue Welt entsteht«. Dazu gehört die rauschhafte Überwindung der Schwerkraft – »man fährt und fährt, Herr über Raum und Zeit, frei von aller Erde und doch mitten drin«. Dazu ist schließlich die Erfahrung zu rechnen, auch ernsthaften Widerstand mit einem »Schlachtplan«, mit »List und dann vor allem Zähigkeit« brechen zu können. Der Prediger, der seinen Auftritt auch zu genießen versteht, wird sich in diesen Bildern wiederentdecken und wird mit ihrer Hilfe verstehen, was den eigentümlichen Reiz des Predigens ausmacht, die Schwerelosigkeit einer Darstellungssituation, in der man über andere Menschen erhoben ist, in der man mit sprachlichen Mitteln eine neue Wirklichkeit schafft, ohne daß einen jemand anders dabei zu stören vermag, und in der man auch den letzten, unausgesprochenen, nur zu vermutenden Widerstand zu brechen versucht. Das Predigen, das im Namen Gottes geschieht – auch eine Szene aus einem Allmachtstraum. Und die Kritik an der Ineffektivität der homiletischen Situation, die vor einigen Jahren überall laut wurde, fiel vielleicht auch deswegen so entschieden und schmerzhaft aus[17], weil die Erfahrung der rituellen Realitäten einen von der Theologie und der Phantasie der Theologen genährten Traum zu zerstören drohte[18].

Schließlich ist auch der kirchliche Unterricht ein Feld, auf dem für den Pfarrer Möglichkeiten zur Einflußnahme bereitstehen. Anders als zu Seel-

15. R. Bohren, Predigtlehre, München 1971, 17.
16. Ebd.
17. Man erinnere sich an die damals viel diskutierte Abschiedspredigt von O. Halver; O. Halver/R. Schulenburg, Predigt als »Publikumsbeschimpfung«? Kontext einer Provokation, in: P. Cornehl/H.-E. Bahr (Hg.), Gottesdienst und Öffentlichkeit. Zur Theorie und Didaktik neuer Kommunikation, Hamburg 1970, 16ff.
18. Einer der ersten, der auf die Empirie des Predigens wieder aufmerksam machte, war W. Trillhaas, Die wirkliche Predigt, in: Festschrift E. Hirsch, Itzehoe 1963, 193ff.

sorge und zu Predigt, wo wir von den vermuteten Erwartungen der Klienten und den angenommenen Wünschen der Prediger ausgehen mußten, können wir zum Konfirmandenunterricht empirisches Material aus der EKD-Studie »Wie stabil ist die Kirche?« heranziehen. Dabei fällt insbesondere eine gewisse Diskrepanz zwischen der verbreiteten Kritik an den erinnerten Unterrichtsinhalten und der großen Bedeutung auf, die von den Befragten der Gestalt des Konfirmators zugeschrieben wird. »Die Feststellung ›Den Pfarrer, der den Konfirmandenunterricht hielt, habe ich in sehr guter Erinnerung‹ wird von mehr als zwei Dritteln der Befragten bejaht. Und dies, obwohl das, was im Unterricht geschah, in keinem Fall auch nur annähernd diesen hohen Grad der Zustimmung findet.«[19] Diese Aussage dürfte in mehrfacher Hinsicht typisch sein für die Art und Weise, in der die Macht des Pfarrers in der Gegenwart wirkt. Sie ist im Unterschied zur ökonomischen und politischen eine persuasive Macht, schließt aber deswegen nicht ohne weiteres ein, daß die Gemeindeglieder alles, was der Theologe an sie vermitteln will, bereitwillig übernehmen. Der Pfarrer steht für etwas, was man letztlich bejaht, auch wenn man die traditionellen Formen, in denen sich die kirchliche Überlieferung präsentiert, nämlich Bibelsprüche und Gesangbuchverse, nur gezwungenermaßen auswendig lernt. Ihm eignet die eigentümlich gebrochene Macht des Repräsentanten[20], der in seiner Person Werte zur Darstellung bringt, die man für das eigene Leben gleichzeitig anerkennen und in Distanz halten möchte.

Ein letzter Bereich, der für die Schwierigkeiten des Pfarrers im Umgang mit Macht aufschlußreich ist, ist sein Verhältnis zu den anderen Mitarbeitern in der Gemeinde. Natürlich gehen die Probleme dabei nicht nur von ihm aus. In der Kooperation mit einer religiösen Rolle, die keinen besonderen Status haben will und haben soll und die doch unter dem Vorzeichen der Andersartigkeit steht, kommen Katecheten und Diakone oft genug von dem Eindruck nicht los, nur Vertreter eines niederen Klerus zu sein. Daß Pfarrer und andere Mitarbeiter theoretisch gleichwertig sein sollen, aber unterschiedlich bezahlt und mit unterschiedlichen Rechten und Pflichten betraut werden, erschwert den kooperativen Umgang für beide Seiten. Speziell für den Pfarrer werden die Probleme an zwei Stellen gravierend, dann nämlich, wenn er eigene Arbeitsbereiche an andere Mitarbeiter zu delegieren versucht bzw. wenn er Mitarbeiter wegen unzureichender Leistungen zu kritisieren oder gar zu entlassen hat. Dabei handelt es sich durchaus um unterschiedlich gelagerte Fälle. Einerseits soll der

19. H. Hild (Hg.), Wie stabil ist die Kirche? aaO. 155.
20. Vgl. die Überlegungen bei Hild, aaO. 278f, über »Der Pfarrer als ›Bürge‹« sowie unten 193ff.

Pfarrer auf eigene Einflußmöglichkeiten zugunsten eines Mitarbeiters verzichten; andererseits soll er sie gegen einen Mitarbeiter zur Geltung bringen. Gerade die doppelte Problematik aber weist ein gemeinsames Zentrum auf, das in seinen Schwierigkeiten mit der Verwaltung von Macht liegen dürfte.

Der Theologe sucht Macht, und er besitzt als repräsentative Figur einigen, wenn auch nicht sehr genau bestimmbaren Einfluß. Aber weil er anders sein will und anders sein soll, darf er oft noch nicht einmal sehen, daß er an Macht interessiert ist und daß er eine einflußreiche Position innehat. Die verborgenen Wünsche zur Partizipation an der Allmacht Gottes bleiben unausgesprochen. Die Bestärkung der eigenen Person, die das Gespräch mit Hilflosen und Ratsuchenden liefert, die Möglichkeiten, die Predigt und Unterricht zur Beeinflussung anderer Menschen bieten, samt den darin enthaltenen Bemächtigungstendenzen werden kaum reflektiert. Was hindert den Theologen daran, das Streben nach Macht und Einfluß, das den religiösen Beruf immer begleitet hat[21], sich selber einzugestehen? Oder darf man vermuten, daß der geistliche Stand im Raum protestantischer Kirchlichkeit alle Machtgelüste verloren hat?

III.

Die Urszene für das Verhältnis des Theologen zur Macht dürfte der Rangstreit unter den Jüngern bilden. Auf die Bitte der Mutter der Zebedaiden, ihre beiden Söhne im Gottesreich auf den Ehrenplätzen rechts und links neben sich sitzen zu lassen, antwortet Jesus: »Die Herrscher der Völker schalten und walten über sie, und ihre Großen nutzen ihre Macht über sie aus. Bei euch aber ist es nicht so, sondern: Wer unter euch groß sein will, muß euer Diener, und wer unter euch der erste sein will, muß euer Knecht sein« (Mt 20,25ff). Im Kreis der Jünger soll es anders zugehen als in den Herrschaftsstrukturen der Welt. Die Dialektik von Erniedrigung und Erhöhung, von Stärke und Schwäche, von Hingabe und Erfüllung soll ihr Verhältnis untereinander bestimmen. Die Gleichrangigkeit, in der sie zu Lebzeiten Jesu miteinander verbunden waren, soll auch nach seinem Tod zwischen ihnen erhalten bleiben. Deshalb wird die Mahnung zum Machtverzicht in doppelter Weise christologisch begründet. Einmal mit dem Hinweis auf die Hingabe Jesu: »Wie ja auch der Menschensohn

21. Vgl. G. Lenski, Macht und Privileg. Eine Theorie der sozialen Schichtung, stw 183, Frankfurt 1977, 341ff.

nicht gekommen ist, sich dienen zu lassen, sondern zu dienen und sein Leben hinzugeben als Lösegeld für viele« (Mt 20,28); sodann durch die Betonung der Herrschaftsfunktion, die er durch seine Auferweckung erhalten und die ihn zum Haupt seines Leibes, ja des gesamtes Kosmos gemacht hat (Phil 2,5ff).

Letztlich war das Verhältnis der frühen Christen zur Macht durch ihr Verständnis des Todes Jesu geprägt. Denunziert von den politischen und religiösen Machthabern seines Volkes, die seiner Kritik und seiner Inanspruchnahme einer besonderen Vollmacht ein Ende bereiten wollten[22], wurde er von der römischen Besatzungsmacht hingerichtet als »König der Juden« – ein Titel äußerster Macht am Ort äußerster Ohnmacht. Seine Anhänger haben, zumal auch ihre Hoffnung auf die Herrschaftsplätze im Reich zusammenzufallen schien, in seinem Tod schließlich mehr als eine politische Niederlage gesehen. Die Kreuzesinschrift, im Licht des Osterglaubens gelesen und wohl auch geschrieben, proklamierte voll grausamer Ironie die Umwertung aller Werte und die lebensverändernde Wahrheit zugleich. Der Zauber der Macht war zerstört[23], obwohl sie am Kreuz noch einmal zu triumphieren schien. Gerade die, die zur wirtschaftlichen und politischen Ohnmacht verurteilt waren, hatten in diesem Zeichen ein neues Leitbild für ihr Leben gefunden.

Nachfolge Jesu hat deshalb, wie E. Schweizer gezeigt hat, für die ersten Christen, sofern sie sich an der Erniedrigung und der Erhöhung ihres Herrn zu orientieren versuchten, immer bedeutet: »Wie Jesu eigner Weg mit göttlicher Notwendigkeit in Verwerfung, Leiden und Tod und so erst zur Herrlichkeit führt, so der Weg seiner Nachfolger«[24], der deshalb konsequenterweise ein Weg des Machtverzichts und der Ohnmachtserfahrung sein mußte. Die Ausbildung der ersten Ordnungs- und Kommunikationsstrukturen in den Gemeinden, zwischen den Gemeinden und von den Gemeinden zu ihrer sozialen Umwelt war deshalb von jenem demokratischen Zug bruderschaftlicher Liebe bestimmt, den schon S. Freud für jene Zeit konstatiert hat[25].

Die Erinnerung an das bruderschaftliche Ideal im Jüngerkreis Jesu hat

22. Zur Machtproblematik in der Verkündigung Jesu vgl. M. Hengel, Christus und die Macht. Die Macht Christi und die Ohnmacht der Christen. Zur Problematik einer »Politischen Theologie« in der Geschichte der Kirche, Stuttgart 1974, 15ff.
23. Zur biblischen »Entmythologisierung der Macht« vgl. J. M. Lochman, Reich, Kraft und Herrlichkeit. Der Lebensbezug von Glauben und Bekennen, Kaiser Traktate 58, München 1981, 37ff.
24. E. Schweizer, Erniedrigung und Erhöhung bei Jesus und seinen Nachfolgern, AThANT 28, Zürich 1962², 19f.
25. S. Freud, Massenpsychologie und Ich-Analyse, GW XIII, London 1940, 126.

die Ausbildung hierarchischer Organisationsstrukturen in den organisatorischen Anfängen der Christenheit erheblich gestört. E. Käsemann hat darauf hingewiesen, wie sich daraus, jedenfalls auf der semantischen Ebene, bestimmte Vermeidungsstrategien ableiten lassen. »Dem technischen Amtsbegriff, der sich etwa in den Worten λειτουργία, τιμή, ἀρχή hätte ausdrücken lassen, scheint das NT geflissentlich auszuweichen, weil damit ein Herrschaftsverhältnis vorausgesetzt und anerkannt werden müßte, das in der Ordnung der Kirche keinen Platz hat.«[26] Aufhalten ließ sich die Entwicklung zur Verfestigung von Machtpositionen damit aber keineswegs. In einer Kirche, die etwa das Verhältnis von Mann und Frau nach einem modifiziert patriarchalischen Modell zu gestalten empfahl, ließ sich auch die institutionelle Ordnung der Glaubensgemeinschaft, die von Anfang an in Lehrstreitigkeiten und Ketzerkämpfe verwickelt war[27], ohne eine hierarchische Differenzierung kaum aufrechterhalten. Und in den Texten schimmert noch durch, daß auch die führenden Vertreter der jungen spätjüdischen Sekte von ihrer Persönlichkeit her Faktoren einbrachten, die sie zum Streit um das Recht reiner Lehre und um die Macht apostolischer Autorität disponierten.

Es waren personelle und strukturelle Gegebenheiten, die schon in der frühen Kirche zur Ausbildung von amtlicher Autorität, von Meinungs- und Entscheidungsinstanzen und später zum Ausbau eines hierarchischen Machtsystems geführt haben und wohl auch führen mußten. Die Erinnerung an die herrschafts- und machtfreie Bruderschaft unter den Jüngern hat dann teils den empfindsamen Naturen unter denen, die Macht in der Kirche zu verwalten hatten, ein schlechtes Gewissen bereitet, teils hat sie die Basis für den Protest gegen kirchliche Machtstrukturen gebildet. Im Zwiespalt zwischen einer idealisierten heiligen Vergangenheit, in der die Aufsteigerkarrieren ehrgeiziger Fischer und Handwerker[28] unter dem Mantel göttlicher Erwählung verborgen blieben, und den Erfordernissen der Gegenwart, die die geordnete Leitung einer Glaubensgemeinschaft verlangt, blieben und bleiben Theologen oft so verwirrt, daß sie ihren Anteil an Machtpositionen, und zwar sowohl was ihr innerpsychisches Stre-

26. E. Käsemann, Amt und Gemeinde im Neuen Testament, in: Exegetische Versuche und Besinnungen 1, Göttingen 1960, 109.
27. Vgl. W. Bauer, Rechtgläubigkeit und Ketzerei im ältesten Christentum, Tübingen 1964².
28. Wer die Ausbildung innerkirchlicher Ämter mit der Einwanderung höherer Sozialschichten in die Gemeinden erklären will, wie tendenziell der sowjetische Religionswissenschaftler J. Lenzmann, Wie das Christentum entstand, Wuppertal 1974, 172ff, übersieht das Führungspotential, das in Einzelpersonen der Unterschicht steckt und das im Entstehen begriffene Bewegungen religiöser und politischer Art als Aufstiegsleiter benutzt.

ben als auch was ihre soziale Stellung betrifft, gar nicht mehr wahrnehmen können.

Die Entscheidung über die Einführung von Macht in der Kirche war längst gefallen. Sie ergab sich mit Zwangsläufigkeit aus der Absicht, die Erinnerung an den Mann aus Nazareth auch nach seinem Tod zu erhalten. Sie präsentierte sich auf der ersten Stufe als apostolische Autorität, wobei sehr schnell die Alternative entstand, ob als Ausweis für diese Autorität nur die enthusiastische Geistbegabung oder auch eine erkennbare und überprüfbare Kontinuität zur erst mündlich, dann schriftlich überlieferten Tradition notwendig sei. Wohlgemerkt, die Alternative zwischen Pneumatikern und Traditionsträgern war nicht gleichbedeutend mit der Entscheidung für oder gegen eine Machtposition in der Kirche. Gegenüber der enthusiastischen Proklamation von Privatoffenbarungen bot die Berufung auf Überlieferung immerhin noch die Chance zur Diskussion. Die Entscheidung gegen das Ekstatikertum, für die Tradition aber schloß unweigerlich die Auswahl, Ausbildung und Beauftragung bestimmter Personen ein, die als Hüter und Lehrer des überlieferten Erbes Vorsteher, Älteste und Bischöfe der Gemeinde sein sollten[29]. Als Meinungsträger und Meinungsmacher aber hatten sie Macht.

Weil es in dieser Tradition um die Verbindung des Menschen mit Gott bzw. Gottes mit dem Menschen geht, wird auch verständlich, daß die Tradenten im Laufe der Zeit in eine Rolle hineinwachsen konnten, die in vielen Kulturen mit der Vermittlung zwischen Gott und den Menschen beschäftigt ist. Sie wurden zu Priestern. Denn im Priestertum ist seit alters vereint, was auch die Aufgabe der frühchristlichen Gemeindeleiter ausgemacht hat: die Verwaltung der Tradition, die Vermittlung zu Gott und damit auch der Umgang mit Macht, zunächst im Sozialsystem der Religion, später auch darüber hinaus. Über die Bedeutung der Priester sagt der Religionswissenschaftler: »In einer gefährlichen, unvoraussehbaren und bewegten Umwelt hat die Einrichtung des Priestertums die kämpfende Menschheit befähigt, auf der Pilgerschaft des Lebens in Hoffnung und Vertrauen und einem Gefühl der Sicherheit voranzukommen, indem es sie mit einer Kraft versah, die hilft und heilt, erneuert und beruhigt, zusammenhält und bewahrt.«[30]

29. Vgl. die kurze Skizze über die Entwicklung der Gemeindeverfassung bei H. Conzelmann, Geschichte des Urchristentums, Göttingen 1969, 97ff.

30. E. O. James, Das Priestertum. Wesen und Funktion. Eine vergleichende und anthropologische Studie, Wiesbaden o.J., 340; zur Bedeutung der Priester für die Religiosität Israels vgl. G. von Rad, Theologie des Alten Testaments I: Die Theologie der geschichtlichen Überlieferungen Israels, München 1957, 243ff, der sie nicht nur im Blick auf ihre kultische Urteilskompetenz »eine ungeheure Vollmacht« ausüben sieht (246).

C. Andresen bemerkt zum Stichwort von der »honor sacerdotalis«, einem Zentralbegriff zur Entfaltung der Ekklesiologie bei Cyprian: »›Honor‹ ist mit ›auctoritas‹ bzw. ›dignitas sacerdotalis‹ synonym und meint weder eine subjektive Eigenschaft noch die persönliche Hochschätzung durch ein Kollektiv, die erworben werden könnte, sondern bezieht sich auf eine transsubjektive Ordnungswelt, die das Individuum in seiner Funktion determiniert.«[31] Insofern ist die Ausbildung einer hierarchischen Organisationsstruktur in der Kirche durchaus nicht nur als einseitige Privilegierung einzelner Machtträger zu beschreiben oder gar aus dem Interesse eines machtbesessenen Klerus herzuleiten, sondern als ein Ordnungsversuch zu verstehen, der, indem er eine klare Abstufung in der Gemeinschaft bereitstellt, auch für alle Beteiligten klare Machtverhältnisse schafft.

Der protestantische Widerspruch gegen die Anwendung hierarchischer Organisationsformen in der Kirche ist bekannt. Und auch in der neueren katholischen Theologie wird die kirchliche, episkopale bzw. papale Macht durchaus skeptisch betrachtet. Teils verweist man auch hier auf den Liebes- und Dienstcharakter aller kirchlichen Ämter nach dem Neuen Testament: »Quelle aller ›Macht‹ und Autorität in der Kirche ist Gott. Darum kann es in ihr gar keine Autonomie, sondern nur Theonomie und Christonomie geben. Man sollte also statt von ›Macht‹ besser von Bevollmächtigung und ›Vollmacht‹ sprechen.«[32] Teils beklagt man im Rahmen einer soziologischen Analyse »die Koexistenz von bürokratischer Verwaltungsführung und hierokratischer Herrschaft«[33], durch die der Respekt vor dem geistlichen Charisma des Amtsträgers faktisch auch auf die bürokratischen Herrschaftsorgane der kirchlichen Verwaltung übertragen wird.

Trotz aller Probleme, die eine ausführliche theologische und soziologische Diskussion des hierarchischen Organisationsprinzips in der Kirche ans Licht bringen dürfte[34], geht es an dieser Stelle nur darum, auf den

31. C. Andresen, Die Kirchen der alten Christenheit, Stuttgart 1971, 146.
32. F. Klostermann, Kirche – Ereignis und Institution. Überlegungen zur Herrschafts- und Institutionsproblematik in der Kirche, Wien 1976, 81.
33 F.-X. Kaufmann, Kirche begreifen. Analysen und Thesen zur gesellschaftlichen Verfassung des Christentums, Freiburg 1979, 139.
34. Daß die Entwicklung zur Reichskirche auch den christlichen Gottesdienst in diesem Sinn geprägt hat, betont P. Cornehl, Öffentlicher Gottesdienst. Zum Strukturwandel der Liturgie, in: P. Cornehl/H.-E. Bahr (Hg.), Gottesdienst und Öffentlichkeit, aaO. 147f: »Liturgie ist Macht. Wo der Abstand zwischen Gott und Mensch derart starr fixiert und in den Kategorien von Herrschaft ausgelegt wird, produziert er Angst. Die Verwaltung der Angst wird zum Geschäft derjenigen, die die Mittel verwalten, die Macht haben, den Abstand zu überbrücken und die Versöhnung darzustellen.«

nicht unbeträchtlichen Vorteil dieses Prinzips aufmerksam zu machen. Im Rahmen einer solchen Organisationsform wird Macht in der Kirche greifbar und damit auch angreifbar. Weder müssen Machtpositionen für ihre Besitzer unter dem Mantel kirchlicher Dienste einfach versteckt werden. Noch entziehen sie sich dem kritischen Zugriff derjenigen, die aus irgendwelchen Gründen in die Auseinandersetzung mit ihnen geraten. Nur naive Idealisierung wird übersehen können, daß es auch in einem hierarchischen Organisationsmodell viele Mechanismen gibt, um die vorhandenen Machtstrukturen zu verdecken, zu verteidigen und letztlich unangreifbar zu machen. Aber das Gegenüber zwischen Klerus und Laien, Bischöfen und Pastoren macht jedermann unübersehbar deutlich, daß auch im Sozialsystem der Kirche Macht zu vergeben und zu verwalten ist, mit all den Chancen, die sich dabei für persönlichen Ehrgeiz, zwischenmenschliche Rivalität und auch für individuelles Scheitern ergeben. Im Vergleich damit wären die evangelischen Kirchenordnungen erst noch daraufhin zu untersuchen, ob sie wirklich an einer sachgemäßeren Aufteilung und Kontrolle von Macht in der Kirche interessiert sind oder ob sie nicht vielmehr durch semantische und institutionelle Regelungen dieses verbotene Phänomen aus der Welt schaffen wollen. Nicht nur in diesem Bereich bietet sich für die Kirche die Verdrängung als naheliegendste Lösungsmöglichkeit an.

IV.

Der Pfarrer hat Macht. Die ist in vieler Hinsicht beschränkt. Sie liegt kaum im Bereich der Ökonomie, auch wenn er bei der Festsetzung des Gemeindeetats und bei der Anstellung bzw. Entlassung von anderen Mitarbeitern meist das entscheidende Wort spricht. Sie ist politisch nur insofern, als er mit Erklärungen, bei Demonstrationen oder in einzelnen Predigten seine Meinung zu politischen Fragen in der Öffentlichkeit verbreitet. Sie mag, im Vergleich mit den Einflußmöglichkeiten seiner Väter im Amt, in vieler Hinsicht geringer erscheinen, was sich etwa im Verlust der kirchlichen Schulaufsicht oder in seiner Einwirkung auf die Sonntagsgestaltung ausdrückt. Der Pfarrer hat Macht als Repräsentant in Sachen Religion, und die reicht genau so weit, wie Religion für das Leben der Menschen in dieser Gesellschaft noch wichtig ist.

Daß er diese persuasive Macht so wenig wahrzunehmen vermag, daß er sich immer wieder von den sicher auch erlebten Ohnmachtserfahrungen erschlagen läßt, hängt vielleicht damit zusammen, daß er sich auch in psychischer Hinsicht sein individuelles Streben nach Macht nicht einzugestehen wagt. Dabei versieht er einen Beruf, der per definitionem das Interesse vertritt, auf das Leben anderer Menschen Einfluß zu gewinnen. Ob einer stärker missionarische Intentionen verfolgt, ob er aus karitativem Engagement anderen helfen oder ob er schließlich politische Aufklärungsarbeit leisten will – immer ist ja eine Überlegenheit, ein Vorsprung, eine Stärke des Pfarrers vorausgesetzt, und immer will er aus dieser Position heraus in die Lebenspraxis anderer Menschen tief eingreifen.

Auch in einer Pastoraltheologie, die sich als spezifisch theologisch versteht, läßt sich der Machtaspekt, der mit dem Pfarramt verbunden ist, nicht unterschlagen. Ohne das Stichwort selbst zu verwenden, schiebt J. J. von Allmen das Pfarramt im Anschluß an die Lehre vom dreifachen Amt Jesu Christi in einen Aufgabenhorizont, der ein hohes Maß von Einwirkungsmöglichkeiten voraussetzt.

»Als Bevollmächtigte Christi des Propheten sind wir beauftragt zu predigen, zu lehren und den Menschen und die Geschichte vom Ostersieg her zu begreifen und zu erklären. Als Bevollmächtigte Christi des Priesters sind wir beauftragt zu taufen, durch die eucharistischen Elemente Christus und seine Kirche zu vereinen, Fürbitte zu leisten, anzubeten und zu leiden. Als Bevollmächtige Christi des Königs sind wir beauftragt, den Teil seines Volkes zu regieren, den er uns anvertraut, in ihm der Liebe, der Ordnung, der Freiheit und der Vergebung zur Herrschaft zu verhelfen und den Teufel zu bekämpfen.»[35]

Natürlich geht es hier um die Wirkungsziele und Wirkungsmöglichkeiten eines Berufs, der sich als »Diener Jesu Christi«[36] versteht, um delegierte Macht also, wobei als auftragserteilende und Positionen zuweisende Instanz in soziologischer Betrachtung die Kirche, für das theologische Selbstverständnis der Beteiligten dagegen der Herr der Kirche selber erscheinen. Aber nur übergroße Naivität wird behaupten, die Probleme der Machtverwaltung seien schon dadurch gelöst, daß man permanent auf ihren Delegations- und Dienstcharakter verweist.

In amerikanischen Untersuchungen zur Psychologie der Macht wurde ein Maß für das Bedürfnis nach Macht entwickelt, »das als die Vorstellung, Einfluß zu haben, definiert wurde«[37]. Wer die Einzelaussagen, die

35. J. J. von Allmen, Diener sind wir. Auftrag und Existenz des Pfarrers, Stuttgart 1958, 27f. Eine ähnliche, wenn auch vorsichtiger formulierte Entsprechung zwischen dem dreifachen Amt Jesu Christi und dem Predigtamt hat schon H. Vogel, Wer regiert die Kirche? Über Amt, Ordnung, Regiment der Kirche, ThExh 15, München 1934, Neudruck 1980, 19f, konstatiert.
36. So die Überschrift des Kapitels (13).
37. D. McClelland, Macht als Motiv. Entwicklungswandel und Ausdrucksformen, Stuttgart 1978, 19f.

dieses Bedürfnis konkretisieren, durchgeht, wird ohne Schwierigkeiten die Verbindungslinien zum Berufsfeld des Pfarrers erkennen können:

»Das Bestreben, Einfluß auszuüben, kann sich prinzipiell auf dreierlei Weise zeigen: (1) in heftigen Handlungen wie Tätlichkeiten und Aggression; in Hilfeleistung, Beistand oder Rat; in der Kontrolle über andere; in der Beeinflussung und Überredung anderer oder in dem Versuch, andere zu beeindrucken; (2) in Handlungen, die Emotionen in anderen wecken . . .; (3) in dem Bemühen um Ansehen. Eine Person, die sich um ihr Ansehen sorgt, bemüht sich ganz vordergründig um Einfluß.«[38]

Der Alltag des Pfarrers besteht zu einem großen Teil darin, auf der Handlungsebene, auf der Gefühlsebene und im Bereich der Imagepflege auf andere Menschen Einfluß zu nehmen.

Daß der Pfarrer dabei Schwierigkeiten hat, sowohl die soziale Realität persuasiver Machtausübung als auch die psychische Realität seines eigenen Machtstrebens wahrzunehmen, ist freilich nicht nur in seiner persönlichen Blindheit gegenüber dem Phänomen der Macht begründet. Vielmehr spiegelt sich in seiner subjektiven Befangenheit die objektive Widersprüchlichkeit einer Institution, die unter dem Kreuz als dem Sinnbild der Machtaufgabe begründet ist und die gleichwohl zum Erhalt ihrer organisatorischen Existenz im Inneren wie in den Beziehungen zur sozialen Umwelt dem Problem nicht entfliehen kann. Macht ist für die protestantische Kirche »ein Phänomen«, das es in der Wirklichkeit gibt, das es aber in Wahrheit nicht geben dürfte. Daß gerade das protestantische Bewußtsein solche Schwierigkeiten damit hat, vorhandene Machtstrukturen in der sozialen Realität der Kirche wahrzunehmen, hängt vielleicht auch mit dem theologischen Fundamentalartikel, der Rechtfertigungslehre, zusammen. Darin hat ja die Machtproblematik im Zusammenhang mit dem Gott-Mensch-Verhältnis eine radikale Lösung gefunden. Gott kann alles, der Mensch nichts, und wenn er etwas vermag, dann nur aus der Kraft der göttlichen Gnade. Das gilt für die Anthropologie wegen der menschlichen Sündhaftigkeit. Das gilt für die Gotteserkenntnis, die allein durch Offenbarung ermöglicht wird. Das gilt für die Soteriologie, wonach alles an der Heilstat des Erlösers hängt. Das gilt schließlich auch für den Bereich der kirchlichen Praxis, wobei die Verkündigung des Wortes Gottes zwar die permanente Aufgabe der Predigt darstellt, aber zugleich auch deren regelmäßiges Scheitern bedeutet[39], das nur durch das Wirken des Heiligen

38. AaO. 20.
39. Vgl. die klassische Formulierung bei K. Barth, Das Wort Gottes als Aufgabe der Theologie, in: Das Wort Gottes und die Theologie. Gesammelte Vorträge, München 1925, 158: »Wir sollen als Theologen von Gott reden. Wir sind aber Menschen und können als solche nicht von Gott reden. Wir sollen beides, unser Sollen und unser Nicht-Können, wissen und eben damit Gott die Ehre geben.«

Geistes überwunden werden kann. Diese Aussagen über menschliche Ohnmacht, so sinnvoll sie im streng theologischen Zusammenhang sein mögen, formulieren und verstärken aber leicht auch ein Lebensgefühl, das dann auch die eigene Position in der sozialen Realität in diesem Deutungsrahmen interpretiert. Dann werden auf der einen Seite alle Formen von Überlegenheit, Autorität[40] und Einflußmöglichkeit wegen des damit verbundenen schlechten Gewissens gern verdrängt und auf der anderen Seite all jene Erfahrungen bevorzugt wahrgenommen, die das Selbstbild der sozialen Schwäche zu unterstützen vermögen.

Weil Gott der Allmächtige ist, ist der Mensch zur Ohnmacht verurteilt, und zwar nicht nur im Verhältnis zu Gott, sondern auch in der Kirche und in der Gesellschaft. Die theologische Theorie behauptet zwar, die Transformation der theologischen Machtkonstellation auf den sozialen Bereich sei unzulässig. Aber vielleicht ist ja schon die theologische Lösung des Machtproblems selbst Ausdruck einer gesellschaftlichen Realität, die den Menschen mit grundlegenden Ohnmachtserfahrungen konfrontiert. Wie auch immer, die Unsicherheit der protestantischen Kirche im Umgang mit Macht ist groß:

- die Akkumulation von Macht in einzelnen Rollen ist, wenn z.B. die Leitung von Synode, Landeskirchenamt und Kirchenleitung in einer Person vereinigt ist, überentwickelt[41];
- die Kritik und Kontrolle von Macht ist, was die Stellung der Synoden gegenüber den Kirchenbehörden beweist, unterentwickelt;
- ein Trend zur Kaschierung von Macht zeigt sich darin, daß in den kirchlichen Verlautbarungen an die Öffentlichkeit kaum kirchliche Sonderinteressen, sondern durchweg Gründe des Gemeinwohls angesprochen werden;
- eine Vernebelung von Machtkonstellationen findet statt, wenn im Konfliktfall zwischen Pfarrer und Vertretern kirchlicher Leitungsorgane »seelsorgerliche Gespräche« vorgesehen sind;
- die Tabuisierung von Macht manifestiert sich in der Theologensozialisation dergestalt, daß ein so wichtiges Fach wie das Kirchenrecht allenfalls an den Rändern der zweiten Ausbildungsphase vorkommt.

Die neutestamentliche Relativierung der Macht, die am Kreuz Jesu ihren tödlichen Triumph feiert, aber gleichzeitig auch ihre Überwindung er-

40. Vgl. H. M. Müller, Die Autorität des Predigers in pastoralethischer Sicht, in: Predigtstudien II/2, Stuttgart 1974, 11ff.
41. Ein weiteres Problem bildet die selektive Rekrutierung der kirchlichen Führungseliten; vgl. Y. Spiegel, Die Führungsschicht der Evangelischen Kirche, in: Y. Spiegel (Hg.), Kirche und Klassenbindung. Studien zur Situation der Kirchen in der Bundesrepublik Deutschland, es 709, Frankfurt 1974, 116ff.

fährt, kann nicht bedeuten, daß die Machtdimension aus dem Leben der Kirche und aus dem Leben des Pfarrers verdrängt wird. Tabuisierungen lösen Probleme nicht, sondern führen in der Regel zu deren Verschärfung. Und wer als Theologe seiner eigenen Einflußmöglichkeiten wie seine eigenen Einflußwünsche verleugnet, steht in der Gefahr, unter der Parole des Dienstes dem Streben nach Macht nur umso ungehemmter zu frönen.

Die Wahrnehmung von Macht in ihrer psychischen und ihrer sozialen Dimension kann dem Pfarrer in seiner Praxis dabei helfen,

- die Beziehungen zu den Menschen seines Verantwortungsbereichs in ihren Möglichkeiten und ihren Grenzen zu konkretisieren;
- das Verhältnis zu Mitarbeitern und Kollegen an Konfliktherden mit Neid, Konkurrenz und Kompetenzgerangel zu klären;
- die eigene Einschätzung der Pfarrerrolle in der Öffentlichkeit von unrealistischen Minderwertigkeitsgefühlen, aber auch von unbewußten Allmachtswünschen zu reinigen;
- die neutestamentliche Kritik menschlichen Machtstrebens, aber auch die Aktualisierung von Macht, die in der allgemeinen religiösen Rede von der Allmacht Gottes enthalten ist, für die Praxis des zu lebenden Lebens fruchtbar zu machen.

Macht ist gefährlich, weil es dabei um die Herrschaft von Menschen über andere Menschen geht. Aber nur dann, wenn er die kirchlichen Machtstrukturen nicht schamhaft versteckt, wenn er sein eigenes Machtstreben in der Begegnung mit der Gemeinde wie auch seine begrenzten Einflußmöglichkeiten als Repräsentant von Religion nicht verleugnet, kann der Pfarrer der ihm eigenen Tendenz zur Bemächtigung entgehen und anderen Freiheit einräumen.

Der Pfarrer und das Wort

Der Pfarrer ist anders. In einer Zeit, in der Worte nicht zählen, weil sie die Welt überfluten, versteht er sich noch immer als Diener am Wort. Seine Macht über Menschen besteht in der Macht seiner Rede. Er spricht auch dort noch, wo andere zum Schweigen verurteilt sind, am Grab. Und mag das Ziel seines Redens stärker religiös oder stärker politisch bestimmt sein, mag er seine Hörer mehr vom Unglauben zum Glauben oder eher aus der poltischen Apathie und Bewußtosigkeit in die politische Aktivität führen wollen, immer fundiert er Anspruch, Pathos und Selbstbewußtsein seines öffentlichen Auftritts in der Überzeugung, im Namen Gottes das Wort zu ergreifen. Er ist anders, weil er anderes zu sagen hat. Und er muß anders reden, weil er eine andere Instanz zu vertreten hat.

I.

Daß die reformatorische Theologie sich als theologia verbi entfaltet hat[1], ist freilich eine Entscheidung, die wir in ihrer Tragweite wie in ihren Voraussetzungen noch längst nicht verstanden haben. Abgesehen von den historischen und systematischen Problemen, die mit der reformatorischen Entdeckung Luthers gestellt sind[2], scheint mir klärungsbedürftig vor allen Dingen die Frage zu sein, welche Veränderungen im Selbst- und Weltverständnis des spätmittelalterlichen Menschen die Anschauung ermöglicht haben, religiöse Kommunikation erfolge zentral im Medium der Sprache. Nicht mehr der heilige Ort garantiert die Präsenz des Heils, nicht mehr die heilige Zeit, auch nicht die heilige Formel, die auf wunderbare Weise natürliche Elemente zur heiligen Materie verwandelt. Allein das Wort, das einer dem anderen im Namen Gottes zu spricht, schafft Glauben, schenkt Heiligen Geist und rettet damit den Menschen zur ewigen Seligkeit. Diese

1. So in Auseinandersetzung mit der Holl-Schule die These von E. Bizer, Fides ex auditu. Eine Untersuchung über die Entdeckung der Gerechtigkeit Gottes durch Martin Luther, Neukirchen 1958, 1966[3].
2. Zur Diskussion über Bizers These vgl. die Beiträge in: B. Lohse (Hg.), Der Durchbruch der reformatorischen Erkenntnis bei Luther, WdF CXXIII, Darmstadt 1968.

Entwicklung von einer magisch-materialen zu einer personalen Religiosität, wie man das Auftreten der Reformatoren immer wieder zu interpretieren versucht hat, kann sich nicht allein in den Studierstuben vollzogen haben, sondern muß mit Wandlungen im Zusammenhang stehen, die den gesamten psychosozialen Lebenshorizont der damaligen Zeitgenossen betreffen.

Wahrscheinlich ist die Entstehung der Reformation, vor allem aber ihre Wirkung nicht zu verstehen ohne den »Prozeß der Zivilisation«, der nach N. Elias eine weitreichende Veränderung der menschlichen Lebensgewohnheiten und damit verbunden auch der neuzeitlichen Selbstinterpretation mit sich gebracht hat[3]. An Beispielen aus dem banalen Alltagsverhalten wie den Tischsitten, der Einstellung zu den natürlichen Bedürfnissen oder der Beziehung von Mann und Frau hat Elias gezeigt, daß der Prozeß der Zivilisation eine zunehmende Domestikation der körperlichen und emotionalen Bedürfnisse mit sich gebracht und daß sich dabei das Lebenszentrum des Menschen aus den Verhaltens- in den Einstellungsbereich verlagert hat. Für die religiöse Sphäre, die Elias nicht eigens behandelt, kann das bedeuten: nicht mehr die äußere, jetzt äußerliche Präsenz beim Wandlungsakt in der Messe vermittelt das Heil, sondern allein jener Glaube, der am Gewissen des Menschen entsteht und dem Zuspruch des Gnadenwortes vertraut. Das Wort ist zum Gnadenmittel geworden, nachdem heilige Orte und Gegenstände ihre Plausibilität als Medien des Heils verloren haben und der Mensch in der Neuzeit sich anschickt, in der Personalität, in der Sprache und im Verstehen seine Selbstvergewisserung zu finden.

Daß die Zentralstellung des Wortes als protestantische Grundidee in der Neuzeit weiterzuwirken vermochte, wird in psychologischer Hinsicht verständlich, wenn man sich vergegenwärtigt, daß damit auf eine Erfahrung verwiesen ist, die jedermann in seiner persönlichen Entwicklung durchlebt. Wir alle haben uns selbst als Person, die Dinge und die anderen Menschen dadurch geschenkt erhalten, daß uns die Eltern oder andere primäre Bezugspersonen die Welt im Medium der Sprache erschlossen haben.

> »Das Sprechen ist eine Art des Verhaltens, das dazu beiträgt, die Welt des Kindes zu formen, es von einem egozentrischen zu einem sozialen Wesen umzuformen; das ihm hilft, Annahmen zu formulieren, und das dazu beiträgt, Übereinkünfte mit ihm zu treffen, um es zu leiten und zu kontrollieren, es zu informieren, ihm Gedanken, Gefühle und Einstellungen nahezubringen; das mitbestimmt, ob das Kind sich sicher fühlt oder unsicher.«[4]

3. N. Elias, Über den Prozeß der Zivilisation. Soziogenetische und psychogenetische Untersuchungen, 2 Bände, stw 158/159, Frankfurt 1978.
4. M. Baldridge, zit. n. E. B. Hurlock, Die Entwicklung des Kindes, Weinheim 1970, 158.

Was sich in einem komplizierten Prozeß von der coenästhetischen Rezeption zur diakritischen Perzeption[5] bildet, ist letztlich die Fähigkeit, im Medium der Sprache mit sich und der Umwelt zu kommunizieren[6]. Wenn die reformatorische Theologie behauptet, der Mensch empfange durchs Wort die Gerechtigkeit Gottes und das Heil seines Lebens, knüpft sie an elementare Erfahrungen an, die in jeden individuellen Entwicklungsprozeß gehören. Und wenn der Pfarrer sich als einen Diener am Wort versteht, bezieht er sich damit auf eine fundamentale Dimension bei der Ausbildung der Menschlichkeit jedes Menschen.

Seit der Reformationszeit ist der Anteil verbal zentrierter Berufe in der Gesellschaft erheblich gestiegen. Was einst zur Besonderheit des Pfarrers gehörte, daß er professionelle Praxis durch Sprache betreibt, ist inzwischen zum Charakteristikum auch anderer Gruppen geworden. Die Ausbildung eines breit gefächerten Schulsystems, die Entwicklung psychotherapeutischer Heilverfahren und die Professionalisierung der schriftstellerischen Tätigkeit haben es mit sich gebracht, daß der Pfarrer nicht mehr der einzige Arbeiter mit der Sprache ist. Von diesen Kollegen am Wort kann er sich bei der Durchführung der eigenen Aufgaben anregen lassen[7]. Er sieht sich durch sie aber auch, speziell was Wirkung und Ziel seines Redens in der Gesellschaft betrifft, in eine Konkurrenzsituation gestellt. Vor allem die therapeutische Effektivität seines Dienstes am Wort bildet ein zentrales, wenn auch längst nicht deutlich genug artikuliertes Problem.

II.

Als einer, der die Heilkraft des Wortes verwaltet, steht der Pfarrer in einem gebrochenen Verhältnis zu jenen therapeutischen Methoden, die ebenfalls im Medium der Sprache erfolgen. In seinem Aufsatz über »Die Frage der Laienanalyse« hat S. Freud 1926 die Macht des Wortes nachdrücklich unterstrichen:

»Wir wollen übrigens das *Wort* nicht verachten. Es ist doch ein mächtiges Instrument, es ist das Mittel, durch das wir einander unsere Gefühle kundgeben, der Weg, auf den anderen Einfluß zu nehmen. Worte können unsagbar wohltun und fürchterliche Verletzungen zufü-

5. S. dazu R. Spitz, Vom Säugling zum Kleinkind. Naturgeschichte der Mutter-Kind-Beziehungen im ersten Lebensjahr, Stuttgart 1967, 150ff.
6. Zum Ganzen vgl. J. Britton, Die sprachliche Entwicklung in Kindheit und Jugend, Düsseldorf 1973.
7. S. etwa K. Marti, Wie entsteht eine Predigt? Wie entsteht ein Gedicht?, in: Thurneysen-Festschrift 1968, 183ff.

gen. Gewiß, zu allem Anfang war die Tat, das Wort kam später, es war unter manchen Verhältnissen ein kultureller Fortschritt, wenn sich die Tat zum Wort ermäßigte. Aber das Wort war doch ursprünglich ein Zauber, ein magischer Akt, und es hat noch viel von seiner alten Kraft bewahrt.«[8]

Das Wort steht hier in einer doppelten Beziehung zur Macht. Es ist einerseits reduzierte Tat, nur Wort, nicht mehr nackte Gewalt; andererseits aber ist es immer noch mit fast magischer Kraft begabt, weil es aus der Tiefe der Emotionen kommt und in der Psyche schreckliche Verwundungen anrichten kann.

Der Diener am Wort kann solche Sätze des Therapeuten als Bestätigung seines methodischen Instrumentariums hören. Während er sich gegenüber den naturwissenschaftlichen Verfahren in der Medizin immer zurückgesetzt fühlt, weil er keine Tabletten verschreiben und keine Operationen durchführen kann und damit gegenüber der Macht der Krankheit eigentümlich hilflos bleibt, wird ihm bei Freud von kompetenter Seite bescheinigt, daß von der Sprache sowohl schmerzauslösende als auch schmerzlindernde Wirkungen ausgehen[9]. Auf der anderen Seite muß sich der Theologe dann auch die Frage gefallen lassen, was es denn mit der Heilkraft seines eigenen Wortes im Gottesdienst, in den Kasualhandlungen, in der Seelsorge auf sich hat. Inwiefern ist das Wort, dem er als Wort Gottes dienen will, wirklich heilvolles und deshalb auch heilendes Wort?

Nicht zuletzt weil es um diese Frage geht, spielt das Verhältnis zur Psychotherapie für den Pfarrer eine so entscheidende Rolle. Klassisch ist die Differenzierung, die E. Thurneysen als Antwort entwickelt hat. Der Mensch, dem wirkliche Seelsorge widerfährt, hätte »nicht nur Heilung, sondern er hätte *Heil* erlangt. Um dieses Heil geht es in der Seelsorge. Und deshalb behält sie ihren Platz auch neben der besten Psychiatrie«[10]. Der letzte Satz verrät, worin der innere Sinn der Differenzierung besteht. Die fortdauernde Berechtigung der seelsorgerlichen Rede soll begründet werden. Das aber geschieht mit Hilfe einer Unterscheidung, die der Ar-

8. S. Freud, Die Frage der Laienanalyse, GW XIV, London 1948, 214; ähnlich schon 1915/16 in: Vorlesungen zur Einführung in die Psychoanalyse, Fischer-TB 6348, Frankfurt 1977, 15: »Worte waren ursprünglich Zauber und das Wort hat noch heute viel von seiner alten Zauberkraft bewahrt. Durch Worte kann ein Mensch den anderen selig machen oder zur Verzweiflung treiben, durch Worte überträgt der Lehrer sein Wissen auf die Schüler, durch Worte reißt der Redner die Zuhörer mit sich fort und bestimmt ihre Urteile und Entscheidungen. Worte rufen Affekte hervor und sind das allgemeine Mittel zur Beeinflussung der Menschen untereinander.«
9. Vgl. M. Balint, Der Arzt, sein Patient und die Krankheit, Fischer-TB 6005, Frankfurt 1970; er hat gezeigt, welche Bedeutung der Person des Mediziners als Heilmittel zukommt.
10. E. Thurneysen, Seelsorge im Vollzug, Zürich 1968, 86.

beit des Theologen eindeutig die Priorität zuweist. Der Therapeut schafft, im besten Fall, Heilung, der Pfarrer dient dagegen dem Heil. Auch wenn die Abwertungsformel, es ginge in der medizinisch-therapeutischen Arbeit »nur« um die Heilung, nirgends so deutlich auftaucht, ist für eine theologische Anthropologie völlig klar: Weil es im Wortgeschehen der Seelsorge um die Begegnung des Menschen mit Gott geht, ist das Wort des Pfarrers nach wie vor unverzichtbar. Und auch wenn man theologischerseits konzedieren kann, daß in manchen Fällen eine Heilung Voraussetzung für das verstehende Hören des Heilswortes bildet[11], gebührt dem Wort, das Heil anzusagen vermag, eine fundamentale Bedeutung.

So leistet die Unterscheidung von Heilung und Heil, die quer durch die theologischen Schulen gebräuchlich ist, für das Selbstverständnis des Theologen zumindestens dreierlei:
- mit Hilfe dieser Unterscheidung kann er die Tatsache anerkennen, daß das therapeutische Gespräch heilende Wirkungen freisetzt;
- mit Hilfe dieser Unterscheidung kann er sich von dem Druck, heilende Wirkungen seines eigenen Redens intendieren zu müssen, entlasten;
- mit Hilfe dieser Unterscheidung kann er trotz des konstatierten Defizits sein Überlegenheitsbewußtsein gegenüber dem Therapeuten bewahren.

Die Frage bleibt freilich, ob das Wort, das auf Heil zielt, vom Heilungsaspekt so getrennt werden kann, wie es die moderne Arbeitsteilung zwischen den Helfer-Berufen voraussetzt[12]. Das andere Wort, das zur Aufgabe des theologischen Redens gehört, soll ja auf keinen Fall ein Wort der Schwäche und Kraftlosigkeit darstellen. Deshalb verfolgen neue Ansätze, das Verhältnis zwischen Arzt und Seelsorge im Krankenhaus zu bestimmen, die Absicht, die Alternative zwischen der medizinischen Behandlung und der pastoralen Betreuung zu überholen und beiden Berufsgruppen einen spezifischen Anteil am Vorgang des Heilens zuzuweisen.

11. Vgl. G. Ebeling, Lebensangst und Glaubensanfechtung. Erwägungen zum Verhältnis von Psychotherapie und Theologie, in: Wort und Glaube III, Tübingen 1975, 386: »Sofern die Psychotherapie gerade nicht sich einer säkularisierten Heilslehre verdächtig macht, gibt sie der Theologie zu bedenken, was es theologisch damit auf sich hat, daß eine Heilung erforderlich sein könnte als Vorbedingung des Heils«; 382ff weitere Unterscheidungspunkte zwischen Therapie und Theologie.
12. Vgl. auch R. Riess, Heil und Heilung. Zu einem exemplarischen Thema im Verhältnis von Theologie und Humanwissenschaften, in: D. Stollberg/R. Riess (Hg.), Das Wort, das weiterwirkt. Aufsätze zur Praktischen Theologie in memoriam Kurt Frör, München 1981, 221ff, und H. Lorenz, Heil und Heilung. Gedanken zur Grundlegung der Diakonie, PTh 70, 1981, 483ff.

»Hier kann Seelsorge ihren ureigenen Beitrag zum Heilen – in Gespräch, Verkündigung und Sakramentenspendung – entfalten, der keine Konkurrenz, sondern notwendige Ergänzung zur Therapie bedeutet, wenn sie nicht nur Behandlung (auf der Ebene des Machens), sondern Heilung anstrebt. Hier werden nicht nur historische Heilsgeschichten neu gesagt, sondern im eigenen Durcherleben und Verstehen beim Kranken als Heilsgeschichte hier und jetzt erfahren.«[13]

Die Frage ist nur: Wie kann die Heilsgeschichte so erzählt werden, daß sie nicht nur die Erinnerung an eine heilige Vergangenheit weitergibt, sondern aus der Kraft dieser Erinnerung heilvolle Wirkungen freisetzt?

III.

Die therapeutische Kraft des Wortes ist nicht allein im europäischen Kulturkreis entdeckt worden. Der Ethnologe und Strukturalist C. Lévi-Strauss hat einen Beschwörungsgesang untersucht, der von den Cuña-Indianern in Panama stammt und bei einer schwierigen Geburt verwendet wurde[14]. Die 18 Seiten der Originalfassung mit ihren 535 Versen sind deswegen so bemerkenswert, weil das Heilverfahren rein im verbalen Bereich verläuft und ohne jegliche körperlichen Kontakte bzw. Eingriffe auskommt. Diese Tatsache begründet für Lévi-Strauss das Recht, den Gesang des Schamanen mit der Methodik des Psychoanalytikers zu vergleichen, der seine Arbeit ja auch als eine reine »talking-cure«[15] versteht. Unser Interesse an diesem Vergleich, der hinsichtlich seiner sachlichen Voraussetzungen wie seiner methodischen Durchführung scharf kritisiert worden ist[16], konzentriert sich auf die Freilegung jener Aspekte, die die therapeutische Wirkkraft von Sprache verständlich machen können.

Was geschieht im langen Gesang des Schamanen, der durch ständige Wiederholungen strukturiert ist und eine Fülle von Detailangaben zu

13. J. Mayer-Scheu, Vom »Behandeln« zum »Heilen«. Die Aufgabe von Theologie und Seelsorge im Krankenhaus, in: J. Mayer-Scheu/R. Kautzky (Hg.), Vom Behandeln zum Heilen. Die vergessene Dimension im Krankenhaus, Wien/Göttingen 1980, 136f.
14. C. Lévi-Strauss, Die Wirksamkeit der Symbole, in: Strukturale Anthropologie, st 15, Frankfurt 1971, 204ff; weitere Wunderberichte bei J. Halifax, Die andere Wirklichkeit der Schamanen. Erfahrungsberichte von Magiern, Medizinmännern und Visionären, Bern 1981, 161ff; zur Definition des Schamanismus s. H. Motzki, Schamanismus als Problem religionswissenschaftlicher Terminologie, Arbeitsmaterialien zur Religionsgeschichte 2, Köln 1977.
15. So schon Freuds Hypnose-Patientin Anna O.; zitiert nach G. Bally, Einführung in die Psychoanalyse S. Freuds, rde 131, Reinbek 1961, 240.
16. U. Enderwitz, Schamanismus und Psychoanalyse. Zum Problem mythologischer Rationalität in der strukturalen Anthropologie von Claude Lévi-Strauss, Studien und Materialien der anthropologischen Forschung III/3/4, Wiesbaden 1977.

Krankheit wie Heilungsprozeß enthält? Lévi-Strauss faßt seine Interpretation so zusammen:

»Das Heilverfahren bestünde also darin, eine Situation, die zunächst affektiver Natur ist, gedanklich faßbar, und Schmerzen, die auszuhalten der Körper sich weigert, für den Geist annehmbar zu machen. Daß die Mythologie des Schamanen keiner objektiven Wirklichkeit entspricht, ist ohne Bedeutung: die Kranke glaubt daran, und sie ist Mitglied einer Gesellschaft, die auch daran glaubt. Die Schutzgeister und die bösen Geister, die übernatürlichen Ungeheuer und die magischen Tiere sind Teil eines geschlossenen Systems, auf dem das Weltbild der Eingeborenen beruht. Die Kranke akzeptiert sie, oder vielmehr, sie hat sie nie in Frage gestellt. Dagegen ist sie nicht bereit, zufällige und willkürliche Schmerzen hinzunehmen, die ein Fremdkörper in ihrem System sind, denen aber der Schamane mit Hilfe des Mythos einen Platz in einem Ganzen zuweist, in dem alles sinnvoll aufeinander abgestimmt ist.«[17]

Man kann dieses Heilverfahren als den Vollzug einer Vielzahl transzendierender Verknüpfungen interpretieren. Das gilt zunächst für die Krankheit selbst, deren Geschichte erzählt wird und die damit einen Ablauf erhält, der Anfang, Herkunft und Ende umfaßt. Gleichzeitig wird die Krankheit benannt und zu der Welt, in der die Kranke lebt, in Beziehung gesetzt. Daß zu dieser Welt vor allem Geister, phantastische Ungeheuer und wilde Tiere gehören, muß die Schrecken der Krankheit nicht unbedingt steigern, sondern ist an dem Ziel orientiert, »der Kranken die Schmerzen zu beschreiben und zu nennen, sie so darzustellen, daß das Bewußtsein oder das Unterbewußtsein sie erfassen kann«[18]. Das aber bedeutet zugleich: Durch Erzählung, Benennung und Personifikation hört die Krankheit auf, ein isoliertes Geschehen am Leib der Patientin zu sein. »Der Schamane gibt seiner Kranken eine Sprache.«[19] Dadurch wird die Krankheit mit der gesamten Lebenswelt der Leidenden verknüpft und in ein die Einzelelemente transzendierendes Netz »notwendiger Beziehungen«[20] eingebunden: zwischen dem gegenwärtigen Zustand der Krankheit, ihrem Anfang und ihrem Ende; zwischen der Situation der Kranken und ihrer sprachlichen Expression; zwischen dem Unterbewußtsein und dem Bewußtsein der Kranken; schließlich auch zwischen der individuellen Erfahrung und den Mächten des Kosmos.

In der Rekonstruktion einer neuen inneren und, konvergent dazu, äußeren Ordnung liegt für Lévi-Strauss die Vergleichbarkeit zwischen Schamanentum und Psychoanalyse. »In beiden Fällen bemüht man sich, Konflikte und Hemmungen ins Bewußtsein zu bringen, die bislang un-

17. C. Lévi-Strauss, aaO. 216f.
18. AaO. 214.
19. AaO. 217.
20. So das Leitmotiv der Interpretation von M. Oppitz, Notwendige Beziehungen – Abriß der strukturalen Anthropologie, stw 101, Frankfurt 1975.

bewußt geblieben waren.«[21] Auch die Aufgabe der therapeutischen Akteure läßt sich in identischen Kategorien wiedergeben.

»Der Schamane hat dieselbe Doppelrolle wie der Psychoanalytiker: in der ersten Rolle – der Psychoanalytiker als Zuhörer, der Schamane als Redner – wird eine unmittelbare Verbindung mit dem Bewußtsein (und eine mittelbare mit dem Unbewußten) des Kranken hergestellt. Das ist die Rolle des eigentlichen Beschwörungsgesanges. Aber der Schamane spricht nicht nur die Beschwörung: er ist auch der Held dieses Gesangs, da er an der Spitze des überirdischen Bataillons der Geister in die bedrohten Organe eindringt und die gefangene Seele befreit. In diesem Sinne wird er wie der Psychoanalytiker zum Objekt der Übertragung, um dann – durch die dem Kranken eingegebenen Vorstellungen – zum tatsächlichen Protagonisten des Konflikts zu werden, den dieser auf der Schwelle zwischen der organischen und der psychischen Welt ausficht. Der Neurotiker überwindet einen individuellen Mythos, indem er sich mit einem wirklich vorhandenen Psychoanalytiker konfrontiert; die gebärende Eingeborene überwindet eine organische Störung, indem sie sich mit einem zum Mythos gewordenen Schamanen identifiziert.«[22]

In beiden Fällen erfolgt die Heilung durch die intensive Begegnung mit der Person des Heilenden, wobei man freilich zunächst auch einen bedeutsamen Unterschied konstatieren muß.

»Beide zielen darauf ab, ein Erlebnis hervorzurufen, und beiden gelingt das, indem sie einen Mythos rekonstruieren, den der Kranke erleben oder wiedererleben muß. Aber im einen Falle handelt es sich um einen individuellen Mythos, den der Kranke mit Hilfe von Elementen aus seiner Vergangenheit errichtet, im anderen ist es ein gesellschaftlicher Mythos, den der Kranke von außen empfängt und der keinem früheren persönlichen Zustand entspricht.«[23]

Für Lévi-Strauss würde sich auch dieser Unterschied relativieren, wenn sich nachweisen ließe, was einige schwedische Forschungen nahegelegt haben, daß nämlich ein Zusammenhang besteht zwischen der Geisteskrankheit und der chemischen Zusammensetzung der Nervenzellen. Die Heilung würde dann als eine analoge Reorganisation auf der psychischen wie der physiologischen Ebene im Medium der Sprache erfolgen:

»... in beiden Fällen würde eine organische Veränderung herbeigeführt, die im wesentlichen in einer Neuordnung der Struktur bestünde, indem sie den Kranken veranlaßte, intensiv einen – übernommenen oder selbst geschaffenen – Mythos zu erleben, dessen Struktur auf der Ebene des Unbewußten derjenigen analog wäre, deren Bildung man auf der Ebene des Körpers hervorrufen möchte. Die Wirkungskraft der Symbole würde in eben dieser ›induzierenden Eigenschaft‹ bestehen, die den – in bezug aufeinander – formal homologen Strukturen eignete, die sich mit unterschiedlichen Stoffen auf den verschiedenen Ebenen des Lebewesens bilden könnten: organische Vorgänge, das Unbewußte, reflektiertes Denken.«[24]

21. C. Lévi-Strauss, aaO. 217f.
22. AaO. 218.
23. AaO. 219.
24. AaO. 221.

Für den Strukturalisten wird also die Heilkraft des Wortes unter der hypothetischen Voraussetzung vorstellbar, daß zwischen den fundamentalen Dimensionen des Menschseins grundlegende Strukturanalogien bestehen, die die Interdependenz zwischen den Dimensionen verständlich machen. Damit das Wort des Schamanen wie das des Psychoanalytikers wirken kann, müssen zwischen der psychischen und der physischen Struktur, zwischen den kollektiven und den individuellen Symbolen, zwischen der verbalen und der nonverbalen Realität Analogien und Beziehungen gegeben sein. Das alles sind weitreichende Annahmen, über deren Recht oder Unrecht wir hier nicht zu diskutieren haben. Immerhin zeigt sich an diesem Beispiel, daß die Rede von der Heilkraft des Wortes auch unter modernen wissenschaftstheoretischen Prämissen vertretbar ist. Uns muß im weiteren die Frage beschäftigen, warum das Wort des Pfarrers nur noch ausnahmsweise von therapeutischen Effekten begleitet wird. Die Auskunft, Mediziner und Therapeut hätten für Heilung, der Theologe dagegen habe für das Heil des Menschen zu sorgen, bleibt ja nicht zuletzt deswegen unbefriedigend, weil die neutestamentlichen Wunderberichte eine solche arbeitsteilige Differenzierung nicht kennen. Ja, eine Perikope wie Mk 2,1–12 par., wie auch immer ihre traditionsgeschichtliche Komposition bestimmt werden mag, läßt erkennen, daß man im Urchristentum[25] mit der Macht der Heilung die Vollmacht zur Sündenvergebung begründen konnte.

IV.

Der Pfarrer ist, auf eine ihn beschämende und ihn wohl auch kränkende Weise, anders. Im Unterschied zum Schamanen und zum Psychotherapeuten gehen von seinem Wort, jedenfalls was die objektive Meßbarkeit und die öffentliche Einschätzung ausmacht, nur ausnahmsweise therapeutische Wirkungen aus. Er kann beraten, trösten, ermutigen. Er kann in Predigten, Kasualhandlungen und im Einzelgespräch Menschen in ihren Lebenskrisen und inneren Konflikten begleiten. Aber er kann in der Regel kranke Menschen nicht heilen. Jener weite Bereich des Lebens, der durch die Polarität von Gesundheit und Krankheit abgesteckt wird, ist seiner beruflichen Kompetenz inzwischen entzogen.

Nun kann man natürlich fragen, ob die Arbeitsteilung, die sich in einer

25. Zum Verständnis von Krankheit und Heilung in den Wundergeschichten des NT vgl. K. Seybold/U. B. Müller, Krankheit und Heilung, Kohlhammer-TB Biblische Konfrontationen 1008, Stuttgart 1978, 126ff.

jahrhundertelangen Entwicklung unter den Helferberufen ergeben hat, angesichts der enormen Spezialisierung auf allen Gebieten nicht sinnvoll ist. Und eine Erweiterung des Aufgabenhorizonts würde ja für den Pfarrer auf jeden Fall auch neue Anforderungen und Belastungen mit sich bringen. Deshalb wäre eine Zielperspektive, die im Theologen den Medizinmann restituieren wollte, in Anbetracht der gesellschaftlichen Gegebenheiten schlicht und einfach vergeblich. Die Frage, warum seinem Wort die therapeutischen Wirkungen abhanden gekommen sind, ist aber deswegen für den Pfarrer so wichtig, weil sich genau an diesem Punkt die spezifischen Bedingungen, aber auch die spezifischen Fragwürdigkeiten seiner gegenwärtigen Praxis aufzeigen lassen. Was er an der vorhandenen Arbeitsteilung als selbstverständlich erlebt, sollte er hinterfragen, damit er ein differenziertes Selbstverständnis gewinnt.

Am therapeutischen Defizit kommt die allgemeine Kraftlosigkeit seines Redens heraus. Das Wort, das in der theologischen Theorie dem ganzen Menschen gelten soll[26], konzentriert sich in der kirchlichen Praxis etwa des Gottesdienstes vor allem auf den kognitiven Bereich. Die Heilsgeschichte will die ganze Welt und den ganzen Menschen betreffen. Aber ihre Vergegenwärtigung erfolgt in einer merkwürdig reduzierten Kommunikationsstruktur. Der Pfarrer steht auf der Kanzel und redet – die Gemeinde sitzt auf den Kirchenbänken und hört. Ein körperloser Vorgang in hohem Grad! Was sich ereignen kann, ist bestenfalls eine Bewegung der Seelen. Der Verzicht auf die leibliche Darstellung der Heilsgeschichte im heiligen Spiel oder im Tanz[27], der mit der christlichen Angst vor den sündhaften Kräften in der Körperlichkeit zu tun haben dürfte, hat unvermeidlich zur Folge, daß die Heilkraft der Heilsgeschichte den Bereich der Körperlichkeit nicht direkt erreicht. Das Wort, das die Erinnerung an das Heil Gottes vergegenwärtigen soll, kann sich im Gottesdienst nicht als Körpersprache manifestieren. Damit ist aber, unabhängig von allen arbeitsteiligen Differenzierungen der Helferberufe in der Gesellschaft, im Zentrum christlicher Religiosität, im Gottesdienst, eine Trennung zwischen Leib und Seele/Geist angelegt, die die therapeutische Ineffizienz programmiert.

Dieses Wort, das der Pfarrer zum Heil der Menschen weiterzugeben hat, ist aber nicht nur in hohem Maß von der Körperlichkeit getrennt. Es

26. Zum Hintergrund dieser Redefigur vgl. D. Rössler, Der ganze Mensch. Das Menschenbild der neueren Seelsorgelehre und des modernen medizinischen Denkens im Zusammenhang der allgemeinen Anthropologie, Göttingen 1962.
27. Vgl. A. R. Sequeira, Spielende Liturgie. Bewegung neben Wort und Ton im Gottesdienst am Beispiel des Vaterunsers, Freiburg 1977, 86ff.

hat sich im Laufe der Tradition zu einem Dogmen- und Lehrsystem verdichtet und damit gegenüber der Erfahrungsebene auch isoliert. Der Prozeß der Dogmenbildung und Lehrentwicklung, einst als Hellenisierung des biblischen Erbes diskreditiert[28], ist sicherlich unvermeidlich gewesen. Die universale Geltung der biblischen Botschaft wollte in generellen Kategorien wiedergegeben werden. Das Bedürfnis nach Kontinuität, Kommunikation und Kontrolle hat in der Kirche, sobald sie sich zur Institution stabilisierte, die Entwicklung dogmatischer Wahrheitsaussagen befördert. Ihr Ziel sollte nicht zuletzt darin bestehen, durch die Erinnerung an erkannte Wahrheit neue Erfahrungen zu qualifizieren und im Sinne der kirchlichen Tradition konsensfähig zu machen.

Dennoch ist mit der Ausbildung des Lehrsystems ein Element in das kirchliche Wortgeschehen geraten, das dessen Verhältnis zur Welt der Erfahrung immer gebrochen erscheinen läßt. Was unter den Überschriften »Verkündigung und Lehre«, »Kerygma und Dogma« erörtert wird, bezeichnet eine elementare Schwierigkeit, mit der der Pfarrer in seiner Praxis immer wieder zu tun bekommt. Das Wort, das in der konkreten Situation von Predigt, Seelsorge, Unterricht zu sagen ist, hat einen transsituativen Verantwortungshorizont[29]. Die Kraftlosigkeit des eigenen Redens wird dann besonders schmerzhaft erfahren, wenn das im Sinne der Lehre richtige Wort sich nicht als das wahre, die Situation treffende und heilende Wort erweist.

In konzentrierter Form begegnet dem Pfarrer diese Spannung zwischen Erfahrung und Lehre im Blick auf die eigene Person. Und zwar in der Weise, daß er unabhängig von seiner inneren Befindlichkeit aus äußeren Gründen zum Reden gezwungen ist. Die Glocken läuten zum Gottesdienst, und er muß predigen, auch wenn er angesichts eigener Glaubensprobleme viel lieber schweigen möchte. Die Trauung ist angesetzt, von erfahrener Liebe und erhofftem Glück ist zu reden, auch wenn man kurz vorher an einem Grabe gestanden hat. Ein Seelsorgegespräch findet statt, auch wenn der Pfarrer von Konflikten aus dem eigenen Familienkreis überschwemmt wird. Sicher sind solche Zwänge, die Gottesdienstordnung und Terminkalender enthalten, nicht nur in seinem Beruf anzutreffen. Auch liegt darin für den Betroffenen immer die Chance, durch einen Anstoß von außen aus dem eigenen engen Problemfeld herausgeführt zu werden. Dennoch kann die Erfahrung, zum Reden gezwungen zu sein,

28. Vgl. E. P. Meijering, Theologische Urteile über die Dogmengeschichte. Ritschls Einfluß auf von Harnack, Leiden 1978.
29. Vgl. die Beiträge von D. Stollberg. W. Schrage, A.-M. Ritter und H.-G. Geyer zum Thema »Probleme kirchlicher Lehre«, in: EvTh 42, 1982.

für den Theologen makaber werden. Mindestens unbewußt wird der Bruch zwischen Wort und Person die Kommunikation mit dem Pfarrer beeinflussen[30]. Gegenüber dem Wort wie dem Hörer, die ihn zum Reden zwingen, kann der Pfarrer unterschwellige Aggressionen entwickeln. Und vor sich selber kann er so zum Zyniker werden, weil er sich seinem eigenen Empfinden nach durch andere vergewaltigen läßt.

Die Isolation des Wortgeschehens von der Körperlichkeit, die Trennung zwischen Erfahrung und Lehre, der Bruch zwischen Wort und Person fallen deswegen so schwer ins Gewicht, weil sie an jener Stelle Probleme schaffen, an der eigentlich die Lösung stattfinden müßte: bei der Vergegenwärtigung der Heilsgeschichte in die aktuelle Unheilssituation hinein. Das Heil will leiblich werden. Die Wahrheit der Lehre will sich in der Erfahrung der Wahrheit manifestieren. Das Wort soll laut werden in der – wenn auch gebrochenen – Authentizität der Person. Was könnte das für die Existenz des Pfarrers bedeuten?

V.

»Erst der spricht, der seinen Satz gegen sich selber gelten läßt. Das tut kein Tier und kein Kind. Alle unsere menschlichen Worte gelten gegen uns, wie wir sie sprechen. Das erweist, daß sie auch dann aus dem ganzen Logos auf uns zukommen, wenn wir sie zufällig selber zu sagen haben. Die Wahrheit des Logos bewährt sich also darin, daß wir die von uns ausgesprochene Wahrheit gelten lassen. Ob wir dabei nur zuhören oder nachsprechen oder selber sprechen, ist nicht die Hauptsache. Die Hauptsache ist, daß wir dem von uns Ausgesagten die Anwendung auf uns verstatten. Nur mündige Menschen vermögen das; nur Erwachsenen entströmt Sprache.«[31]

Diese Sätze, von E. Rosenstock-Huessy in Auseinandersetzung mit einem begriffsorientierten Denken niedergeschrieben, gelten auch für den Pfarrer. Auch er wird die Heilsgeschichte nur nachsprechen können, wenn er diese Heilsgeschichte für sich und gegen sich selber gelten läßt. Wo es um das Heil und die Heilung durch Worte geht, kann sich die Person von der Begegnung mit der Kraft des Wortes nicht dispensieren.

Das sachlich wie wissenschaftstheoretisch bemerkenswerte Buch der Psychoanalytikerin und Ethnologin J. Favret-Saada über den Hexenglauben in Frankreich legt die auch bedrohlichen Aspekte des Zusammenhangs von Wort und Person auf faszinierende Weise frei[32]. Der Hexen-

30. Vgl. H.-Chr. Piper, Gesprächsanalysen, Göttingen 1975^2, und ders., Predigtanalysen. Kommunikation und Kommunikationsstörungen in der Predigt, Göttingen 1976.
31. E. Rosenstock-Huessy, Zurück in das Wagnis der Sprache. Ein aufzufindender Papyrus, Berlin 1957, 41f.
32. J. Favret-Saada, Die Wörter, der Zauber, der Tod. Der Hexenglaube im Hainland von Westfrankreich, es 981, Frankfurt 1979.

glaube blieb ihren Forschungen verschlossen, solange sie objektive Informationen darüber zu sammeln versuchte. Der neutralen Beobachtung des konstatierenden Wissenschaftlers entzog sich, was das Hexerwort im Kern charakterisiert: seine Macht.

»Die Zauberei ist . . . Wort, jedoch ein Wort, das Macht ist, nicht Wissen oder Information. – Wenn in der Zauberei gesprochen wird, dann niemals, um zu informieren. Und wenn man informiert, dann nur, damit derjenige, der töten soll (der Zauberbanner), weiß, wo er zuschlagen muß. Es ist im wahrsten Sinne des Wortes undenkbar, einen Ethnographen zu informieren, das heißt jemanden, der versichert, von diesen Informationen keinen Gebrauch machen zu wollen, der ganz naiv etwas wissen will, nur um es zu wissen.«[33]

Erst als sie begann, ihre »Position der Exteriorität«[34] aufzugeben, erst als sie sich selber als Subjekt und Objekt von Hexermacht zu entdecken lernte, gelang es ihr, die soziologischen und psychologischen Faktoren im Kraftfeld der Hexerei wahrzunehmen. Das freilich blieb ein Unternehmen, das nicht nur an die Grenzen der wissenschaftlichen Exaktheit, sondern auch an die der persönlichen Belastbarkeit reichte. »Die regelmäßige Amnesie, die Bestürzung, das Aussetzen der Reflexion vor dem, was als unformulierbar erscheint – also die konfuse Wahrnehmung, daß hier ein Unmögliches ist –, das war während dieses Abenteuers mein gewöhnlicher Zustand.«[35] Auch im Bannkreis der Hexerei gilt, daß die Wahrheit des Wortes erst erfahrbar wird, wenn man seine Macht gegen sich selber gelten läßt.

Der Hinweis auf den Zauberglauben mag für den Theologen befremdlich erscheinen. Und sicher gibt es zwischen dem magischen Wort und dem Wort der Verheißung bedeutsame Unterschiede; die reformatorische Kontroverse gegen das Verständnis der Einsetzungsworte im spätmittelalterlichen Katholizismus ist deswegen nach wie vor aktuell. Dennoch zeigt auch das Gegenbeispiel der Hexerei, daß man gegenüber der Macht des Wortes blind bleibt, wenn man sich seiner Heil- oder Kriegskraft[36] nicht aussetzt. Auch der Theologe kann gegenüber dem Wort in der »Position der Exteriorität« verharren. Auch er kann, trotz wissenschaftlicher Bildung und rhetorischer Schulung[37], gegenüber der Sache der Theologie Ethnologe bleiben.

33. AaO. 17.
34. AaO. 33.
35. AaO. 35.
36. Noch einmal J. Favret-Saada, aaO. 18: »In der Zauberei ist das Wort Krieg. Wer immer über sie spricht, ist ein Kriegführender, der Ethnograph so gut wie jeder andere. Es gibt keinen Platz für einen nicht engagierten Beobachter.«
37. »Die Macht menschlicher Rede« unter linguistischen und rhetorischen Aspekten behandelt O. Fuchs, Die lebendige Predigt, München 1978, 12ff.

Die Einführung in das Wort, die das herkömmliche akademische Studium bietet, trägt dazu in doppelter Hinsicht bei. Der Student lernt die sprachliche Tradition des christlichen Glaubens sezieren, und er lernt sie in der Diskussion als Waffe benutzen. Was das Studium nicht leisten will und unter den derzeitigen Bedingungen auch nicht leisten kann, ist die Herstellung einer notwendigen Beziehung zwischen Wort und Person, zwischen Heilsgeschichte und Biographie. Die Macht des Wortes bleibt extern, in der Ferne der Vergangenheit, in der Abstraktheit der Lehre, in der Distanziertheit der Reflexion. Die Verknüpfung der Heilsgeschichte mit der Geschichte der eigenen Person und damit die notwendige Voraussetzung für die Entdeckung der Heilkraft des Wortes im eigenen Leben bleibt dem Studenten selbst überlassen. Und oft genug ist ihm die Sicht auf dieses Problemfeld schon dadurch verbaut, daß er das Wort nur als Instrument in der artistischen und sportlichen Kriegskunst der theologischen Diskussion kennenlernt[38]. Dort aber nimmt man die Wahrheit des Wortes gegen den anderen und für sich selber in Anspruch, und es geschieht gerade nicht, was Rosenstock-Huessy fordert, daß man den Satz der Wahrheit »gegen sich selber gelten läßt«.

Demnach müßte der erste und wichtigste Schritt zur Entdeckung des Wortes für den Theologen darin bestehen, daß er die Wahrheit des Wortes dergestalt respektiert, daß sie auch gegen ihn selber gerichtet ist[39]. Was das im einzelnen zu bedeuten hat, erschließt sich vielleicht, wenn man den Schlußsatz aus dem Zitat von Rosenstock-Huessy heranzieht. Dort heißt es: »Die Hauptsache ist, daß wir dem von uns Ausgesagten die Anwen-

38. Vgl. R. Leuenberger, Berufung und Dienst. Beitrag zu einer Theologie des evangelischen Pfarrerberufes, Zürich 1966, 51: »Wir stehen vor der schwersten Bürde, welche die reformatorische Kirche und ihre Pfarrer zu tragen haben. In der starken Bindung an das Wort und an die Theologie liegt unvermeidlich die Gefahr der Lehrdifferenz und der Spaltung. Überall da, wo in einer Lebensgemeinschaft das Wort vorherrscht, üben auch Auseinandersetzung und Trennung ihre ununterbrochene Bedrohung aus.« – Die Problematik einer Verbalisierung von Religion behandelt am Beispiel der römische Messe A. Lorenzer, Das Konzil der Buchhalter. Die Zerstörung der Sinnlichkeit. Eine Religionskritik, Frankfurt 1981.

39. Daß eine solche Forderung auch zu wissenschaftstheoretischen Aussagen über die Theologie führen kann, zeigen die Sätze von J. Simon, Zum wissenschafts-philosophischen Ort der Theologie, in: ZThK 77, 1980, 447f: »Dies scheint mir der entscheidende Punkt für die wissenschaftsphilosophische Ortsbestimmung der Theologie von ihrem Gegenstand her zu sein: die Bestimmung der Sinndimension des Lebens als ›Wort Gottes‹. Sie ist damit als die Verdeutlichung der Notwendigkeit bestimmt, sich um des Lebens willen von anderer Individualität her ›etwas‹, und vor allem auch den eigenen adäquaten Selbstbegriff, gesagt sein zu lassen, auch wenn es sich nicht auf das eigene Wissen und Vorurteil abbilden oder in dessen Sprache übersetzen läßt. Der andere ist damit in seiner Andersheit gegenüber dem eigenen Verständnis oder als eigene Person anerkannt.«

dung auf uns verstatten. Nur mündige Menschen vermögen das; nur Erwachsenen entströmt Sprache.«[40] Erwachsen würde der Theologe dann sein, wenn er das Wort nicht mehr zur Entschuldigung der eigenen Person mißbraucht. Hier kommt eine Funktion der Theologie als Lehre in Sicht, die für den Theologen selber meistens verborgen bleibt. Mit Hilfe von Theologie kann er sich dem Geltungsanspruch der Wahrheit entziehen. Wenn die alte Kirche im Streit mit den Donatisten behauptet hat, die Sakramente seien unabhängig von der Würdigkeit des sie spendenden Priesters gültig, wenn in der Reformation der Glaube nicht an die Glaubwürdigkeit des Zeugen, sondern an die Wirkkraft des Wortes gebunden wurde, wenn die Orthodoxie gegenüber dem Pietismus darauf bestand, daß die Bekehrung des Pfarrers von sekundärer Bedeutung sei, dann lag das Wahrheitsmoment all dieser Entscheidungen sicher darin, daß die Glaubensgewißheit ein Fundament finden sollte, das jenseits der Glaubensqualität des Glaubenszeugen lokalisiert war. Auf der anderen Seite konnten diese Aussagen dem Theologen auch dazu dienen, sich gegenüber dem Geltungsanspruch der Wahrheit von vornherein zu verstecken. Die tiefe und schmerzliche Einsicht, daß man das eigene Leben dem Wort gegenüber verschuldet hat, kommt dann gar nicht zustande, weil man dem Wort von Beginn an in der Position infantiler Unfähigkeit begegnet und ihm schon dadurch die Anwendung auf das eigene Leben verweigert.

Die Verknüpfung von Heilsgeschichte und Biographie[41], die die notwendige Unterscheidung zwischen Wort und Person nicht mit einer grundsätzlichen Trennung von beiden verwechselt, kommt darin zur Geltung, daß der Pfarrer seine individuelle Geschichte, die ihn in den Dienst am Wort hineingeführt hat, zu rekonstruieren versucht. Aus welchen Gründen, mit welchen Erwartungen hat er sich einst zum Theologiestudium entschlossen? Welche Verletzungen und Enttäuschungen sind ihm während des Studiums und im Beruf widerfahren? Und in welchen Bereichen braucht er bis heute, beruflich und privat, die Heil- und Trost- und Gnadenkraft dieses Wortes? Die Beziehung der Heilsgeschichte auf das eigene Leben soll und wird nicht dazu führen, daß aus dem Pfarrer nun ein Heiliger wird. Aber vielleicht entwickelt sich dabei die Gestalt eines erwachsenen Menschen, der nicht nur in kritischer Reflexion, sondern bis in die Emotionaliät und in die Körperlichkeit hinein die Väter des Glaubens und des Unglaubens in die eigene Geschichte hat eintreten lassen.

Ein lebenslanger Dialog mit der Heilsgeschichte, der nicht nur in der

40. E. Rosenstock-Huessy, aaO. 42.
41. Vgl. W. Schapp, In Geschichten verstrickt. Zum Sein von Mensch und Ding, Wiesbaden 1976.

Form der Diskussion verläuft, würde letztlich in einen Vorgang münden, den M. Buber als »Wandlung aus der Kommunikation zur Kommunion«, als »Verleiblichung des dialogischen Wortes« beschreibt[42]. Die Begegnung mit einem anderen Menschen oder mit einem alten Text vollzieht sich dann nicht mehr als Beobachten und Betrachten, sondern als ein Innewerden des anderen, der mir in mein Leben hinein etwas sagt.

»Es kann sein, daß ich sogleich zu antworten habe, eben an diesen Menschen hier hin; es kann auch sein, daß dem Sagen eine lange, vielfältige Transmission bevorsteht und daß ich darauf anderswo, anderswann, anderswem antworten soll, wer weiß in was für einer Sprache, und es kommt jetzt nur darauf an, daß ich das Antworten auf mich nehme. Immer aber ist mir ein Wort geschehen, daß eine Antwort heischt.«[43]

»Der wirkliche Glaube – wenn ich denn das Sichstellen und Vernehmen so nennen darf – fängt da an, wo das Nachschlagen aufhört.«[44] Aus der Tiefe[45] der Vergangenheit, aus der Tiefe der Begegnung, aus der Tiefe in uns selbst widerfährt uns das Wort, das unser Leben verwandelt. Wir werden dann wahrscheinlich weniger reden können, aber vielleicht mehr zu sagen haben. Wir werden dann keine heiligen und heilen Menschen sein; und die Arbeitsteilung zwischen denen, die sich um die Heilung der Menschen kümmern, und denen, die das Heil zu besorgen haben, wird in ihrem relativen Recht weiterbestehen. Aber die kollektiven Symbole, die die Heilsgeschichte bereitstellt, reichen, wie das Beispiel des Abendmahls zeigt, auch in die Bereiche des Unheilbaren hinein. Leib und Seele, Schuld und Vergebung, Leben und Tod, Gott und Mensch, Wort und Wirklichkeit kommen im heiligen Essen zusammen[46]. Daß wir modernen Menschen, wie Experimente mit dem Placebo-Effekt beweisen, auf die Heilkraft chemischer Substanzen und nicht auf die materia coelestis des Sakraments vertrauen, ist wahr. Aber merkwürdig ist es auch.

Kann die Verleiblichung der Heilsgeschichte auch in der Moderne Wirklichkeit werden? Das ist schwer zu entscheiden und hängt von vielen

42. M. Buber, Zwiesprache. Traktat vom dialogischen Leben, Heidelberg 1978³, 18f.
43. AaO. 26.
44. AaO. 29.
45. Vgl. P. Tillich, Das Wesen der religiösen Sprache, Gesammelte Werke V, Stuttgart 1964, 216f: »Wie alle anderen decken die religiösen Symbole eine verborgene Wirklichkeitsschicht auf, die auf keine andere Weise sichtbar gemacht werden kann. Es ist die Tiefendimension der Wirklichkeit selbst, nicht eine Schicht neben anderen, sondern die fundamentale, die allen anderen zugrunde liegende Schicht, die des Seins-Selbst oder die der letzten Seinsmächtigkeit. Die religiösen Symbole ermöglichen der menschlichen Seele die Erfahrung dieser Dimension der Tiefe.«
46. Vgl. M. Josuttis / G. M. Martin (Hg.), Das heilige Essen. Kulturwissenschaftliche Beiträge zum Verständnis des Abendmahls, Stuttgart 1980.

Faktoren ab. Zwei Aspekte sind dabei auf jeden Fall von pastoraltheologischem Interesse.

Auf der einen Seite wird der Pfarrer über die notwendige Repetition soteriologischer Formeln nur hinausgelangen, wenn er zu entdecken beginnt, wie die heilige Tradition in seinem eigenen Leben gewirkt hat. Er hat ja Geschichten gehört, ihn haben Worte bewegt, er lebt in ständigem Dialog mit den alten Texten, mindestens bei der Vorbereitung der Predigt. Was hat ihn ermutigt, getröstet, gestärkt? Aber auch: Was ist ihm unangenehm? Was hat ihn verletzt? Wogegen muß er sich wehren? Die Verknüpfung von Heilsgeschichte und Biographie muß nicht erst hergestellt werden, sondern ist in jedem Leben längst vorgegeben. Es liegt an der Blindheit der Theologie für subjektive Erfahrung, an der Engführung der gängigen Modelle zur Selbstinterpretation, daß wir den machtvollen Einfluß, den biblische und kirchliche Tradition auf unser Leben ausgeübt haben, nur mühsam freizulegen vermögen[47]. Wer mit dem Angebot religiöser Symbole in das Leben anderer Menschen permanent eingreift, sollte sich die verwundende und heilende Wirkung dieser Symbole auf das eigene Leben einigermaßen bewußt gemacht haben.

Das kann auf der anderen Seite dazu führen, daß eine Dimension der religiösen Sprache neu entdeckt werden wird, die in den gängigen theologischen Konzeptionen beinahe untergegangen ist. Das Wort des Pfarrers soll verkündigen oder bekehren, in die Entscheidung stellen, den Dialog zwischen Tradition und Situation inszenieren oder Informationen vermitteln. Eine grundlegende Möglichkeit menschlicher Sprache ist bei alledem übersehen: der Segen. Im Segen wird der rettende Gott der Vergangenheit gegenwärtig[48]. Im Segen sind die Spaltungen zwischen Heilung und Heil, zwischen Wort und Leiblichkeit aufgehoben; denn der Segen vollzieht sich nie als rein verbaler Vorgang, immer gehört auch eine körperliche Gebärde dazu, und immer zielt er auf Erfahrungen von leibhafter Materialität. In der Vollmacht zum Segen schließlich hat sich die Spannung zwischen naiv magischer Allmacht und aufgeklärt informativer Ohnmacht ausbalanciert; in diesem Akt gebe ich etwas weiter, das ich selber empfan-

47. Vgl. das Projekt einer Mythobiographie, wie es H. Halbfas jetzt vorgestellt hat: H. Halbfas, Lebensgeschichte und Religiosität – Prolegomena zu einer Mythobiographie, in: F. Maurer (Hg.), Lebensgeschichte und Identität. Beiträge zu einer biographischen Anthropologie, Fischer-TB 6626, Frankfurt 1981, 168, im Anschluß an E. Bernhard, Mythobiographie, Stuttgart 1974.
48. Vgl. C. Westermann, Der Segen in der Bibel und im Handeln der Kirche, München 1968, 12ff. Eine exegetische Legitimation für die Relativierung des Segens bietet W. Schenk, Der Segen im Neuen Testament. Eine begriffsanalytische Studie, ThA 15, Berlin 1967; zur Kritik vgl. Westermann, aaO. 70ff.

gen habe und dessen Verifizierung außerhalb meiner Mächtigkeit liegt. Die Entleerung des Wortes wird faßbar in der Unfähigkeit zu segnen. Sicher ist das Verschwinden des Segens aus dem verbalen Verhaltensrepertoire nicht auf die Vergeßlichkeit der Theologen zurückzuführen, sondern hängt aufs engste mit der Versachlichung der Sprache im technischen, auch soziotechnologischen Zeitalter zusammen.

Aber es bleibt die Frage: Was für ein Mensch müßte der Pfarrer sein, was für ein Vertrauen müßte er aktiv und passiv besitzen, wenn er in einer Welt, die menschliches Leben bedroht und zerstört, wieder zu segnen wagte?

Der Pfarrer und der Tod

Der Pfarrer ist anders. Mindestens im Übergangsfeld zwischen Leben und Tod stimmen die Erwartungen an den Pfarrer und der Anspruch des Pfarrers überein. An der Grenze zwischen den Lebenden und den Toten artikuliert er das dem Menschen angemessene Bekenntnis: Gott ist der Herr über Leben und Tod. Der Pfarrer ist anders, weil und sofern er in der Nähe des Todes existiert und weil und sofern er auch an dieser Grenze nicht zum Schweigen verurteilt, sondern zum Reden beauftragt und bevollmächtigt ist. »Der Herr hat's gegeben. Der Herr hat's genommen. Der Name des Herrn sei gelobt.«

Die Unterscheidung zwischen den Lebenden und den Toten wird in jeder Menschengesellschaft durch einen sozialen Akt ritueller Natur vollzogen[1], in dem ein Mitglied der jeweiligen Gemeinschaft aus dem Status des Lebenden in den Status des Toten transformiert wird, und zwar in der Regel unter, wenn auch sehr minimal entwickelten, professionellen Bedingungen[2]. Die Überführung aus dem einen in den anderen Zustand erfolgt auch in unserer Kultur arbeitsteilig und ist in hohem Ausmaß ausdifferenziert: Mediziner, Juristen, Verwaltungsbeamte, Bestattungsunternehmer sowie ihre Mitarbeiter und eben auch Theologen sind daran beteiligt[3]. Ihre Kooperation ist faktisch nur möglich auf der Basis eines Konsenses. Zwischen den beteiligten Berufssparten und ihren Vertretern muß mindestens Einverständnis darüber herrschen, wann ein Mensch den Zustand des Lebendigen verlassen hat und daraufhin in den Zustand des Toten zu überführen ist. Im Rahmen einer solchen gemeinschaftlichen Voraussetzung sind dann immer noch höchst unterschiedliche Einstellungen über das, was Leben heißt, was Sterben bedeutet, was, wie man sagt, nach dem Tode kommt, möglich. Jede dieser Berufsgruppen wird ihre speziel-

1. Vgl. A. Leroi-Gourhan, Die Religionen der Vorgeschichte. Paläolithikum, es 1073, Frankfurt 1981, 44ff; W. Kierdorf, Laudatio Funebris. Interpretationen und Untersuchungen zur Entwicklung der römischen Leichenrede, Beiträge zur klassischen Philologie 106, Meisenheim 1980; sowie die in Anm. 19 genannte Literatur.
2. Zur arbeitsteiligen Wahrnehmung religiöser Aufgaben in sogenannten primitiven Gesellschaften vgl. J. Wach, Religionssoziologie, Tübingen 1951, 233ff.
3. Darauf hat als erster hingewiesen Y. Spiegel, Der Prozeß des Trauerns. Analyse und Beratung, München/Mainz 1973, 124ff.

len Definitionsprobleme im Grenzbereich zwischen den Lebenden und Toten naturgemäß vor allem im Blick auf jene Situation artikulieren, der in ihre professionelle Kompetenz fällt. Das ist für den Theologen, nachdem die Feststellung des Todes, die Ermittlung seiner Ursachen, die Regelung seiner rechtlichen Folgen und viele andere Fragen seiner Zuständigkeit entzogen sind, die Beerdigungshandlung selber.

Ich befrage deshalb zunächst neuere Experten für die Beerdigungshandlung, praktische Theologen der Nachkriegszeit, nach dem Verständnis dieser rituellen Aktion. Dabei interessiere ich mich nicht für die Lehren, die diese Theologen zum Thema »Leben und Tod« vertreten. Sondern ich frage: Welches Verständnis von Leben und Tod ist in der Art enthalten, wie sie die Beerdigungssituation beschreiben? Was verraten sie über die Lebenden und die Toten und damit auch über Leben und Tod, wenn sie über sich selbst, über die Trauernden und über die Verstorbenen reden? Was ist das Gefühl, die Stimmung, die Angst, die sie dabei bewegt und in ihren Aussagen leitet? Der Reiz, auch die Komplexität dieser Fragehinsicht besteht darin, daß sich die Theorie des Theologen zu dieser Situation, also seine Theologie der Beerdigung, als seine Berufstheorie darstellen läßt, in der er Aussagen zum Thema »Leben und Tod« auch immer als Aussagen über sich selbst und seine Beziehung zu den anderen Menschen in dieser Situation formuliert.

I.

»Die Aufgabe einer Grabrede bringt immer Versuchungen mit sich.« Dieser Satz von Paul Schempp, im Vorwort seiner Beerdigungsansprachen enthalten[4], signalisiert ein Gefühl, das in seiner Generation offensichtlich weit verbreitet gewesen ist. Es ist die Angst des Theologen, im Vollzug des Kasus seinem Auftrag untreu zu werden. Das Stichwort »Versuchung« schiebt die missionarische Gelegenheit, als die man die Kasualpraxis verstanden hat, in eine apokalyptische Dimension, in der der Glaube des Theologen sich angesichts von Verführungsmächten zu bewähren hat. Worin besteht die Bedrohung, was sind die Gefahren, die der Theologe so fürchtet, daß er sie als Versuchung erlebt?

Ein vorläufiger Aspekt der Problematik wird faßbar, wenn man bedenkt, welche Widerstände beim Theologen gegen die Rolle des »Zeremonienmeisters« bestehen. In dieser Rolle geht es an sich um eine soziale

4. P. Schempp, Gottes Wort am Sarge. 25 Grabreden, München 1951², 7.

Position, die für den Ablauf und die Durchführung eines gemeinsamen Rituals an leitender Stelle zuständig ist. Was stört den Theologen daran? Ist es sein Machtstreben, das die von den anderen gar nicht bestrittene Dominanz in dieser Situation möglichst umfassend zur Geltung bringen will? Ist es die Angst vor den anderen, von denen er fürchtet, daß sie ihn unabhängig von seinen theologischen Zielen für ihre eigenen Zwecke mißbrauchen wollen? Oder ist es seine Unfähigkeit, sich auf ein gemeinsames Unternehmen mit den anderen wirklich einzulassen, weil er zutiefst von seiner Besonderheit und Andersartigkeit überzeugt ist?

Eine erste Bedrohung, die in der Literatur die theologische Abgrenzung erforderlich macht, besteht im kultischen Charakter der Beerdigungshandlung. Besonders G. Harbsmeier hat diesen Gesichtspunkt ins Feld geführt. Durch den rituellen Vollzug löst sich das spezifisch Christliche bis zur Unkenntlichkeit auf. »In der heute geübten Form der christlichen Beerdigung in der evangelischen Kirche drückt sich die Absorption des Christlichen durch religiös mythologische zeremonielle Gestaltung besonders klar aus.«[5] Diese »Einverleibung des Christlichen in die religiöse Zeremonie« bewirkt, daß es in der Predigt zur Ansage allgemeiner Wahrheiten kommt: Das Sterben gehört zum Leben, die Auferstehung Christi als objektiv metaphysischer Tatbestand garantiert die Auferweckung der Toten, so daß das Sterben selber nur eine Durchgangsstation auf dem Weg in die ewige Herrlichkeit der Erlösten bedeutet. Was Harbsmeier, wenn ich ihn richtig verstehe, kritisieren will, ist ein Glaubensverständnis, das sich mit der tröstlichen Kraft des Ritus als solchem begnügt[6] und das sich an die illusionäre Verführung allgemeiner Hoffnungsvorstellungen klammert, ohne den Ritus und die Mythologie in Richtung auf Gott selbst und seine in Christi Kreuz und Auferstehung lebensverheißende Kraft zu übersteigen. Wahrer Glaube manifestiert sich deshalb auch nicht in einer Veränderung oder gar Abschaffung der Zeremonien; »wohl aber sollten die Beerdigenden sich um ein rechtes Verständnis dessen, was sie da tun, bemühen . . . Da liegen die wesentlichen Differenzen zwischen einer religiös-heidnischen und einer christlichen Beerdigung«[7]. Alles heidnisch Religiöse und Zeremonielle gehört als illusionäre Verschleierung menschlicher Elendswirklichkeit noch der Todessphäre an. Aufgabe einer rechten »Wortverkündigung aus Anlaß des Todes eines Gliedes der Gemeinde«[8]

5. G. Harbsmeier, Was wir an den Gräbern sagen [1947], in: Anstöße. Theologische Aufsätze aus drei Jahrzehnten, Göttingen 1977, 66.
6. AaO. 65.
7. AaO. 75.
8. AaO. 77.

ist demgegenüber, den Trauernden das wirkliche Evangelium anzusagen, daß nämlich »für sie wie für den nun Verstorbenen dies das ewige Leben ist, daß wir den erkennen, der allein wahrer Gott ist, und den, den er gesandt hat, Jesus Christus«[9].

Erst auf diesem Wege ist es nach Harbsmeier auch möglich, zwischen einem biologischen und einem theologischen Todesverständnis zu unterscheiden. Der Tod als der Sünde Sold »ist nicht identisch mit dem Tod, der die Beerdigung nötig macht. Er kann da sein und ist da, wo das ›Leben‹ im biologischen Sinne in höchster Blüte steht. Freilich ist er auch da, wo die Beerdigung nötig wird. Aber er muß da nicht sein, so gewiß die Toten selig sind, die in dem Herrn sterben«[10]. So hängt es an der rechten Verkündigung des Evangeliums, für die der Pfarrer verantwortlich ist, daß sich in der vom Tod in mannigfacher Form gezeichneten Welt Leben ereignet. Die Versuchlichkeit, die in der Situation der Beerdigung als einer religiös-rituellen liegt, besteht letztlich darin, daß die Wiederholung allgemeiner Wahrheiten, seien sie orthodoxer oder liberaler Prägung, eine Repitition menschlicher Ausweglosigkeit darstellt. Erst durch das Wort, das den Bannkreis von Ritus und Mythos durchstößt und zum Glauben an den Gott, der den toten Jesus Christus und die Toten erweckt, verhilft, wird Leben ermöglicht.

Diese Aussagen, so geläufig sie uns von unserer theologischen Vergangenheit her erscheinen mögen, sind keineswegs selbstverständlich. Im interkulturellen und theologiegeschichtlichen Vergleich läßt sich zeigen, daß eine solche Relativierung des Ritus durchaus eine Besonderheit darstellt. Weder ist hier der Ritus, der die Toten in ihren Zustand befördert, von der Gottheit gestiftet, noch entscheidet sein rechter Vollzug über das Schicksal der Toten. Ob einer ein ehrliches Begräbnis in geweihter Erde erhält, ist faktisch kein Streit- und Entscheidungsgegenstand mehr. Im Gegenteil, der Ritus selber genügt nicht, ja er wirkt als solcher gefährlich, weil er zur Illusion über die Realität des Todes und den einzig verbleibenden Hoffnungsgrund verleiten könnte. Ich will demgegenüber nicht zu einer Erneuerung des Vertrauens in die rituellen Potenzen ermuntern. Ich stelle aber die Frage: Was ist passiert mit dem Menschen, daß er das Vertrauen in die Kraft ritueller Lebensbegleitung verloren hat? Woher rührt dieses Mißtrauen gegen die Kraft von Gnade, deren Präsenz nicht mehr in geweihter Erde, nicht mehr in einer rituellen Handlung, sondern allenfalls und ausschließlich in nackten Worten faßbar und erfahrbar wird? Ist diese

9. Ebd.
10. AaO. 78f.

Konzentration auf das Wortgeschehen nur der Genialität und der Konsequenz theologischer Entdeckungen zu verdanken, oder ist sie auch als Reflex auf Entwicklungen zu verstehen, die am und mit dem Menschen der Neuzeit geschehen sind und die zu einer Zerstörung des Kultischen aus außertheologischen Gründen geführt haben? Warum ist für das Heil jetzt nicht mehr der Vollzug, sondern das Verstehen entscheidend?

Während für Harbsmeier die Bedrohung bei der Beerdigung in der »Einverleibung des Christlichen in die Religiosität der frommen Zeremonie« besteht[11], hat sich dieser Aspekt von Angst bei Bohren weiter konkretisiert. Die Spannung zwischen Ritus und Kerygma wird manifest in der Divergenz der Erwartungen, die zwischen dem Pfarrer als Theologen und der Trauergemeinde besteht.

»Verlangt wird im Normalfall nicht das Wort des Evangeliums, sondern die Handlung. Dem Pastor aber geht es um die Ausrichtung des Evangeliums. Weil das Reden des Pfarrers zur Handlung gehört, läßt man ihn reden. Was er sagt, ist sowieso mehr oder weniger seine Privatsache.«[12]

Inhaltlich ist die Versuchung, die jetzt von den Hinterbliebenen ausgehen soll, ähnlich gefüllt. Was Bohren die »Baalisierung der Kasualrede« nennt, besteht ebenfalls in der Auflösung der Verheißung in ein allgemeines Lebensprinzip.

»Man preist Christus als den Gott und Bringer des Lebens und vergißt, daß Jesu Leben in der Welt Ohnmacht ist und Leiden und Kreuz. Man verkündigt dann ein christliches Leben, das Leben ohne Sterben ist. Man spricht dann vielleicht auch noch vom Kreuz, aber man verschweigt das Mitsterben mit ihm, das allein zum Leben führt.«[13]

Auch hier führt also die Preisgabe des theologischen Propriums dazu, daß die Konturen eines spezifisch christlichen Verständnisses von Leben und Sterben verschwinden. An die Stelle des Lebens, das vom Kreuz Christi her ständig auch im Schatten des Todes steht, tritt in den Kasualien die illusionäre Verklärung von Fruchtbarkeit, Eheglück und ungetrübter Jenseitserwartung. Eigentlich fiele die Korrektur dieser Baalisierungstendenzen auch bei Bohren dem Theologen zu, aber da er das Eigengewicht des rituellen Vollzugs für so stark hält, daß ihm die Unterwanderung durch Interpretation nicht mehr sinnvoll erscheint, plädiert er dafür, daß der Pfarrer sich aus dem Kasualiengeschäft zurückzieht, zum Lehrer seiner

11. AaO. 66.
12. R. Bohren, Unsere Kasualpraxis – eine missionarische Gelegenheit?, ThExh 147, München 1968^3, 18.
13. AaO. 19.

Gemeinde wird und die Durchführung der Kasualpraxis der Gemeinde selbst überläßt[14].

Die Situation des Pfarrers hat sich bei Bohren dramatisiert. Der Theologe hat im Vollzug der Beerdigung nicht nur den Widerspruch zwischen Ritus und Kerygma zu bewältigen. Er muß sich jetzt gegen die Erwartungen wehren, die aus dem Kreis der Trauernden selber kommen. Der Pfarrer am Grab ist im Grunde ein einsamer und verlorener Rufer, dessen Dilemma unauflöslich erscheint und der aus seiner Einsamkeit nur dadurch herauskommt, daß er als Lehrer auch die Gemeindeglieder zu Theologen macht. Wenn er redet, wird das Wort des ewigen Lebens als Verherrlichung des natürlichen Lebens gehört. Wenn er schweigt, überläßt er die Trauernden der illusionären Feier des Todes. Die Verdrängungs- und Verleugnungstendenzen, die ihm am Sarge begegnen, scheinen so groß, daß das Wort der Verkündigung demgegenüber kaum eine Chance besitzt. Das Problem dabei ist: Wie kommt der Theologe dazu, die Situation der Beerdigungshandlung so zu erleben? Woher rührt das Gefühl der Bedrohung und das Bedürfnis, sich gegen die anderen in dieser Situation beteiligten Menschen abzugrenzen? Was zwingt den Theologen dazu, nicht nur dem Ritus, sondern auch den anderen Menschen so abgrundtief zu mißtrauen?

Ich gehe davon aus, daß Schempp, Harbsmeier und Bohren Eindrücke formuliert haben, die dem Erlebnishorizont vieler Pfarrer ihrer Zeit entsprochen haben und bis heute entsprechen. Die Transformation zwischen den Lebenden und den Toten ist selber Entscheidungsfeld auf Leben und Tod. Die Beerdigungssituation ist für den Theologen mit Ängsten besetzt und wird durch fundamentale Spannungen strukturiert, die ebenso eindeutige Differenzierungen notwendig machen. Der Gefahr des Verschlungenwerdens, der Auflösung, der Vergewaltigung kann nur gewehrt werden, wenn in der theologischen Theorie der Beerdigungshandlung genau unterschieden wird: zwischen Religion und Evangelium, zwischen Ritus und Kerygma, zwischen Illusion und Wahrheit, zwischen Anthropologie und Christologie, zwischen Unsterblichkeit und Auferstehung, zwischen Gemeinde und Theologen. Der Pfarrer kann sich in dieser Situation nur bewegen und als Theologe behaupten, indem er ständig Abgrenzungen vollzieht:

– interaktional zwischen sich und den Erwartungen der Gemeinde,

14. Ein entschiedenes Plädoyer für die Durchführung der Kasualien durch den Pfarrer bei H.-H. Jenssen, Die kirchlichen Handlungen, in: Handbuch der Praktischen Theologie II, Berlin 1974, 147f.

– hermeneutisch zwischen dem Vollziehen und dem angemessenen Verstehen des Rituals,
– theologisch zwischen wahren und falschen Hoffnungsvorstellungen.

Der Sinn dieser Abgrenzungen besteht sachlich darin, die Transzendierungsintention von religiösen Vorstellungen und rituellen Handlungen noch einmal zu transzendieren. Menschliche Hoffnung gegen den Tod, die sich in solchen Phänomenen artikuliert, kann wahr nur werden, wenn sich der Mensch der eigenen Hoffnungslosigkeit auch im Bereich der Religion total bewußt wird[15]. Der Glaube an jenen Gott, der die Toten lebendig macht, kann nur Ereignis werden durch das Absterben menschlicher Illusionen hindurch. Wenn man das Interesse, das sich in solchen Denkmustern ausspricht, etwas distanzierter analysiert, kann man die Formulierung wagen: Es gibt so etwas wie ein theologisches Interesse an der Totalität und Radikalität des Totseins der Toten, ein Interesse an der Ausweglosigkeit des Menschen im Augenblick seiner Übermächtigung durch den Tod. Die Religion darf nicht wahr sein. Der Ritus darf nicht trösten. Die Hoffnung muß illusorisch sein. Der Tod muß eindeutig Tod und das Leben muß eindeutig Leben sein, beides aber in einem theologischen Sinn.

Was ergibt sich daraus? Man kann es zugespitzt so ausdrücken: Der Tod ist jetzt übermächtig geworden. Er hat nicht nur die Verstorbenen überwältigt, sondern auch Handlungen und Empfindungen vergiftet, die lebende Menschen angesichts der Todeserfahrung vollziehen. Was an rituellen Fähigkeiten und emotionalen Wünschen beim Menschen an der Todesgrenze stattfinden kann, ist theologisch als Todesdienst, nicht als Gottesdienst zu bezeichnen. Aber auch: Alles außer dem einen und reinen Wort des Lebens muß Tod und Todesdienst sein. An der Grenze zwischen den Lebenden und den Toten hat der Theologe die Macht- und Einflußsphäre des Todes ausgeweitet. Im Grunde sind auch die Lebenden ihm gegenüber schon zur absoluten Ohnmacht verdammt. Zu der Abgrenzungstendenz, die ich vorher festgestellt habe, ist jetzt die Neigung zu konstatieren, die Grenzen zwischen Leben und Tod, wenn nicht aufzulösen und zu verwischen, so doch mindestens neu zu bestimmen. Das Verhältnis zwischen Leben und Tod ist mit dem Verhältnis zwischen Lebenden und Toten nicht deckunsgleich. Auch die Lebenden mit ihren Aktionen und Emotionen gegen den Tod stehen in seiner Macht, und zwar dergestalt, daß alle ihre Versuche, gegen das Todesgeschick anzugehen, vom Tod schon diktiert und dadurch überholt sind. Der Pfarrer, der an

15. Vgl. A. Schönherr, Die Predigt am Grabe, in: ders., Horizont und Mitte. Aufsätze, Vorträge, Reden, München 1979, 87: »Christus allein kann trösten, wir können es nicht.«

der Grenze zwischen den Lebenden und den Toten das Bekenntnis zum Herrn über Leben und Tod artikuliert, ist von der Einsicht oder auch von der Stimmung geleitet: Die Toten sind tot, aber auch die Lebenden sind dem Tod schon verfallen.

II.

Die Toten sind tot. Ich habe den Theologen ein Interesse daran unterstellt, die Radikalität und Totalität des Lebensabbruchs im Akt des Sterbens hervorzukehren. Kein religiöser Ritus, kein erbauliches Vokabular, auch keine nachträgliche Verklärung des Lebens darf darüber hinwegtäuschen, daß der Tod das endgültige Ende für den Menschen bedeutet.

Wer nach den Motiven eines solchen Interesses am Totsein der Toten fragt, wird zunächst auf die innertheologische Systematik stoßen. Die Größe des menschlichen Elends unterstreicht die Übergröße der göttlichen Gnade. Wenn der Mensch von sich aus keinerlei Hoffnung besitzt, muß die Verheißung des ewigen Lebens um so wunderbarer erscheinen. Nicht zuletzt wegen der vorausgesetzten absoluten Asymmetrie im Gott-Mensch-Verhältnis plädiert die neuere Theologie durchweg gegen die als platonisch geltende Vorstellung von der Unsterblichkeit der Seele und für die als genuin biblisch angesehene Vorstellung von der Auferwekkung der Toten[16]. Dabei soll auf der einen Seite einer dem Schöpfungsdenken fremden Trennung zwischen Leib und Seele gewehrt sein. Vor allem soll auf diese Weise die Übermacht der Gnade, die beim Menschen keinerlei Anknüpfungspunkte besitzt und benötigt, um das neue Leben zu schaffen, zur Geltung kommen. Was in der Theologie- und Frömmigkeitsgeschichte der Kirche jahrhundertelang als Ausdruck der einen Hoffnung auf ewiges Leben angesehen wurde, ist von einem bestimmten Zeitpunkt ab für die meisten Theologen zur Alternative geworden, an der sich Grundfragen theologischen Denkens entscheiden. Auf jeden Fall gilt: Das Interesse am radikalen und totalen Totsein der Toten soll der Verherrlichung Gottes dienen. Die Definition des Todes enthält ein doxologisches Element.

Damit ist freilich nur der eine Bezugspunkt dieser Definition benannt.

16. Vgl. etwa E. Jüngel, Tod, Stuttgart 1971, 73ff: »Entplatonisierung des Christentums – eine theologische Aufgabe«; s. aber auch J. Baur, Unsterblichkeit der Seele und Auferstehung von den Toten, in: Einsicht und Glaube. Aufsätze, Göttingen 1978, 25ff; zur Kritik am Unsterblichkeitsglauben im 19. Jahrhundert vgl. F. Wintzer, Art. Auferstehung III, TRE II, Berlin 1979, 536ff; vgl. außerdem die psychiatrischen Beiträge von W. Rorarius, Seele – Tod – Unsterblichkeit, Gütersloh 1979, und J. E. Meyer, Todesangst und das Todesbewußtsein der Gegenwart, Berlin 1979, 18ff.

Daß die Toten radikal und total tot sind, diese Aussage hat nicht nur einen theologischen Sinn, sie hat auch einen soziologischen Sitz im Leben. Die Verherrlichung Gottes zugunsten des Menschen vollzieht sich auch in der Abgrenzung des Theologen, der sich mit seinem Todesverständnis von den Anschauungen anderer an der Transformation des Lebenden in den Todesbereich beteiligten Berufsgruppen unterscheiden möchte. Gegenüber den Medizinern, von denen er gern behauptet, daß sie sich um die sogenannte Wahrheit am Krankenbett drücken und daß sie jeden Exitus als Scheitern ihres beruflichen und persönlichen Einsatzes erleben müssen, auch gegenüber den Bestattungsunternehmern, denen er gerne eine illusionäre Verschleierung der menschlichen Erbärmlichkeit im Todesgeschick vorwirft, besteht seine berufliche Kompetenz geradezu in der Fähigkeit und in dem Auftrag, auch nach Eintritt des Todes und angesichts der uneingeschränkten Wirklichkeit des Totseins vom Leben reden zu dürfen. Weil er die Übermacht der göttlichen Gnade zu verkündigen hat, hat der Theologe im geordneten Bestattungsverfahren unserer Gesellschaft in der Regel noch immer das letzte Wort. Sein berufliches Selbstbewußtsein, sein Stolz kann sich darauf beziehen, daß er in einer Situation, die alle anderen zum Schweigen verurteilt, dennoch, wenn auch nicht in eigenem, so doch im Namen Gottes, zum Reden befugt ist. Aus der allgemeinen Ausweglosigkeit gegenüber dem Tod ergibt sich die Besonderheit seiner Rolle in der Gesellschaft[17]. Je totaler der Tod, um so größer wird Gott, um so wichtiger aber wird auch das Wort, das der Pfarrer zu predigen hat.

In der Anschauung, daß die Toten radikal und total tot sind, mischen sich also durchaus theologische und, wenn man so will, berufsständische Interessen. Sicher wäre es töricht anzunehmen, die Theologie produziere hier wie anderswo ihre Sätze allein als Ausdruck einer Berufsideologie. Aber die Theologie wäre andererseits blind und unkritisch gegen sich selbst, wenn sie die soziologischen Implikate ihrer Aussagen auch im Grenzbereich zwischen Leben und Tod übersehen wollte. Die Eindeutigkeiten, mit deren Netz die Theologie diesen Bereich zu überziehen versucht hat, gehen dann freilich verloren. Die Differenzierung zwischen positiven und negativen Begriffen und Phänomenen, die Segregation auch des Theologen gegenüber den Vorstellungen, Erwartungen und Bedürf-

17. Die christliche Kompetenz gegenüber dem Phänomen des Todes bildet immer noch auch einen wichtigen Aspekt der Auseinandersetzung mit dem Marxismus; vgl. F. Reisinger, Der Tod im marxistischen Denken heute, München/Mainz 1977, sowie, im Gespräch mit J. Habermas, H. Peukert, Wissenschaftstheorie – Handlungstheorie – Fundamentale Theologie. Analysen zu Ansatz und Status theologischer Theoriebildung, Düsseldorf 1976, 293ff.

nissen der Gemeinde werden relativiert, wenn das Denken des Theologen nicht mehr als das rein theologische und deshalb auch nicht mehr als das theologisch reine Denken, sondern eingebettet erscheint in den Vollzug seiner beruflichen und dann auch persönlichen Lebenspraxis. Das Interesse am Totsein der Toten verliert etwas von seinem undiskutierbaren Geltungsanspruch, wenn man sieht, wie es motiviert ist von den Interessen des Lebens.

Ich sagte zu Anfang: Die arbeitsteilige Transformation von Menschen, die gelebt haben, in den Status des Totseins setzt zwischen den beteiligten Berufsgruppen einen Konsens voraus, der von der Mehrheit der Gesellschaft getragen sein muß. Wenn es richtig ist, daß die Theologen anderen Berufsgruppen gern eine Tendenz zur Verdrängung, Verleugnung und Verharmlosung der harten Todesrealität unterstellen und wenn sie sich auf diese Weise von diesen anderen Berufen abzuheben versuchen, bleibt die Frage: Worin besteht dann die gemeinsame Basis, die die Kooperation zwischen Theologen und anderen Berufen ermöglicht?

Sicher geht es da zunächst einmal um die wechselseitige Anerkennung professioneller Zuständigkeit. In der gesetzlich geregelten Reihenfolge darf der Pfarrer mit dem Beerdigungsritus erst aktiv werden, wenn vorher verschiedene medizinische, rechtliche, verwaltungstechnische Schritte vollzogen sind. Aber auch die rechtliche Fixierung dieser Akte setzt voraus, daß über elementare Fragen, die ihr Vollzug regelt, Einverständnis besteht. Die Grundfrage ist sicher die, daß nach eindeutigen Kriterien einverständig entscheidbar sein muß, wann ein Mensch als lebendiger Organismus aufgehört hat zu existieren. Daß die entscheidende Schwelle im Leben-Tod-Übergangsfeld im Einzelfall sehr schwer zu bestimmen ist, bildet ein Kernproblem der medizinischen Ethik[18]. Meines Erachtens aber betrifft der Konsens, in dem sich die Theologie mit der übrigen Gesellschaft befindet, noch einen anderen Punkt, dessen Tragweite sehr schwer zu ermessen ist.

Die Toten sind tot. Was auf den ersten Blick als Spezialaussage des Theologen erscheinen könnte, läßt sich auch als Grundüberzeugung der westlichen Neuzeit interpretieren. Sie ist im interkulturellen Vergleich als eine Gesellschaft zu charakterisieren, der die Exkommunikation der Toten mehr oder weniger erfolgreich gelungen ist. Während eine menschliche Gemeinschaft sonst durchweg aus einer Reihe von Untergruppen besteht, zu denen auf der einen Seite verschiedene Klassen von Lebenden,

18. Vgl. U. Eibach, Recht auf Leben – Recht auf Sterben. Anthropologische Grundlegung einer medizinischen Ethik, Wuppertal 1974.

auf der anderen Seite aber auch die guten und die bösen Toten gehören[19], umfaßt das gesellschaftliche Selbstbewußtsein der westlichen Neuzeit nur Menschen, die noch am Leben sind. Wenn die Mitglieder dieser Gesellschaft sterben, lösen sie sich auf, verschwinden sie ins Nichts, existieren sie allenfalls in den Sterberegistern und den Anmerkungen wissenschaftlicher Werke weiter. Sie sind, jedenfalls für das Bewußtsein und für das vom Bewußtsein gesteuerte Imaginationsvermögen, in keiner Weise präsent. Sie gehören der vergangenen Vergangenheit an, und wie ihnen jede weitere Zeit entzogen ist, steht ihnen, außer dem Stück Erde, in dem sie für zwanzig bis dreißig Jahre liegen dürfen[20], kein weiterer Raum zur Verfügung. Die Menschen in unserer Gesellschaft fallen mit ihrem Tod aus der Welt heraus, weil und sofern wir uns eine eigene Totenwelt nicht mehr vorstellen können.

Es ist nicht leicht, sich die Merkwürdigkeit, ja die Absurdität einer solchen Vorstellung über die Toten klar zu machen. Was alte Kulturen und primitive Völker von der Welt der Verstorbenen, von ihrer positiven und negativen Einwirkung auf das gegenwärtige Leben, von ihrer Macht, vor allem auch ihrer Bedrohlichkeit, phantasieren, ist für uns allenfalls Ausdruck jenes Projektionsbedürfnisses, das in einer überstarken Angst vor den Toten beruhen mag. Aber wer das Betrachtungsverhältnis für einen Augenblick umdreht und sich auf den Standpunkt der fremden Kulturen zu versetzen versucht, könnte zu der Annahme kommen, daß wir die Toten allererst töten, indem wir ihnen, aus welchen Gründen auch immer, Raum und Zeit für ihr Totsein verweigern. Und ob die Angst vor den Toten größer ist in einer Gesellschaft, in der man sich ihrer weiterwirkenden Bedrohlichkeit und Barmherzigkeit stellt, als in einer Kultur, die sie zum radikalen und totalen Totsein verurteilt, ist mindestens eine offene Frage.

Die Toten sind tot, auch und gerade in dem Sinn, daß sie aus der Gemeinschaft exkommuniziert sind. Die Lebenden haben die Gesellschaft

19. Vgl. dazu die Beiträge bei H. J. Klimkeit (Hg.), Tod und Jenseits im Glauben der Völker, Wiesbaden 1978, und G. Stephenson (Hg.), Leben und Tod in den Religionen. Symbol und Wirklichkeit, Darmstadt 1980.

20. Zu den mittelalterlichen Beinhäusern bemerkt Ph. Ariès, Studien zur Geschichte des Todes im Abendland, dtv Wissenschaft 4369, München 1981, 29: »Noch war die moderne Vorstellung nicht verbreitet, daß der Tote in einer Art eigenem Haus Wohnung finden sollte, dessen immerwährender Eigentümer – oder wenigstens langfristiger Mieter – er wäre, und daß er damit über ein eigenes Zuhause verfügen sollte, aus dem er nicht verdrängt werden könnte. Im Mittelalter und noch im 16. und 17. Jahrhundert war am genauen Schicksal der Gebeine wenig gelegen, vorausgesetzt, daß sie in der Nähe der Heiligen oder der Kirche, dicht beim Altar der Heiligen Jungfrau oder des Heiligen Geistes ihre Ruhe fanden«; zur Entwicklung des Friedhofswesens vgl. auch Ph. Ariès, Geschichte des Todes, München 1980, vor allem 43ff und 603ff.

dergestalt okkupiert, daß für die Ahnen, jedenfalls im Bewußtsein und in der vom Bewußtsein bestimmten Phantasie, kein Platz mehr ist. Wir sind überzeugt, wie Marie Luise Kaschnitz diesen Konsens formuliert, »Daß sie nichts mehr erinnern / Niemandem wiederbegegnen / Daß nichts ihrer wartet / Keine Seligkeit / Keine Folter«. Bei der Durchsetzung dieses Exkommunikationsprozesses haben Einzelkomplexe der biblischen Tradition sicher eine große Rolle gespielt. Wahrscheinlich aber haben auch Veränderungen im gesellschaftlichen Gesamtbewußtsein, in den Arbeits- und Wirtschaftsformen, im Umgang mit der Natur und mit den Menschen, dazu wesentlich beigetragen[21]. Sicher ist auf jeden Fall, daß das Interesse am Totsein der Toten, das sich in der Theologie artikuliert, nicht nur im Widerspruch zu Verdrängungstendenzen in der Gesellschaft steht, sondern auch Ausdruck jenes Konsenses über den Ausschluß der Toten aus der Gesellschaft ist.

Der Schweizer Soziologe Jean Ziegler konstatiert:

> »Von allen gegenwärtigen und vergangenen Gesellschaften, die die Menschheit hervorgebracht hat, hat allein die Warengesellschaft kein System der thanatischen Negativität erarbeitet, das heißt, eine eigene Ideologie der Unsterblichkeit, und allein unter allen Gesellschaften hat sie dem Tod seinen spezifischen Status geraubt und ihn aus ihrem Wirklichkeitsfeld hinaus in dunkle Zonen verwiesen, die weder das Wort noch der Gedanke erreichen.«[22]

Wenn das auch nur annäherungsweise zutrifft, dann gibt es eine geheime und auch unheimliche Kooperation zwischen einer Gesellschaft, die den Menschen allein als Produzenten und Konsumenten behandelt und ihn nach seinem Ausscheiden aus dem Konsumentenkreislauf auf die Abfallhalde der Unbrauchbarkeit wegwirft, und jener theologischen Anschauung vom Tod als dem radikalen und totalen Ende des Menschen.

Einige von den Folgen, die der Satz »Die Toten sind tot« impliziert, will ich wenigstens andeutungsweise skizzieren.

1. »Die Toten sind tot« – das kann verstanden werden als realitätsgerechtes Bekenntnis des lebenden Menschen zu seinen eigenen Grenzen. So hat es die Theologie immer wieder interpretiert[23]. Die doxologische Differenz zwischen dem Schöpfer und seinem Geschöpf schließt ein, daß das Geschöpf wie den Anfang so auch das Ende seines Lebens erleiden muß.

21. Vgl. die Arbeiten von B. Groethuysen, Die Entstehung der bürgerlichen Welt- und Lebensanschauung in Frankreich, Bd. I: Das Bürgertum und die katholische Weltanschauung [1927], stw 256, Frankfurt 1978, 93ff; M. Foucault, Die Geburt der Klinik. Eine Archäologie des ärztlichen Blicks, Ullstein-TB 3290, Frankfurt 1976; Ph. Ariès, aaO.
22. J. Ziegler, Die Lebenden und der Tod, Darmstadt/Neuwied 1977, 131f.
23. Vgl. K. Barth, KD III/2, 524ff, und H. Thielicke, Leben mit dem Tod, Tübingen 1980, 210ff.

Der Verzicht auf Unsterblichkeitsphantasien macht das Leben zu einem begrenzten, aber auch zu einer kostbaren und erfüllten Zeit.

2. »Die Toten sind tot« – das kann auch verstanden werden als Emanzipationsakt der Überlebenden gegen die Last der Vergangenheit[24]. Weil die Toten endgültig tot sind, sind die Überlebenden von der Pflicht zur unkritischen Übernahme des geschichtlichen Erbes entbunden. Die Macht der Väter ist mit ihrem Lebensende abgelaufen, und die Söhne haben die Möglichkeit, die Welt ihres Lebens nach eigenen Vorstellungen und nach eigenem Vermögen einzurichten. Ob diese Befreiungsparole wirklich tragfähig ist, wenn sie sich die Auseinandersetzung mit der Präsenz der Toten erspart, bleibt freilich angesichts neuzeitlicher Entwicklungen zu fragen.

3. »Die Toten sind tot« – und nur die Zeit der Lebendigen zählt – das kann auch verstanden werden als Bemächtigungsakt, als Abhängigkeitserklärung der Lebenden gegenüber den Mächten, die das Leben in der Gesellschaft bestimmen. Der Mensch, der nur als Erzeuger und Verbraucher existiert, wird auf seine Funktionalität reduziert und an die Herrschaftsmächte seiner Gesellschaft ausgeliefert. Die Exkommunikation der Toten aus der Warengesellschaft ist insofern konsequent und systemkonform, als sie nicht nur jeden Überschuß menschlicher Existenz jenseits von Verwertungszusammenhängen, sondern auch den letzten Rest von individueller Würde und Unzerstörbarkeit streicht.

4. »Die Toten sind tot« – das ist schließlich der Verzweiflungsschrei derer, die im Augenblick des Sterbens das Totsein nicht mehr als Zukunft vor sich haben, weil es für die Toten im Bewußtsein dieser Gesellschaft weder Raum noch Zeit gibt[25]. Der Mensch ist zum Leben verdammt, zur Abhängigkeit und zur Selbstbehauptung in gleicher Weise, wenn das Sterben nicht mehr als Übergang zu einer Totenwelt erlebbar ist. Er kann sich nicht fallen lassen, er kann den Schritt ins Dunkel nicht wagen, wenn das kollektive Vertrauen mit der Lebensgrenze ans Ende gelangt. Das Netz der sozialen Sicherheiten garantiert die ordnungsgemäße Bestattung, mehr nicht.

Es ist klar: Wenn die Toten tot sind und im Tode nichts ihrer wartet, dann hat auch die Beerdigungshandlung ihren Sinn tiefgreifend verändert. Sie ist nicht mehr, wie in anderen Kulturen, eine Aktion, die den Übergang in den Stand des Totseins reguliert, sondern einseitig an den Weiter-

24. Vgl. M. Mauss, Über die physische Wirkung der von der Gemeinschaft suggerierten Todesvorstellung auf das Individuum [1926], in: Soziologie und Anthropologie II, Ullstein-TB 3491, Frankfurt 1978, 175ff.

25. Vgl. E. Herzog, Psyche und Tod. Wandlungen des Todesbildes im Mythos und in den Träumen heutiger Menschen, Zürich 1960.

lebenden ausgerichtet. Weil die Toten nicht mehr zur Gesellschaft gehören, vollzieht sich die Differenzierung zwischen den Lebenden und den Toten nicht mehr in der religiösen Handlung, benötigen die Toten auf ihrem Weg in das Totenreich keine Begleitung und keine Gaben, muß sich auch die Gesellschaft gegen den Einfluß der Toten nicht mehr durch Abwehrhandlungen schützen.

Was in der Theologie zur Relativierung des Rituals formuliert worden ist, hat also durchaus einen Anhalt an der gesamtgesellschaftlichen Realität. Nicht mehr der Priester ist notwendig, um die Aussonderung des Toten aus dem Kreis der Lebenden zu vollziehen, sondern der Mediziner. Und überhaupt treffen die Vorschriften zur Beseitigung des Leichnams in unserer Gesellschaft nur profane Handlungen, nicht den religiösen Ritus. Der Relativierung des Rituals in der Theologie entspricht seine Beliebigkeit im allgemeinen Bewußtsein.

Eins bleibt freilich angesichts unserer bisherigen Betrachtungsweise erstaunlich. Die kirchliche Beerdigungshandlung, die sich an den Lebenden orientiert und das Totsein der Toten einschärfen soll, enthält noch immer Elemente, die man nur als archaische Relikte von Handlungen an und gegenüber den Toten bezeichnen kann. Der Gottesdienst aus diesem Anlaß findet nicht nur im Kirchenraum statt, vielmehr wird der Tote – wo sonst im Protestantismus passiert etwas Derartiges? – an seinen Ort geleitet. Der dreifache Erdwurf soll sicher nicht nur eine Illustrationsgeste gegenüber den Trauernden sein, daß der Verstorbene nun wieder zu Erde werden soll. Das Grab des Toten wird mit Blumen und religiösen Symbolen geschmückt. Es bleibt zu fragen: Was macht diese Aktionen, so selbstverständlich sie auch erscheinen mögen und so sehr wir uns einzureden versuchen, sie seien vor allen Dingen für die Hinterbliebenen bestimmt, notwendig, wo sie doch im Widerspruch stehen zur These zum Totsein der Toten? Ja, was läßt sie denn eigentlich als so selbstverständlich erscheinen? Ist es nur die Macht der Gewohnheit? Oder drückt sich darin auch noch immer, wie W. Fuchs gemeint hat[26], jenes archaische Todesverständnis aus, demzufolge die Toten durch keine technische, wirtschaftliche und theologische Rationalität tot zu kriegen sind?

III.

Die Toten sind tot. Aber auch die Lebenden sind dem Tod schon verfallen. Unsere bisherigen Überlegungen zur Interpretation der Beerdigungs-

26. W. Fuchs, Todesbilder in der modernen Gesellschaft, Frankfurt 1969.

situation durch den Theologen haben einige deutliche Widersprüche ans Licht gebracht. Im Interesse der Verherrlichung Gottes und der Versicherung seiner Gnade wird zugleich ein Interesse an der Radikalität und Totalität der Todesherrschaft spürbar. Der Theologe, der das Evangelium des ewigen Lebens zugunsten des dem Tode verfallenen Menschen ansagen will, muß sich gleichzeitig gegen die Erwartungen, die er aus der Gemeinde auf sich zukommen sieht, schützen. Und indem er mit der Behauptung der Radikalität und Totalität des Todes sich von den Verdrängungstendenzen anderer Berufe zu unterscheiden meint, bringt er faktisch den Konsens einer Gesellschaft zum Ausdruck, die den Toten keine spezifische Existenz in Raum und Zeit, keine Heimat und keine eigene Welt zugesteht. Abgrenzungs- und Diffusionstendenzen sind in diesen Widersprüchen merkwürdig vermischt. Was der Theologe als sein Proprium ausgibt, entpuppt sich als besondere Formulierung einer gesellschaftlichen Gemeinüberzeugung. Und beim Unternehmen, ein genuin theologisches Todesverständnis zu entwickeln, wird die Machtsphäre des Todes, sofern auch die Lebenden den Tod nicht erst vor sich haben, sondern in ihm schon sind, im Interesse des Lebens enorm ausgeweitet.

Sicherlich lassen sich diese Widersprüche auch als Reflex gesellschaftlicher Spannungen interpretieren. Denn die Unterscheidung zwischen biologischer und eschatologischer Existenz etwa, die schon im Johannes-Evangelium anklingt (5,24) und die erst den, der an Jesus glaubt, als wirklich und wahrhaftig lebend anerkennt, setzt gesellschaftliche Konstellationen voraus, in denen die Ausbildung eines Identitätsbewußtseins dem Menschen nicht mehr relativ selbstverständlich gelingt. Und sowohl die Tatsache, daß der Pfarrer dazu neigt, das, was er sagt, als theologisches Proprium auszugeben, obwohl es einem gesellschaftlichen Konsens entspricht, als auch die Tatsache, daß er die Beziehung seiner Aussagen auf den Kontext des gesellschaftlichen Bewußtseins übersieht oder gar beiseite schiebt, lassen sich im Rahmen der prekären Situation, in der er sich mit seiner beruflichen Rolle befindet, interpretieren. Was ich über diese soziologischen Andeutungen hinaus jetzt versuchen möchte, ist eine tiefenpsychologische Aufhellung des bisher vorgestellten Materials.

Wer die sicherlich sehr fragwürdige Generalisierung psychoanalytischer Aussagen zum Thema »Leben und Tod« wagen will, wird von zwei fundamentalen Spannungen ausgehen müssen, in denen der lebende Mensch gegenüber dem Tod existiert. Das ist auf der einen Seite die Spannung zwischen dem Todesbewußtsein und der Unsterblichkeitsgewißheit. Und das ist auf der anderen Seite die Spannung zwischen Todesfurcht und Todessehnsucht. Ein paar Hinweise sollen diese Feststellungen erläutern.

Daß der Mensch in der Spannung zwischen Todes- und Unsterblichkeitsgewißheit existiert, bedeutet, daß er sein eigenes Ende, sein eigenes Totsein zwar rational denken, nur ausnahmsweise, im Akt blitzartiger Erleuchtung, imaginieren, kaum dagegen emotional vorvollziehen kann. Beide Aspekte sind konstitutiv für seinen Lebensvollzug und seine Lebenserhaltung. Weil er weiß, daß er sterben wird, kann der Mensch z.B. durch den Aufbau einer Kultur[27] die Todesdrohung hinwegzuschieben versuchen. Weil er aber auch die Todesgewißheit zu verdrängen vermag, ist er überhaupt erst zum Kampf ums Überleben fähig.

Dabei ist die Unsterblichkeitsgewißheit das phylogenetisch wie ontogenetisch Primäre. »Für den Primitiven wäre die Fortdauer des Lebens – die Unsterblichkeit – das Selbstverständliche. Die Vorstellung des Todes ist etwas spät und nur zögernd Rezipiertes, sie ist ja auch für uns noch inhaltsleer und unvollziehbar«, sagt S. Freud in »Totem und Tabu«[28]. Diese Unsterblichkeitsgewißheit, die dem Menschen den Umgang mit der Wirklichkeit seines Lebens erleichtert, erschwert ihm aber andererseits die Prüfung der lebensbedrohlichen Realitäten und ist deshalb auch als eine Art Wahn zu bezeichnen. Weil sie sich ihr eigenes Sterben nicht vorstellen können, werden rasende Autofahrer in einen Unfall verwickelt, sind die Juden nach Hitlers Machtergreifung nicht ausgewandert, marschiert die Menschheit in die militärische und/oder ökologische Katastrophe unaufhaltsam hinein.

Sicherlich hängt diese Widersprüchlichkeit, daß das, was das Leben ermöglicht, die Existenz gleichzeitig auch gefährdet, untergründig mit der zweiten Spannung zusammen, die das Verhältnis der lebenden Menschen zum Tod charakterisiert. Todesfurcht und Todessehnsucht sollen sein Leben gleichermaßen beherrschen.

Wieder ist der zweite Faktor der Polarität das eigentlich Neuartige und Faszinierende. Daß die Menschen Angst haben vor dem Sterben, ist ihnen immer bewußt gewesen. Daß sie sich den Tod aber immer auch wünschen, ist meist nur an Randphänomenen der Gesellschaft in Erscheinung getreten, an Selbstmördern, religiösen Schwärmern, in der exotischen Religiosität des Buddhismus. Ob man das, was Freud unter dem Eindruck des Ersten Weltkriegs so benennen zu müssen meinte, wirklich als Todestrieb bezeichnen kann, ist in seiner Schule bis heute heftig umstritten[29]. Fest

27. E. Becker, Dynamik des Todes. Die Überwindung der Todesfurcht – Ursprung der Kultur, Olten 1976.
28. S. Freud, Totem und Tabu, Gesammelte Werke IX, London 1940, 95; zu den theoretischen Problemen vgl. J. Laplanche, Leben und Tod in der Psychoanalyse, Olten 1974.
29. Der jüngst vorgelegte Versuch von K. R. Eissler, Todestrieb, Ambivalenz, Narzismus, Geist und Psyche 2208, München 1980, die Freud'sche Annahme durch die biologische

scheint aber zu stehen, daß im Menschen sowohl von der narzißtischen Problematik als auch von der libidinösen Dynamik her eine Tendenz angelegt ist, die ihn nach Entgrenzung, Selbstauflösung, Eingang und Untergang in der Einheit des Lebens/Totseins streben läßt. Auch die Daseinsanalyse, die das Postulat eines Todestriebs von ihren Voraussetzungen aus entschieden ablehnt, betont, daß »weder in der Aggressivität noch in der Suizidalität je ein solcher primärer Zerstörungsdrang zu sehen« ist, sondern daß »in solchen Akten nichts anderes als der Versuch sich zeige, durch die Überwindung von Schranken erlösende Befreiung und Weitung anzustreben«[30]. Ohne die Annahme einer Todessehnsucht im Menschen müssen jedenfalls viele individuelle und kollektive Phänomene schlechterdings unerklärlich bleiben.

Es wäre nun reizvoll, die Querverbindungen zwischen den Faktoren Todesbewußtsein und Unsterblichkeitsgewißheit, Todesfurcht und Todessehnsucht im einzelnen nachzuzeichnen. Insbesondere am Beispiel vieler Suizidhandlungen ließe sich zeigen, daß sie auf einer eigentümlichen Verbindung von Unsterblichkeitswahn und Todessehnsucht beruhen. Diese Handlungen intendieren, als narzißtische Krisen interpretiert[31], nicht eigentlich die Beendigung des eigenen Lebens, sondern eine Existenz in Ruhe und Frieden. Wesentlicher für unsere Zwecke sind aber einige Aspekte, die sich daraus für die Betrachtung theologischer Aussagen ergeben.

Zunächst wird man sicherlich hervorkehren müssen, daß die Theologie mit ihren Sätzen weitgehend und beinahe ausschließlich an den Faktoren des Todesverhältnisses interessiert war, die zum gängigen Bewußtsein gehören. Im Memento mori ging und geht es um die Weckung und Schärfung der Todesgewißheit, in Abwehr aller Verdrängungstendenzen, die in der menschlichen Psyche vorausgesetzt werden. Von dem Zuspruch des ewigen Lebens soll jene Todesfurcht abgebaut werden, die sowohl den sterbenden als auch den trauernden Menschen in tiefste Verzweiflung über das Todesgeschick zu stürzen droht.

Wenn man nun aber auch die anderen beiden Faktoren, die Unsterb-

Theorie zu stützen, daß Leben via Strukturbildung sich gleichsam durch Verfestigung zum Tode verurteilt, ist mit der Schwierigkeit belastet, daß die Todestendenz in der Biologie sich als Strukturierung, in der Psychoanalyse dagegen als Destruktivität manifestieren soll.

30. So G. Condray, Todesfurcht und Todessehnsucht, in: A. Paus (Hg.), Grenzerfahrung, Tod, st 430, Frankfurt 1978, 230.

31. Vgl. H. Henseler, Narzistische Krisen. Zur Psychodynamik des Selbstmords, rororo studium 58, Reinbek 1974, und K.-P. Jörns, Nicht leben und nicht sterben können. Suizidgefährdung – Suche nach dem Leben, Göttingen 1979.

lichkeitsgewißheit und die Todessehnsucht, als anthropologische Konstanten gelten läßt und auf theologische Sachverhalte zu beziehen versucht, dann verlieren viele theologische Sätze ihre behauptete Einsinnigkeit. Der Wille zum Leben und die Lust am Tod, als Interpretationsrahmen für theologische Aussagen zugelassen, lösen deshalb im theologischen Selbstverständnis Verunsicherungseffekte aus.

Nach der ersten Seite geraten die Hoffnungsaussagen der Verkündigung, die von der Überwindung des Todes und der Zukunft des ewigen Lebens reden, ins Zwielicht, selber spezifische Formulierungen des Unsterblichkeitswahns zu sein. Und jene eigentümliche Verwischung der Grenze zwischen den Lebenden und den Toten, die alle religiöse und rituelle Bewältigung des Todesgeschicks als todesbesetzt hinstellt, die im Rahmen der Christologie selbst Gott am Kreuz der Todesherrschaft anheimfallen läßt und im Menschen jeden unzerstörbaren Lebenskern bestreitet, provoziert den Verdacht, jener Auflösung des Lebens in den Todesbereich zu dienen, der sie auf der rationalen Ebene gerade wehren will. Ebenso lassen sich auch die subtilen Differenzierungsversuche, die das Verhältnis zwischen Kreuz und Auferstehung in Christologie, Soteriologie und Eschatologie immer neu und anders erörtern, als symbolisierter Konflikt zwischen Unsterblichkeitswahn und Todessehnsucht und, wenn man so will, zwischen Lebenstrieb und Todestrieb interpretieren. Schließlich wird auch das widersprüchliche Schwanken, das den Pfarrer zwischen Abgrenzungs- und Diffusionstendenzen pendeln läßt, verständlich; denn im Leben-Tod-Übergangsfeld begegnen Abwehr und Auflösung, Destruktion und Solidarität, Selbstbehauptung und Vereinigungsstreben in ständiger Vermischung.

IV.

Der Pfarrer ist anders. Er lebt im Leben-Tod-Übergangsfeld, an der Grenze zwischen den Lebenden und den Toten. Wenigstens er soll die Sterbenden, wenn sie nicht vollkommen sich selbst überlassen verenden, bis an die Grenze des Lebens begleiten. Er soll an den Verstorbenen die ordnungsgemäße Bestattung vollziehen. Und er soll die Hinterbliebenen mit den kollektiven Symbolen, die die biblische Tradition für die Hoffnung über den Tod hinaus bereitstellt, in ihrem Willen zum Weiterleben bestärken.

Die Existenz an der Grenze zwischen Leben und Tod ist gefährlich. Wer in diesem Bereich seine Arbeit verrichtet, ist in die Spannungen verstrickt, die hier auf vielfache Weise herrschen. Er ist isoliert gegenüber denen, die ihr Leben verbringen, ohne sich von der Tatsache ihrer Sterblichkeit stören zu lassen. Er hat mit vielen zu tun, die als Opfer gesellschaftlicher Fehlkonstruktionen ihr Leben verlieren, und gerät in Konflikte, wenn er mehr als rituelle Dienstleistung anbietet und nach den sozialen Ursachen individueller Leidenserfahrungen fragt. Er ist von der Macht, die ein Leben an der Todesgrenze bedeutet, teils fasziniert, teils verwirrt und fühlt sich oft überfordert; denn von innen und außen, theoretisch und praktisch ist er in das Widerspiel von Todesgewißheit und Unsterblichkeitswahn, Todesfurcht und Todessehnsucht hineingerissen. Und er ahnt, daß er den sterbenden und trauernden Menschen in seiner Umgebung nur zu helfen vermag, wenn er sich mit seiner Person gegenüber der Macht des Todes bewährt hat, an dessen Grenze er seinen Beruf versieht.

Aber der Pfarrer, der anders sein soll, ist ein moderner Mensch wie die anderen, und er teilt mit ihnen die neuzeitliche Angst vor dem Tod.

»Die Angst vor dem Nichts des Todes scheint ein ausschließlich modernes Phänomen zu sein. In allen anderen, nichteuropäischen Kulturen und somit in den anderen Religionen wird der Tod niemals als ein absolutes Ende, als das Nichts erfahren: Der Tod ist vielmehr ein Übergangsritus, der zu einer anderen Seinsweise führt; und aus diesem Grunde sehen wir ihn überall mit den Einweihungs-, Wiedergeburts- und Auferstehungsriten verbunden. Das will nicht sagen, daß die außereuropäische Welt nicht die Erfahrung der Todesangst kenne; die Erfahrung ist wohl sicherlich da, aber sie ist weder absurd noch unnütz; im Gegenteil, sie wird im höchsten Grade aufgewertet als die für die Erreichung einer neuen Seinsstufe unerläßliche Voraussetzung. Der Tod ist die große Einweihung.«[32]

Für den Menschen der Neuzeit ist der Tod nicht Einweihung, sondern Ausweisung in das Nichts. Wie die anderen flieht deshalb auch der Pfarrer aus Angst in die Masken, die ihn vor der Begegnung mit der Unausweichlichkeit des Todes schützen sollen, in die Maske der Absonderung, der rituellen Aktion, der frommen Verkündigungsfloskel, der besonderen Kleidung oder in die der Geschäftigkeit[33]. Nun wäre es unrealistisch und inhuman, einem Menschen, der in der Todeszone arbeiten muß, solche Schutzvorrichtungen vollkommen verbieten zu wollen. Die Integration des Sterbens in das eigene Leben kann immer nur annäherungsweise gelin-

32. M. Eliade, Religiöse Symbolik und Aufwertung der Angst, in: ders., Mythen, Träume und Mysterien, Salzburg 1961, 72f. – Erst auf der Basis dieses Wandels können Praxis und Problematik moderner Thanatologie überhaupt entstehen; vgl. I. Spiegel-Rösing, Ethik und Legitimation unserer Beschäftigung mit Sterben und Tod, in: W. Lipp (Hg.), Sterben, Langenau 1981, 27ff; zum Ganzen vgl. auch G. Altner, Tod, Ewigkeit und Überleben. Todeserfahrung und Todesbewältigung im nachmetaphysischen Zeitalter, UTB 1137, Heidelberg 1981.

33. Vgl. M. K. Bowers / E. N. Jackson / J. A. Knight / L. Leshan, Wie können wir Sterbenden beistehen, München/Mainz 1971, 73f.

gen. Und wer bedenkt, daß diese Sphäre nicht nur Entsetzen, sondern auch Faszination verbreitet, wird sich Hilfsmittel für das Ausbalancieren von Nähe und Distanz auch gegenüber dem Tod durchaus gönnen.

Vor allem ein Tatbestand macht die Existenz im Leben-Tod-Übergangsfeld in der Gegenwart so beschwerlich, der Tatbestand nämlich, daß auch der Theologe die übrigen Durchgangsstationen des Lebens nicht als Vorformen des Sterbens zu verstehen vermag. Was die Theologie von der Taufe behauptet, daß der alte Mensch stirbt und ein neuer zu leben beginnt, was zur Buße in der Folge von mortificatio und vivificatio gehört, was in den Initiationsritualen die Todesangstsituationen beim Eintritt in die Erwachsenenwelt symbolisieren, was schließlich auch die Weihehandlungen an demjenigen zum Ausdruck bringen, der einen heiligen Beruf antritt, ist die rituell geformte und verbal interpretierte Erfahrung: durchs Sterben geht es zum Leben. In der Gegenwart ist von alledem bestenfalls die theologische Theorie übriggeblieben. Was fehlt, sind soziale Gestaltung und personale Erfahrung.

Immerhin, auch wenn theologische Sätze in der Nähe des Todes nur wenig zu helfen vermögen – derjenige, der im Grenzbereich zwischen den Lebenden und den Toten das Bekenntnis zu dem »Gott, der die Toten lebendig macht und das Nichtsein ins Sein ruft« (Röm 4,17), ausruft, darf dessen gewiß sein, daß er damit eine für den Menschen letztlich unverzichtbare Aufgabe wahrnimmt.

1. Das christliche Bekenntnis zu Gott enthält insofern eine angemessene Reaktion auf die Spannung zwischen Todesgewißheit und Unsterblichkeitswahn, als die Vorstellung der Auferweckung der Toten um Christi willen beides ermöglicht: die Anerkennung des radikalen und totalen Endes, das mit dem Sterben beim Menschen erfolgt, und die Formulierung von Hoffnung, die durch Gottes mächtiges Heilshandeln jenseits der Todesgrenze begründet wird. Damit ist dem sterbenden und trauernden Menschen Widerstand und Protest, aber auch Gelassenheit und Annahme gegenüber dem Tod ermöglicht.

2. Das christliche Bekenntnis zu Gott enthält insofern eine angemessene Reaktion auf die ambivalente Haltung des Lebenden gegenüber den Toten[34], als es sowohl die idealisierende, vom Schuldbewußtsein getragene Verklärung als auch die angstbesetzte Verdammung der Toten überflüssig

34. Vgl. P. M. Zulehner, Heirat, Geburt, Tod. Eine Pastoral zu den Lebenswenden, Wien 1976, 214ff, sowie H.-J. Thilo, Beratende Seelsorge. Tiefenpsychologische Methodik dargestellt am Kasualgespräch, Göttingen 1971, 195ff, und P. Krusche, Das Begräbnis, in: H.-D. Bastian / D. Emeis / P. Krusche / K.-H. Lütcke, Taufe, Trauung und Begräbnis. Didaktischer Leitfaden zum kirchlichen Handeln, München/Mainz 1978, 160ff.

macht. Weil Gottes Gerechtigkeit die toten und lebenden Menschen nicht nach ihren Werken beurteilt, brauchen sie im Sterben und in der Trauer das zu Ende gehende und das zu Ende gegangene Leben weder unrealistisch zu verherrlichen noch unrealistisch zu fürchten. Damit ist den lebenden Menschen die Möglichkeit eröffnet, mit ihren Toten weiterzuleben, eventuell auch so, daß sie ihnen eine neue Totenheimat schenken.

3. Das christliche Bekenntnis zu Gott enthält insofern eine angemessene Reaktion auf die Spannung zwischen Todesfurcht und Todeswunsch, als es die tremendierende und faszinierende Anziehungskraft, die der Tod ausübt, in Richtung auf Gott transzendiert. »Ich habe Lust abzuscheiden – und bei Christus zu sein« (Phil 1,23). Eine theologische Anthropologie wird, wohl wissend, in welcher wahnsinnigen Umgebung sie sich damit befindet, menschliche Todesfurcht und Todessehnsucht letztlich auf Gott bezogen sehen müssen.

4. Das christliche Bekenntnis zu Gott enthält insofern eine angemessene Reaktion auf den Widerspruch zwischen den Abgrenzungs- und Auflösungstendenzen, die die Todessituation evoziert, als es einen differenzierten Zusammenhang zu denken erlaubt:

– theologisch zwischen Gott und Tod: Der Tod ist nicht Gott, Gott ist Herr über den Tod; der Tod tötet, aber Gott läßt sterben;

– anthropologisch: Die Lebenden leben, und die Toten sind tot; aber durch ihr Totsein sind sie aus der Gemeinschaft der Menschen nicht endgültig und total ausgeschlossen;

– kommunikationstheoretisch: Das Wort transzendiert das Ritual insofern, als es das Ritual im Namen einer Gottheit definiert; das Wort ist aber auch eingebettet ins Ritual, weil schon das Ritual als solches im Dienst der Arterhaltung und der Lebensvergewisserung steht;

– ekklesiologisch: Der Pfarrer steht mit seinem Bekenntnis zum Herrn über Leben und Tod der Gemeinde gegenüber; aber daß er dieses Bekenntnis zu Gott und zur Hoffnung auf ewiges Leben artikuliert, entspricht dem Wunsch, der Erwartung, auch dem Bedürfnis der trauernden Menschen;

– politisch: Weil die Toten tot sind, sind wir zu einem kritischen Umgang mit dem Erbe der Vergangenheit befreit; aber nur wenn wir uns mit der fortdauernden Präsenz der Toten auseinanderzusetzen wagen, beginnen wir mit der Arbeit an der Realität.

Der Pfarrer und die Zeit

Der Pfarrer ist anders. Er sollte es jedenfalls sein. Er sollte für diejenigen, die ihn in ihren Lebensschwierigkeiten noch brauchen, wenigstens genügend Zeit zur Verfügung haben. Als einer, der dem Ewigen und dem Wesentlichen verpflichtet ist, sollte er ein Leben führen jenseits der Hast und der Unrast des Alltags. Gerade weil er sich mit dem Tod in seinen vielen Erscheinungsformen zu beschäftigen hat, sollte er die Fähigkeit haben, die eigenen Grenzen zu akzeptieren und in diesen Grenzen einigermaßen gelassen zu leben.

Die Wirklichkeit des Pastorenberufes sieht anders aus. Wenn man in der Außenbetrachtung annimmt oder gar kritisiert, der Pfarrer hätte (zu viel) Zeit, geht das in der Regel an den Realitäten vorbei. Der Pfarrer hat mindestens ebenso große Schwierigkeiten wie die Vertreter vergleichbarer Positionen, in den ihm gegebenen Grenzen für sich und die anderen da zu sein. Mindestens und auch in diesem Punkt ist er ein höchst moderner Zeitgenosse. Wobei sich am Terminkalender Probleme der Zeitökonomie, der Zeitorientierung und des Zeiterlebens zur grundsätzlichen Frage nach der Möglichkeit von Selbstverwirklichung in der Zeit des Berufs summieren.

I.

Der Pfarrer hat keine Zeit. Alle kirchensoziologischen Untersuchungen, die die wöchentliche Arbeitszeit der Pastoren gemessen haben, kommen zu erstaunlichen, zum Teil sogar erschreckenden Ergebnissen. In der Württembergischen Landeskirche haben G. Bormann und S. Bormann-Heischkeil »die unglaubhaft hohe Gesamtarbeitszeit von durchschnittlich 79 bzw. 66,4 Stunden« ermittelt[1]. Eine Erhebung im Kanton Zürich hat für die Pfarrer der reformierten Landeskirche eine Durchschnittszahl von 63 Wochenstunden erbracht[2]. Eine unveröffentliche Auswertung von

1. G. Bormann / S. Bormann-Heischkeil, Theorie und Praxis kirchlicher Organisation. Ein Beitrag zum Problem der Rückständigkeit sozialer Gruppen, Opladen 1971, 142.
2. Kirchenrat des Kantons Zürich (Hg.), Was tun eigentlich die Pfarrer? Eine Untersuchung über die Tätigkeit der Pfarrer in der evangelisch-reformierten Landeskirche des Kantons Zürich, Zürich 1971, 67f.

Zeitprotokollen der Pfarrer einer süddeutschen Mittelstadt durch H. Lindner und W. Lukatis erbrachte 1973 ähnliche Daten. Neuere Erhebungen der pastoralsoziologischen Arbeitsstelle Hannover zeigen für jüngere Pfarrer der evangelisch-lutherischen Landeskirche Hannovers eine durchschnittliche Arbeitszeit von 67 (1978) bzw. 67,75 (1980) Stunden pro Woche[3].

Selbst wer diese Zahlenangaben skeptisch betrachtet, obwohl sie mindestens teilweise durch Protokolleintragungen abgesichert sind, wird zugeben müssen, daß sie unabhängig von ihrem Realitätsgehalt auf jeden Fall ein Empfinden der Pfarrer signalisieren: Wir haben keine Zeit. Vielleicht sogar: Wir dürfen keine Zeit haben. G. Bormann und S. Bormann-Heischkeil haben dementsprechend darauf hingewiesen, daß diese Zeitpläne »zugleich Maximal- und Minimalpläne darstellen. Maximalpläne insofern, als die tägliche Arbeitszeit von durchschnittlich 11,3 bis 9,5 Stunden einschließlich des Sonntags für den Pfarrer eine totale Überforderung bedeuten würde und auf die Dauer ohne physischen und seelischen Schaden nicht geleistet werden könnte; Minimalpläne insofern, als für eine sinnvolle Ausübung des Berufes und eine qualitativ gute Leistung mehr Zeit zur Verfügung stehen müßte«[4]. In der Tat steckt der Pfarrer damit in einem dreifachen Dilemma.

1. Die Tatsache, daß er keine bzw. zu wenig Zeit hat, bringt Spannungen im Bereich seiner Arbeitszeit mit sich. Im Konflikt zwischen festgelegten und nicht festgelegten Aufgaben gewinnen die ersten ein deutliches Übergewicht. Gottesdienste und Unterrichtsstunden haben fixierte Termine; Seelsorge und wissenschaftliche Weiterarbeit dagegen sind nicht präterminiert, werden in Zeitlücken verwiesen und müssen gegebenfalls ganz unterbleiben. Oft genug auch kann der Pfarrer erleben, daß er an Sitzungen teilnehmen oder Verwaltungsaufgaben erledigen muß, obwohl er selber viel lieber einen notwendigen Hausbesuch machen möchte. Der häufige Eindruck, daß er zum inhaltlichen Zentrum im Rahmen der Arbeit gar nicht mehr kommt, rührt u.a. auch daher, daß er unter dem Zwang der festgeschriebenen Pflichten wenig Spielraum für spontane Aktivitäten besitzt.

2. Die Tatsache, daß er keine bzw. wenig Zeit hat, stellt ihn aber auch in einen permanenten Konflikt mit seiner sozialen Umgebung. Von allen Seiten kommen Erwartungen auf ihn zu, die Zeitforderungen enthalten. Das gilt für die Gottesdienstbesucher, die Gemeindevorsteher, die Mitar-

3. Laut Mitteilung von K.-F. Daiber und W. Lukatis.
4. G. Bormann / S. Bormann-Heischkeil, aaO. 143.

beiter, die Amtshandlungen. Das gilt generell aber für fast alle Gemeindeglieder, die, besonders bei festlichen Anlässen und in Krisenzeiten, mit einem persönlichen Besuch rechnen. Die Schwierigkeit für den Pfarrer besteht darin, daß er diese Erwartungen kennt, daß er sie nicht enttäuschen möchte und daß er dennoch immer wieder vor der Notwendigkeit steht, sich selbst zu versagen. Sein Verhältnis zu anderen Menschen ist sehr stark durch den Terminkalender vermittelt. Deshalb fließen in den Umgang mit diesem Kalender seine Ängste (»das muß ich auf jeden Fall machen, damit nicht . . .«) und seine Schutzbedürfnisse (»an diesem Nachmittag habe ich leider keine Zeit«) ein, wie er umgekehrt sich wegen seines Terminkalenders ständig bei anderen und bei sich selber entschuldigen muß.

3. Schließlich führt die Tatsache, daß er keine bzw. zu wenig Zeit hat, beim Pfarrer dazu, daß sich die Grenzen zwischen beruflicher und privater Zeit fast unerkennbar verwischen. Wo in anderen Berufen Freizeit für die Familie und die Pflege persönlicher Hobbys bereitsteht, liegen bei dem Pfarrer die Hoch-Zeiten seines Berufs. Am Telefon ist er sowieso fast immer erreichbar. Abends laufen viele Gemeindeveranstaltungen ab. Und am Wochenende ist er mit der Vorbereitung und der Durchführung des Gottesdienstes beschäftigt. Natürlich ist er dafür zu anderen Tageszeiten entlastet. Auch kann er sich bei einigem Stehvermögen einen arbeitsfreien Tag in der Woche erkämpfen. Aber schon wenn er schulpflichtige Kinder oder eine berufstätige Frau hat, ist das Familienleben durch seinen spezifischen Arbeitsrhythmus gestört. Und für den Fall, daß die vorgesehene Arbeitszeit einmal nicht ausreicht, geht die Belastung in der Regel auf Kosten von Privat- und Familienleben.

Natürlich teilt der Pfarrer solche Zeitprobleme mit anderen Berufen. Obwohl in finanzieller Absicherung als Beamter lebend, ist mindestens seiner eigenen Einschätzung nach seine Tätigkeit in mehrfacher Hinsicht mit der des Managers in der freien Wirtschaft vergleichbar:

- der »Betrieb«, die Kirchengemeinde lebt vom Engagement des Leiters;
- dessen Erfolg wiederum hängt von seinem persönlichen Einsatz ab;
- und zu diesem Einsatz zählt eine Unzahl regelmäßiger, routinierter und meist an der Oberfläche bleibender Kontakte.

Auf dem Markt der Öffentlichkeit sieht sich der Pfarrer in Konkurrenz zu anderen Angeboten der Freizeit- und Bewußtseinsindustrie. Durch intensiven Zeitaufwand soll Religion wettbewerbsfähig bleiben. Seine Präsenz bei öffentlichen und privaten Gelegenheiten ist für ihn auch immer ein Akt von Reklame.

In dieser Situation kann es hilfreich sein, sich die Einsichten und Techniken der Managerschulung zunutze zu machen. Unter Verweis auf be-

ohne »Langeweile« [?] = Muße, keine Einfälle.

triebswirtschaftliche Literatur zählt D. von Heymann folgende Gründe für die Verzettelung von Arbeitskraft auf:

»– es sind keine Ziele formuliert
– es besteht kein Zusammenhang der Ziele verschiedener Arbeitsbereiche
– es besteht keine Gewichtung (Prioritäten) der Ziele
– Routine-Aufgaben nehmen zu viel Zeit in Anspruch
– die eigenen Tätigkeiten sind zu wenig, zu selten auf Notwendigkeit (Prioritäten) geprüft
– es werden Aufgaben ohne Ziele erfüllt
– aus den gewichteten Zielen werden keine Aufgaben abgeleitet
– das Arbeitsprinzip Delegation wird unzureichend durchgeführt
– es besteht kein Zusammenhang zwischen Zielen und Aufgaben einerseits und Methoden/Mitteln andererseits
– es besteht eine Scheu vor Zeitkontrolle, Selbstkontrolle, Fremdkontrolle (Arbeitsziele).«[5]

Ein reflektierter Umgang mit der zur Verfügung stehenden Arbeitszeit macht also auch im Pfarramt die Anwendung von Zeitplanung nötig. Dazu gehören im einzelnen:
– die Feststellung der aufgewendeten Arbeitszeit anhand von Tages- und Wochenprotokollen;
– die Definition von Zielen;
– die Entscheidung über Prioritäten;
– die Delegation von Aufgaben[6];
– die Kontrolle und Beurteilung der eigenen Arbeitszeit anhand von Zieldefinitionen und Prioritätenliste.

Daß ein solches nüchtern kalkuliertes Verhältnis zur Zeit gerade unter Theologen Unbehagen hervorruft, wird man vermuten dürfen. Dennoch möchte ich zunächst den auch theologischen Sinn einer solchen kontrollierten Regelung unterstreichen. Hier wird ernst gemacht mit der Grundtatsache des menschlichen Lebens, daß die Zeit, daß meine Zeit begrenzt ist[7]. Auch im Verhältnis zur Zeit bin ich nicht allmächtig. Und zum verantwortlichen Umgang mit meinem Leben gehört auch die immer wiederkehrende Überlegung:
– was soll ich tun?
– was will ich tun?

5. D. von Heymann, Art. Zeitökonomie, in: D. von Heymann (Hg.), Handwörterbuch des Pfarramts, aaO. 3. – Vgl. auch I. Adam / E. R. Schmidt, Umgang mit Zeit, Gelnhausen 1978, und R.-W. Becker, Leben mit Terminen. Anregungen und Hilfen für den Umgang mit der Zeit in der Gemeinde, München 1981.
6. Daß es etwa bei der Errichtung von Besuchsdiensten nie nur um die Entlastung des Pfarrers gehen kann, betonen aber zu recht J. Appelkamp / H. Harsch / F. Hinz / B. Meister / H. Meyer, Türen öffnen. Handbuch für Besuchsdienste, München 1979, 24.
7. Das hat vor allem K. Barth in seiner Anthropologie betont; vgl. K. Stock, Anthropologie der Verheißung. Karl Barths Lehre vom Menschen als dogmatisches Problem, BEvTh 86, München 1980, 220ff.

– was können andere besser tun als ich?

Die Technik der Zeitplanung kann also durchaus Ausdruck der Einsicht in die geschöpflichen Grenzen des eigenen Lebens sein. Die Widerstände, die sich bei manchem dagegen regen mögen, werden verständlicher, wenn man sich klar macht, welche schwergewichtigen Entscheidungen in diesem Zusammenhang vom Pfarrer zu treffen sind.

So setzt die Definition von Zielen und die Gewichtung von Prioritäten voraus, daß über den Sinn der pastoralen Tätigkeit im beruflichen Umfeld einigermaßen Klarheit besteht. Angesichts der divergierenden Erwartungen, die dem Beruf des Pfarrers von seiten theologischer Theorien, kirchenamtlicher Dienstanweisungen, parochialer Gruppen und persönlicher Interessen begegnen, ist es ein heikles und strapaziöses Unterfangen, sich im Blick auf den eigenen Terminkalender um Zieldefinition und Prioritätensetzung zu kümmern. Hohe Ansprüche an die Stabilität und an die Kommunikabilität der Person sind damit verbunden.

Das gilt auch für einen zweiten Gesichtspunkt, der die Aufgabe von Zeitplanung beschwerlich macht. Die Einsicht in die Begrenztheit von Zeit macht Abgrenzung gegenüber anderen Menschen erforderlich. Wer sich mit der Vielzahl von Wünschen und Ansprüchen, die ihm entgegentreten, bewußt auseinandersetzt, muß innerlich damit fertig werden, daß er einzelne oder auch ganze Gruppen zu enttäuschen gezwungen ist. Der Pfarrer, der das große Ja Gottes gegenüber der Welt verkündigen möchte, muß im beruflichen Alltag Nein sagen. Wie schwer das im Einzelfall aussehen mag, läßt sich ausmalen, wenn man nach den anerkannten Argumenten für eine solche Verweigerung fragt. Der Pfarrer, der eine Bitte abschlägt, weil er aus zeitlichen oder sachlichen Gründen nicht kann, findet bei sich und bei anderen Verständnis. Wer dagegen bei einem beliebigen Anlaß zu sagen wagt, daß er aus persönlichen Überlegungen nicht mitwirken will, wird wohl eine der ungeschriebenen Spielregeln dieses Berufes verletzen.

Damit ist aber ein Gesichtspunkt angesprochen, der meines Erachtens einen wesentlichen Kern des Zeitproblems darstellt. Im Umgang mit meiner begrenzten Zeit kommt heraus, wer ich in meinen Grenzen bin. Im Konflikt mit den Ansprüchen, die andere an meine Zeit stellen, muß ich mich als einen in Grenzen lebenden Menschen verteidigen, durchsetzen, behaupten. Auch am Terminkalender entscheidet sich meine umstrittene Identität. An den Bruchstellen, die sich zwischen Institution und Person, Amt und Gemeinde, Theorie und Praxis, Phantasie und Realität ergeben, muß der Pfarrer es wagen, er selber zu sein und sein eigenes unverwechselbares Leben zu leben. Der Umgang mit der so kurz bemessenen Zeit

HIER WEITERMACHEN: WIE VERWIRKLICHE ICH MICH DENN?

fällt auch deswegen schwer, weil es in dieser Zeit immer auch um das eigene Leben, um die eigene Selbstverwirklichung geht.

Wenn einer, der keine Zeit hat, Zeit gewinnen möchte, muß er eigentlich nur drei kleine Wörter aussprechen lernen: Ja, Nein, Ich. Ja, das heißt: Diese Ziele will ich erreichen, in meinem Leben, in diesem Jahr, in dieser Woche, an diesem Tag. Nein: Diese Ansprüche weise ich ab, diese Wünsche kann ich nicht erfüllen, diesem Menschen entziehe ich mich. Ich: Dies ist der Sinn meines Lebens, dies ist meine Begabung, mein Interesse, mein Auftrag und mein Beruf. Ja, Nein, Ich: Es ist klar, daß diese Wörter nicht nur fürs Selbstgespräch wichtig sind, daß ihre ganze Brisanz vielmehr erst in der Kommunikation mit anderen Menschen ans Licht tritt. Ihnen, den anderen gegenüber muß der Pfarrer, um Zeit zu gewinnen und um sich selber zu finden, diese Worte artikulieren, verteidigen, auch modifizieren.

II.

Der Pfarrer hat keine Zeit. Seine Schwierigkeiten mit dem Terminkalender enthalten freilich noch eine tiefere Dimension. Der Pfarrer hat keine Zeit in der Hinsicht, daß ihm zur Erledigung seiner Dienstgeschäfte nicht genügend Stunden in Tagesablauf und Wochenrhythmus zur Verfügung stehen. Er hat aber auch keine Zeit in dem Sinn, daß weder für ihn noch für seine soziale Umgebung eindeutig feststeht, in welche Zeit er gehört, welche Zeit er zu vertreten hat, welche Dimension von Zeit er repräsentiert. Und es ist zu vermuten, daß beide Aspekte des Zeitproblems beim Pfarrer miteinander zusammenhängen.

Der Blick in die Religions- und Kirchengeschichte zeigt, daß der Vertreter einer konsolidierten Religion normalerweise die heilige Tradition und damit das Erbe der Vergangenheit verwaltet. Ob Medizinmann, Schamane oder Priester: er hat die Überlieferung der Väter empfangen, um sie an künftige Generationen weiterzugeben; er ist unterwiesen in der Ordnung der Dinge, und er besitzt die Fähigkeit, im Störungsfall die Dinge auch wieder in Ordnung zu bringen; mögen die Werte und Normen der Kultur, die ihn prägt und die er vertritt, sich auch unmerklich wandeln[8], so manifestiert sich in seiner Person doch der Anspruch der immer gültigen, weil aus alter Zeit stammenden Wahrheit.

Auch in der Gegenwart seiner eigenen Arbeit begegnet dem Pfarrer

8. Vgl. G. Stephenson (Hg.), Der Religionswandel unserer Zeit im Spiegel der Religionswissenschaft. Ein Sammelband, Darmstadt 1976.

diese Erwartung, daß Religion der Vergangenheitsorientierung verpflichtet ist, auf vielfache Weise. Das Image des Kirchgängers ist mit Assoziationen besetzt, die weitgehend konservative Werte repräsentieren:

»Mit seiner etwas fatalisischen Lebensauffassung, meist geringer Schulbildung und nicht allzu großer Beliebtheit bei seiner Umgebung – vermutlich, weil er zu starr in seinen eigenen, unelastischen, religiös orientierten Verhaltensnormen befangen ist – fällt es ihm bei mangelnder Anpassungsfähigkeit und Gewandtheit schwer, sich eine anerkannte Position zu schaffen. Im Umgang mit seinen Mitmenschen unterstellen ihm die Befragten Hilfsbereitschaft und Zuverlässigkeit. Traditionsgebunden und wenig fortschrittlich können ihn sich die Befragten eher auf dem Land als in der Großstadt lebend vorstellen.«[9]

Im Kreis der Kirchentreuen ist noch immer jene Glaubensform anzutreffen, die R. Köster unter dem Stichwort »Kirche als moralisches Institut« beschrieben und die einer seiner Interviewpartner so ausgedrückt hat: »Ein Christ muß die Gesetze, die Staat und Kirche vorschreiben, beachten« bzw. »Ein Christ ist ein Mensch, der handelt, wie er es gelernt hat.«[10] Vor allem die VELKD-Studie hat die These vertreten, daß die Kirche für eine beträchtliche Minorität ihrer Mitglieder Werte repräsentiert, die zu den Inhalten der eigenen, als modern eingestuften Lebensmaximen im Widerspruch stehen:

»Anderen Menschen helfen, einen Halt im Glauben haben, Trost finden, für Sitte und Ordnung eintreten, für andere Menschen da sein, nicht nur für heute leben, sondern auch an die Ewigkeit denken, für die Gemeinschaft tätig sein – das sind Werte, die man der Kirche attestiert, die aber nicht in sehr großem Umfang als besonders wichtig betrachtet werden. Umgekehrt haben viele das Empfinden, daß die Kirche bestimmte Werte ignoriere oder gar blockiere, so den der Freiheit, auch der sexuellen Freiheit. Die Kirche, so empfinden beträchtliche Minderheiten, behindere soziale Gerechtigkeit, behindere den Lebensgenuß, behindere das Weltverständnis und die Modernisierung der Gesellschaft.«[11]

Es gibt also einen Erwartungshorizont an den Pfarrerberuf, in dessen Rahmen er als Vertreter einer konservativen Institution zu arbeiten hat. Für einen Teil der Bevölkerung gilt er als Agent der Vergangenheit, als Bewahrer der Tradition, ihrer Ordnungen und ihrer Normen. Sich damit auseinanderzusetzen, wäre beschwerlich genug. In Wirklichkeit ist die Ortsbestimmung des Pfarrers im Raster der Zeitdimensionen noch viel komplizierter. Denn einmal sind die Erwartungen, die aus der Gemeinde auf ihn gerichtet werden, in sich selbst höchst divergent. Die einen wün-

9. So I. Peter-Habermann, Kirchgänger-Image und Kirchgangsfrequenz. Kölner Beiträge zur Sozialforschung und angewandten Soziologie 5, Meisenheim 1967, 106f.
10. R. Köster, Die Kirchentreuen. Erfahrungen und Ergebnisse einer soziologischen Untersuchung in einer großstädtischen evangelischen Kirchengemeinde, Stuttgart 1959, 77.
11. G. Schmidtchen (Hg.), Gottesdienst in einer rationalen Welt. Religionssoziologische Untersuchungen im Bereich der VELKD, Stuttgart/Freiburg 1973, 9.

schen sich einen Hüter der alten Werte, während andere für einen moderneren Pfarrer dankbar sind. Außerdem schwankt die Einschätzung von Modernität und Traditionsbezug innerhalb weniger Jahre erheblich, wie sich an gängigen Schlagworten wie Reformeuphorie oder Nostalgie ablesen läßt. Und schließlich steht auch für den Pfarrer selber keineswegs generell fest, an welchen Punkten er traditionsorientiert, an welchen er progressiv auftreten will.

Die Einordnung der eigenen beruflichen Existenz in den Zeitbezug vollzieht sich als permanenter, strapaziöser Prozeß und wird an zahlreichen Detailfragen faßbar, an der Alltagskleidung, am Haarschnitt, an der Anrede, die er der Gemeinde gestattet oder die er von der Gemeinde wünscht. Komplex und anstrengend ist dieser Prozeß für den Betroffenen vor allem deshalb, weil er auf unterschiedlichen Ebenen abläuft, die für den ersten Blick gar nichts miteinander zu tun zu haben scheinen:
- in der Reaktion auf Schwankungen des öffentlichen Bewußtseins, die mit der jeweiligen Einschätzung von überlieferten und aktuellen Werten auch immer die Stellung von Religion und Kirche tangieren;
- in der Interaktion mit Menschen aus den verschiedensten Bevölkerungs- und Altersgruppen, die teils traditions-, teils außen- und teils innengelenkt existieren[12];
- in der Reflexion theologischer Ansätze, die entweder stärker den »Schritt zurück«[13], die Erinnerung an das Erbe der Väter, oder stärker den Schritt nach vorne, in der Hoffnung auf das messianische Reich[14], postulieren.

Dabei können die unterschiedlichen Akzentsetzungen nicht verdecken, daß die meisten theologischen Konzeptionen der Gegenwart, so sehr sie sich auch in den Formulierungen ihrer Voraussetzungen, Ziele und Methoden voneinander abgrenzen mögen, hinsichtlich der Zeitorientierung eine erstaunliche Parallelität aufweisen. Ihr kleinster, aber entscheidender gemeinsamer Nenner besteht darin, daß die Vergangenheit der biblischen Tradition mit der Hoffnung auf eine gute Zukunft in der Gegenwart zur Geltung gebracht werden soll[15]. Durch diese Bindung an das biblische

12. Diese Unterscheidung bei D. Riesman, Die einsame Masse. Eine Untersuchung der Wandlungen des amerikanischen Charakters, rde 72/73, Hamburg 1958.
13. So J. Baur, Die Trinitätslehre als Summe des Evangeliums, in: Einsicht und Glaube. Aufsätze, Göttingen 1978, 112f.
14. J. Moltmann, Kirche in der Kraft des Geistes. Ansätze zu einer messianischen Ekklesiologie, München 1975.
15. Zur theologisch relevanten Verschränkung der Zeitmodalitäten vgl. A.M.K.Müller, Wende der Wahrnehmung. Erwägungen zur Grundlagenkrise in Physik, Medizin, Pädagogik und Theologie, München 1978, 148ff.

Erbe und durch diese Ausrichtung auf das kommende Reich erhält der Dienst des Pfarrers eine Perspektive, die es ihm letztlich unmöglich macht, in der eigenen Gegenwart aufzugehen. Als Anwalt von Erinnerung und von Hoffnung existiert er »zwischen den Zeiten«.

Für das Verhältnis der Gegenwart schließt das ein, daß der Pfarrer stets auch als Störfaktor auftreten muß[16]. Erinnerung und Hoffnung machen den Menschen resistent gegen die ökonomischen, bürokratischen und technologischen Zwänge. Erinnerung und Hoffnung präsentieren gegen die These, es sei alles in Ordnung, Alternativen. Die Diktatur der Verhältnisse, die so sind, wie sie sind, wird aufgesprengt durch Erfahrungen und Erwartungen, die Modelle eines anderen, eines humaneren Lebens imaginieren. Aus der Kraft von Erinnerung und von Hoffnung vertritt der Pfarrer die Möglichkeit menschlicher Freiheit, die beim einzelnen wie in der Gesellschaft die Fixierung an das blinde Präsens relativiert.

Insofern verdichten sich in diesem Beruf die Spannungen, die das Zeitverhältnis des modernen Menschen überhaupt charakterisieren[17]. Aus der reinen Traditionsorientierung ist er herausgetreten; gegen die simple Normierung durch überlieferte Ordnungen hat er sich weitgehend emanzipiert. Seine Freiheitsräume sind dadurch freilich nicht erweitert worden. Im Individuum ist die »Furcht vor der Freiheit«[18] beträchtlich, weil diese Freiheit ständig neue Entscheidungen und Abgrenzungen gegen seine Umgebung verlangt. Und in der Gesellschaft sind an die Stelle der konservativen Mächte die wirtschaftlichen und technischen Systeme getreten, die das Lebensschicksal des einzelnen höchst wirkungsvoll determinieren[19]. Deshalb hat sich jene optimistische Aussicht auf Fortschritt, die einst den Aufbruch aus der Traditionslenkung beflügelt hat, längst wieder verdunkelt[20]. Weder der Rückblick in die Vergangenheit noch der

16. Vgl. E. Thaidigsmann, Theologie in der Zeit. Das Beispiel Hans Joachim Iwands, in: EvTh 41, 1981, 114ff, und K. Schwarzwäller, Von Zeit zu Zeit. Ein Aspekt in H. J. Iwands Anleitung zur Unterscheidung zwischen Gesetz und Evangelium, in: KuD 27, 1981, 20ff.
17. Vgl. C. F. von Weizsäcker, Der Garten des Menschlichen. Beiträge zur geschichtlichen Anthropologie, München 1977, 47ff und 63ff. Zu den geschichtlichen Voraussetzungen s. das monumentale, wenn auch etwa im Blick auf das NT nicht sehr zuverlässige Werk von R. Wendorff, Zeit und Kultur. Geschichte des Zeitbewußtseins in Europa, Opladen 1980.
18. Vgl. E. Fromm, Die Furcht vor der Freiheit, Frankfurt 1972⁵.
19. Vgl. K. Ottomeyer, Ökonomische Zwänge und menschliche Beziehungen. Soziales Verhalten im Kapitalismus, rororo 7055, Reinbek 1977.
20. Vgl. die Beiträge in: R. W. Meyer (Hg.), Das Problem des Fortschrittes – heute, Darmstadt 1969; W. Oelmüller (Hg.), Fortschritt wohin? Zum Problem der Normenfindung in der pluralen Gesellschaft, Düsseldorf 1962 sowie G. C. van Niftrik, Menschheit im Fortschritt, Neukirchen 1969, I. Fetscher, Überlebensbedingungen der Menschheit –

Ausblick in die Zukunft gibt dem Menschen von heute Kraft und Kriterien, um mit den Problemen der Gegenwart fertig zu werden.

Wenn der Pfarrer behauptet, daß er aus der Erinnerung an die Bibel[21] und aus der Hoffnung auf das Reich Gesichtspunkte für die aktuelle Lebensgestaltung anzubieten vermag, wird er sich deshalb immer klarmachen müssen, daß seine Hörer solche Angebote nur in einer bestimmten Weise aufnehmen können. Angesichts des Zusammenbruchs von Fortschrittsoptimismus und Reformeuphorie kommt alles darauf an, den verschütteten Horizont für das Ernstnehmen von Alternativmöglichkeiten erst einmal wieder freizulegen. In der Praxis der Gemeindearbeit könnte das bedeuten, die Gemeindeglieder mit jenen Gruppen in ihrem Lebensbereich bekanntzumachen, die solche alternative Lebensformen ausprobieren. Auf der anderen Seite müßte man deutlich machen, daß das Erbe der Vergangenheit durch einen Konservativismus, der nur das Bestehende sanktioniert, aber die kritischen Aspekte der Tradition nicht zur Geltung bringt, gerade nicht ausgeschöpft wird. Und schließlich will in der Praxis bedacht sein, daß man Menschen aus der Fixierung auf ihre Gegenwartsängste nicht durch Kritik und Appell herausführen kann, sondern allein durch Vermittlung jener Gewißheit, die das eigene Leben und das Sein der Welt zu allen Zeiten von der Macht und Gnade Gottes umfangen sieht.

Speziell für den Pfarrer spitzt sich die Zeitdiffusion noch zu, weil auch im Wochenablauf nicht mehr eindeutig feststeht, in welchem Bereich das Schwergewicht seiner Tätigkeit liegt. Solange der Gottesdienst theologisch und praktisch im Mittelpunkt des Gemeindelebens stand, konnte sich der Pastor vor allem auf die Predigt am Sonntag konzentrieren. Die übrigen Aktivitäten blieben auf dieses Zentrum bezogen, und eine Vorbereitungszeit von 6 bis 10 Stunden, wie man sie noch vor einigen Jahren für die homiletische Arbeit ermittelt hat[22], erschien durchaus sinnvoll. Sobald sich aber Theologie und Kirche, wie in den letzten Jahren üblich, um schnelle Anpassung an aktuelle Trends in Wissenschaft und Gesellschaft bemühen, erhält der Pfarrer ständig neue Aufgaben zugewiesen, die er meistens in der Woche erledigen muß.

»Entdeckt sich die Kirche als Mission, als Dienstleistungsapparat, als Agentur kindlicher Sozialisation, als Träger von Bildungsverantwortung im Sinne des lebenslangen Lernens usw.,

Zur Dialektik des Fortschritts, München 1980 und E. Drewermann, Der tödliche Fortschritt. Von der Zerstörung der Erde und des Menschen im Erbe des Christentums, Regensburg 1981.

21. Zu den damit verbundenen Problemen s. H.-J. Hermisson, Zeitbezug des prophetischen Wortes, in: KuD 27, 1981, 96ff.

22. Vgl. H.-G. Wiedemann, Die Praxis der Predigtvorbereitung, Predigtstudien Beiheft 3, Stuttgart 1975, 23f.

dann schlägt sich das jeweils auch für den Pflichtenkatalog des Pfarrers durch, ohne daß dafür Anderes, Herkömmliches in nennenswertem Umfang gestrichen würde.«[23]

Der Pfarrer der Gegenwart arbeitet im Vergleich mit seinen Zeitgenossen anders; aber während früher das Unterscheidungsmerkmal darin bestand, daß seine Hauptarbeitszeit auf dem Sonntag lag, dürfte es heute eher in die Richtung weisen, daß er sich am Sonntag wie an jedem Wochentag gleichermaßen in Dienst gestellt sieht. Bei Vorträgen auf Pfarrkonferenzen ist mir aufgefallen, in welch geradezu süchtiger Weise viele Pfarrer darum bemüht sind, neue theologische und sozialwissenschaftliche Einsichten sofort in gemeindepraktische Aktivitäten umzusetzen, offensichtlich unter dem ständigen Druck, mit dem jeweils neuesten Angebot auf dem Markt der Modernität präsent zu sein[24].

Der Pfarrer kann aber, wenn er für die Gegenwart wichtig sein soll, in dieser Gegenwart nicht einfach aufgehen. Indem er an die Vergangenheit Gottes erinnert und auf die Zukunft Gottes hofft, soll er Menschen gegen die Mächte der Angst und des Zwangs zur Freiheit verhelfen. Er wird dabei freilich selber viele Erfahrungen von Angst und Zwang aushalten müssen; denn wer sich in die Orientierungskonflikte der Gegenwart einzumischen versucht, gerät selber in diese Konflikte hinein. Als einer, der zwischen den Zeiten, aber darum nicht jenseits der Zeit existiert, wird der Pfarrer in sich selbst verschiedene Ängste entdecken:

- die Angst, nicht zeitgemäß oder fromm oder kritisch genug zu sein;
- die Angst, sich gegenüber dem normalen Zeitgenossen zu isolieren;
- die Angst, angesichts der Übermacht von Gegenwartsmächten zu einer erfolglosen Arbeit verurteilt zu sein;
- die Angst, wegen der Faszination von Erinnerung oder Hoffnung das eigene Leben in der Gegenwart zu verfehlen.

Solche Ängste bilden sich, werden verstärkt und gewinnen ein teilweise irreales Gewicht, wenn der Pfarrer in seinem inneren Zeiterleben sich andauernd mit bedrohlichen Situationen von außen konfrontiert sieht. Er erfährt

- den Zwang, auf die Veränderungen des öffentlichen Bewußtseins gegenüber der Kirche und ihrer Rolle in der Gesellschaft reagieren zu müssen;
- die Unbeweglichkeit von Institutionen, die nur aktiv werden, wenn er in seiner Arbeit, etwa durch eine Äußerung in der Predigt, ihre Interessen tangiert hat;

23. E. Lange, Die Schwierigkeit, Pfarrer zu sein, in: Predigen als Beruf, Stuttgart 1976, 146; vgl. auch M. Schibilsky, Pfarrhaus-Lebensstil, Zwischen meditativem Streß und hastig gepredigtem Evangelium, WPkg 69, 1980, 210ff.
24. Zur Kritik der kirchlichen Anpassungshektik vgl. auch K. Barth, KD III/4, 639f.

– die Ansprüche der Gemeindeglieder, nach denen er den Konservativen ein Konservativer, den Progressiven ein Progressiver sein soll;
– die Bitten aus der Familie, für die Menschen, die in seinem Leben die Nächsten sind, mehr Zeit übrig zu haben;
– die Sehnsucht im eigenen Herzen, die sich jenseits von Hektik und Hetze ein glückliches und erfülltes Leben wünscht.

Wie kann er angesichts dieser Ängste und Zwänge sich selber entdekken? Wie kann er, der zwischen den Zeiten lebt, so etwas wie pastorale und persönliche Identität für diese seine begrenzte Lebenszeit finden? Wie kann er gegen die übermächtigen Kräfte der Gegenwart die Alternativmöglichkeiten von Vergangenheit und Zukunft zum Zuge bringen und dabei dennoch sich selber treu und den anderen nah sein? Was heißt Ja-sagen, Nein-sagen, Ich-sagen in diesem Wirrwarr von Zeiterfahrung?

III.

Der Pfarrer hat keine Zeit. Er wird von seinem Terminkalender getrieben. Er besitzt keinen eindeutigen Zeit-Punkt mehr, von dem aus er Leben und Arbeit in der Gemeinde organisieren könnte. Ich vermute, daß beides, Zeitmangel und Zeitdiffusion, untergründig miteinander zusammenhängen, und möchte im Anschluß an die Konzeption der personalen Psychotherapie von J. Herzog-Dürck zu zeigen versuchen, welche Grundformen des Erlebens für den Umgang mit der Zeit zur Verfügung stehen und wie sie sich pathologisch deformieren können. Dabei gilt als positive Voraussetzung: »Die Grundstimmung der Zeit stellt den Anruf an den Menschen dar, sich in der Struktur seiner Endlichkeit selbst zu verwirklichen und dadurch nach den in ihm angelegten Kräften und Möglichkeiten dem Ganzen zu dienen.«[25] »Kaufet die Zeit aus« – im Verhältnis zu ihr kann der Mensch sich selbst finden oder sich selber verlieren, und die Art seines Verhältnisses ist immer auch bestimmt von der Struktur seiner Persönlichkeit.

Für die schizoide Erlebnisstruktur bleibt der Umgang mit der Zeit eigentümlich gebrochen. Man kann viel erleben, ohne davon bewußtseinsmäßig und emotional tangiert zu sein. Das Wechselbad unterschiedlicher Erfahrungen, denen man im Pfarrerberuf ausgesetzt ist, absolviert man letztlich in einer sachlichen und routinierten Haltung. Die Fülle des Erle-

25. J. Herzog-Dürck, Probleme menschlicher Reifung. Person und Identität in der personalen Psychotherapie, Stuttgart 1969, 25.

bens in der Zeit ist so groß, daß die Person sich gegen die drohende Überwältigung schützen muß. Die Begegnung in der Zeit wird zur professionellen Gelegenheit für Mission, Beratung oder Erziehung, nicht zum Anruf an die eigene Person. In der Überflutung durch Aufgaben und Chancen, die wahrgenommen sein müssen, unterbleibt die wichtigste Möglichkeit im Erleben der eigenen Zeitlichkeit, die innere Reifung. J. Herzog-Dürck sagt über den Schizoiden: ». . . die unendliche Fülle des Lebens kann er nicht nutzen, kann sie nicht als von ihm gelebte und erlebte Geschichte realisieren, als seine Geschichte mit Schuld und Schicksal annehmen, da er das Wagnis des Menschseins nicht riskiert, die Hingabe des Herzens nicht wagt . . . Er antwortet nicht mit sich selbst auf die große Frage.«[26]

»Anders der Depressive. Dem Depressiven schwebt ein Ewiges vor, das er haben, sehnsüchtig ertrotzen möchte, ohne sich doch selbst wandeln und die schwere Arbeit der Reifung vollbringen zu müssen.«[27] Wenn der Schizoide im Verhältnis zur Zeit sich selber heraushalten möchte, versucht der Depressive, sich anzuklammern und dort festzuhalten, wo er sich eingerichtet hat. So wie er für sich selber das innere Wachstum vermeidet, weil die damit verbundenen Schmerzen unerträglich stark für ihn sind, so will er auch die Menschen in seiner Umgebung festschreiben auf eine bestimmte Position, um sich den wirklichen Dialog und damit die Notwendigkeit der Erfahrung von Neuem zu ersparen. Der Schizoide lebt in der Fülle der Zeit, aber er selber setzt sich der Zeit nicht aus. Der Depressive dagegen klammert sich an den augenblicklichen Zustand, weil die Angst vor dem Neuen ihn übermächtigt hat.

Wieder anders sieht das Zeiterleben des Zwanghaften aus. »Er läßt sich keine Zeit . . . Er teilt ein, macht Schema, Programm und Plan.« Was ihm fehlt, ist vor allem Gelassenheit. »Du hast Zeit. Ob Du in der ersten oder in der letzten Stunde zum Weinberg kommst – wenn Du nur zum Weinberg kommst! Der Zwangsneurotiker will in der ersten Stunde da sein, und er ist auch in der ersten Stunde da, aber er ist nie da: im Weinberg ist er nicht. Er setzt die Zeit in berechnete Quanten um, die er mit Leistung ausfüllt.«[28] Die Problematik aller Vorschläge zur Zeitökonomie, wie wir sie im ersten Abschnitt kennengelernt haben, besteht offensichtlich darin, daß sie diesen Hang zur Verplanung des eigenen Lebens sehr stark unterstützen können, bis dahin, daß nun auch die Stunden für das Erleben von Erfüllung im Terminkalender vorprogrammiert sind. Die Redensart, man-

26. AaO. 26.
27. Ebd.
28. AaO. 27.

nehme sich Zeit für die Familie und das eigene Ich, ist, wörtlich verstanden, eine Perversität.

Das Zeiterleben der hysterischen Grundstruktur schließlich ist nicht von einem zwanghaften Planungskorsett geprägt, das Vergangenheit, Gegenwart und Zukunft in eine überschaubare und deshalb ungefährliche Ordnung preßt, sondern läßt sich am ehesten charakterisieren als rauschhaftes Aufgehen im jeweiligen Augenblick. Mit jeder neuen Modeströmung beginnt eine neue Menschheitsepoche. Jede Reform, die sich aufdrängt, wird als Zeitenwende erlebt. Was bei alledem fehlt, ist die Konstanz eines personalen Kerns, die Erfahrung von Zeitlichkeit als Kontinuität im Prozeß verarbeiten kann. So bleibt das aufgeregte Bestreben, ganz gegenwärtig zu sein, letztlich vergebens, weil sich der Mensch mit einer solchen hysterischen Grundstruktur an die eine, immer neue Gegenwart zu verlieren droht. Immer »drängt sich ein aufgeblasenes Ich-Gefühl vor, das ernsthafter Kritik nicht standhält und bei der geringsten Infragestellung zusammensackt wie ein angestochener Luftballon . . . Durch große Gesten wird eine Unfähigkeit zur echten Teilnahme an der Welt verhüllt.«[29]

Damit haben wir in einer groben, verallgemeinernden Skizze einen dritten Faktor beschrieben, der das Zeiterleben des Pfarrers bestimmt. Neben die Beanspruchung durch den Beruf, neben die gesellschaftliche Einschätzung der unterschiedlichen Möglichkeiten zur Zeitorientierung ist die Persönlichkeitsstruktur des einzelnen Pfarrers ins Blickfeld geraten. Auch sie kann dazu führen, daß er keine Zeit hat: weil er sich bei aller Fülle des Erlebens der Zeit nicht wirklich auszusetzen vermag, weil er sich am gegenwärtigen Zustand festklammern möchte, weil er mit einem starren Planungsschema die Zeit in den Griff zu bekommen versucht oder weil er sich ohne innere Konsistenz von der Zeit einfach treiben läßt. In all diesen Fällen führt die Unfähigkeit, sich auf die Zeit wirklich einzulassen, dazu, daß der Betroffene sich als Person hinter der Zeitüberbelastung versteckt. Der Terminkalender dient als Flucht vor dem eigenen Ich, als Schutz gegen andere Menschen, als Abwehr persönlichen Wachstums, als Zwang zur Werkerei vor sich und der Öffentlichkeit. Schon die Klage darüber, keine Zeit zu haben, ist ein Sprachgebrauch, der verräterisch ist. Denn Zeit kann man letztlich nicht haben, erst recht sich nicht nehmen; Zeit als Grundbedingung des eigenen Seins wird nur erfahren, wenn man wirklich das eigene Leben jenseits der Spaltungen von Arbeits- und Freizeit, Be-

29. AaO. 28.

rufs- und Privatzeit als Antwort auf das in der Zeit Begegnende zu verstehen beginnt.

Gewiß hat das Zeiterleben des Pfarrers auch eine berufliche und eine gesellschaftliche Determinante. Er lebt in einer Rolle, in der er andauernd mit Zeitanforderungen von verschiedenen Seiten konfrontiert wird und in der die moderne Verwirrung über die Zeitorientierung dem Menschen in zugespitzter Weise begegnet. Die Frage auf der persönlichen Ebene aber ist – und um die geht es in diesem Zusammenhang –, ob der Pfarrer, der keine Zeit hat, Zeit wirklich haben will. Es könnte ja sein, daß wir in diesem Beruf und in anderen Berufen mit all den Terminproblemen permanent auf der Flucht sind: auf der Flucht vor uns selbst, vor notwendigen Entscheidungen, die wir zu treffen haben, vor anderen Menschen und der Auseinandersetzung mit ihnen, vor Gott schließlich und all den Problemen, die wir selber im Umgang mit dem christlichen Glauben haben.

IV.

Wer von sich nicht nur in einzelnen Augenblicken, sondern generell sagen muß: Ich habe keine Zeit, der sagt etwas Schreckliches über sein Leben. Im Grunde gibt er damit zu erkennen: Ich habe überhaupt noch nicht zu leben begonnen. Denn leben heißt, auch unter den gegebenen gesellschaftlichen Bedingungen: mindestens partiell über die Art entscheiden zu können, in der man die Möglichkeiten der eigenen Zeit ausfüllt. Das Leben dessen, der keine Zeit hat, wird dann gelebt, von den Zwängen, die ihn von außen lenken, von den Ängsten, die ihn im Inneren dirigieren. Und wenn sich der Verdacht bestätigen würde, daß derjenige, der keine Zeit hat, oft auch keine Zeit haben will, dann ließe sich sein Existenzproblem auch so formulieren: Er will nicht leben, er ist auf der Flucht vor der Wirklichkeit des eigenen Lebens.

In der Kirche herrscht mancherorts eine tiefe Aversion gegen das Stichwort »Selbstverwirklichung«. Nun liegt es nahe, bei diesem Stichwort an einzelne Sätze der reformatorischen Rechtfertigungslehre zu denken, nach denen die Sünde des homo incurvatus in se darin besteht, daß er gegenüber Gott und dem Nächsten nur sich selber durchsetzen will. Selbstverwirklichung ist in diesem Betracht die Urform der Sünde. Und alle Konzeptionen, etwa der humanistischen Psychologie, die dieses Stichwort positiv integrieren, ziehen theologischerseits einen dreifachen Vorwurf auf sich:

– den Vorwurf des Individualismus: Der Mensch will im Rahmen der

Selbstverwirklichung seine Identität unabhängig von der Gemeinschaft gewinnen;
– den Vorwurf des Egoismus: Der Mensch will im Rahmen der Selbstverwirklichung seine Identität auf Kosten seiner Mitmenschen stabilisieren;
– den Vorwurf der Autonomie: Der Mensch will im Rahmen der Selbstverwirklichung seine Identität selber besorgen, ohne sie sich von Gott im Evangelium schenken zu lassen.

Die Frage im pastoraltheologischen Zusammenhang ist, ob es bei dieser reinen Entgegensetzung von Rechtfertigung und Selbstverwirklichung bleiben muß und bleiben darf. Immerhin hat sich beim Umgang des Pfarrers mit der Zeit eine tiefe Unfähigkeit aufgetan, die Wirklichkeit des eigenen Lebens in den ihm gesetzten Grenzen zu akzeptieren. Und eine theologische Kritik an der Selbstverwirklichung könnte gerade jenes Ausweichen vor dem eigenen Leben legitimieren, das Gott wie dem Nächsten die eigene Person schuldig bleibt, solange man sich mit dieser Person noch gar nicht identifiziert hat. Gewiß wird es Formen der Selbstverwirklichung geben, die christliche Theologie als Sünde bezeichnen muß; aber auch der Verzicht auf die Selbstverwirklichung, die Flucht vor den Grenzen des eigenen Lebens, das Ausweichen vor der eigenen Identiät kann als Akt des Ungehorsams gegenüber dem göttlichen Auftrag betrachtet werden.

In seiner Hamartiologie hat K. Barth im Anschluß an die Christologie drei Grundrichtungen menschlicher Sünde entfaltet. Der Erniedrigung des Sohnes Gottes entspricht des Menschen Hochmut, der Erhöhung des Menschensohnes entspricht des Menschen Trägheit, der Zeugenschaft des Mittlers Jesus Christus entspricht des Menschen Lüge und Verdammnis[30]. Wenn sich die theologischen Bedenken gegenüber der Selbstverwirklichung an einem Sündenverständnis orientieren, das sehr stark von den Vorstellungen der Rebellion und der Emanzipation besetzt ist, sollte man daran erinnern, daß die Sünde nach K. Barth auch die Form der Trägheit, der Faulheit und der Verweigerung annehmen kann.

»Es gibt so etwas wie eine heroische, die prometheische Gestalt der Sünde. Sie tritt dann – als des Menschen Hochmut, der nicht nur vor seinem Fall kommt, sondern als solcher sein Fall ist – ans Licht, wenn man den Menschen in seiner Konfrontation mit dem für ihn niedrig, zum Knecht gewordenen Herrn, dem Fleisch gewordenen Sohn Gottes sieht . . .: seine Sünde als die menschliche Gegenbewegung zu der göttlichen Kondeszendenz, die in Jesus Christus Ereignis und offenbar ist . . . Aber wie die versöhnende Gnade nicht nur rechtfertigende, sondern auch ganz und gar heiligende, aufweckende und aufrichtende Gnade ist, so hat die Sünde wirklich nicht nur jene heroische Gestalt des Hochmuts, sondern im Gegensatz, aber auch in tiefster Entsprechung dazu die ganz unheroische, die triviale Gestalt der Trägheit: die Gestalt des bösen Tuns nicht nur, sondern auch die des bösen Unterlassens, die

30. K. Barth, KD IV/1, 395ff; IV/2, 423ff; IV/3, 425ff.

des verbotenen und verwerflichen Übergriffs nicht nur, sondern auch die des verbotenen und verwerflichen Zurückbleibens und Versagens.«[31]

Ein Versagen gegenüber der eigentlichen Lebensaufgabe, eine Verweigerung gegenüber der empfangenen Existenz würde es bedeuten, wollte der Mensch im Glauben auf das Ziel der Selbstverwirklichung verzichten. Für ein theologisches Verständnis des Wortes stehen Selbstverwirklichung und Berufung nicht im Gegensatz zueinander. In dem lebenslangen Prozeß der Selbstentdeckung und Selbstannahme realisiert sich jene Bestimmung über mein Leben, die dessen von Gott gewollten Sinn konstituiert. In den Akten der Selbstverwirklichung, in denen ich in meiner sozialen Umgebung Ja, Nein und Ich sage, versuche ich dem zu entsprechen, was den, wenn man so will, metaphysischen Horizont meines Lebens ausmacht.-Natürlich sind in einer solchen Lebensperspektive Demut und Hochmut aufs engste miteinander verquickt. Demut, weil ich mein Lebensziel nicht allein von meinen individuellen Wünschen, Trieben oder Mangelerfahrungen her entwerfe. Hochmut, weil ich mir zutraue (oder einbilde), mein eigenes Dasein mit dem Grund allen Seins in Beziehung setzen zu können. Selbstverwirklichung aus dem Glauben heraus schließt immer beides ein: die Einsicht, daß nicht ich über mein Leben zu entscheiden habe, wie ich mich auch nicht für dieses Leben entschieden habe, aber auch die Gewißheit, daß über mein Leben entschieden ist, daß es akzeptiert und definiert ist und daß die mir zukommende Aufgabe im Lebensvollzug darin besteht, dem gottgewollten Sinn dieses Lebens gerecht zu werden. Indem ich der werde, der ich bin, entdecke ich den Sinn meines Lebens. In der Selbstverwirklichung realisiert sich der Wille Gottes mit mir.

Leben in der Zeit bedeutet dann: immer wieder auf den Ruf achten, der durch andere Menschen an die eigene Existenz ergeht, und auf diesen Ruf mit Ja, Nein und Ich reagieren. Das Leben ist dann ein permanenter Dialog und gerade kein Selbstgespräch. Es ist eine abenteuerliche und spannende Entdeckungsreise und kein Marionettentheater, das nach einem vorgeschriebenen Spielplan verläuft.

»Selbstverwirlichung im Glauben vollzieht sich in der Auseinandersetzung zwischen dem Ruf und der konkreten psychophysischen bzw. sozialen Wirklichkeit, die dieser vorfindet. Indem der Gerufene je seine eigene Psyche und Physis, seine biographische und seine gesellschaftliche Geprägtheit dem ergehenden Ruf aussetzt, ja, sie auch einsetzt, um den Ruf überhaupt vernehmen zu können, verwirklicht sich sein Selbst. Sein Selbst ist dann nicht mehr begrenzt auf ein durch Erbanlage und Umwelt vorgegebenes Programm; indem er sich auf den Ruf einläßt, gewinnt er die Möglichkeit, daß sich an ihm sozusagen mehr verwirk-

31. KD IV/2, 452f.

licht als sein Selbst, der Ruf provoziert ihn dazu, sein vorfindliches Selbst zu transzendieren, und in der Auseinandersetzung zwischen der vorfindlichen Selbstwirklichkeit und dem Ruf gewinnt sein Selbst an Profil.«[32]

Es dürfte deutlich sein, daß ein solches Verständnis von Selbstverwirklichung den drei theologischen Bedenken, von denen vorher die Rede war, entzogen ist. Individualistisch ist diese Art der Selbstverwirklichung nicht, weil die Entdeckung des eigenen Ich immer nur im Zusammenhang mit den anderen, in Abgrenzung und Solidarisierung, erfolgen kann. Egoistisch kann sie schon deswegen nicht genannt werden, weil sie wahrlich nicht den bequemeren Weg darstellt; wer durch das Ja-, Nein- und Ich-Sagen sich selbst finden will, wird damit auch immer wieder in Konflikte verstrickt. Und nur wer sich selber gefunden hat, kann sich dann auch für andere einsetzen und sich den anderen schenken. Autonom schließlich ist diese Haltung schon deswegen nicht, weil sie das eigene Leben in Hochmut und Demut von Gott her zu begreifen versucht.

Der Pfarrer, der in seinem Beruf Selbstverwirklichung sucht, ist damit in einer unwahrscheinlich privilegierten Position. Angesichts ihrer Arbeitsbedingungen können die wenigsten Zeitgenossen auch nur auf den Gedanken kommen, in ihren beruflichen Alltag Sinn und Identität zu gewinnen. Und die Verweisung der Sinnproblematik in den Freizeitbereich ist insofern ideologischer Natur, als sie die Arbeitswelt vor kritischen Anfragen schützt und die Sinnfindung als private Feierabendbeschäftigung dem einzelnen aufbürdet.

»Wie arrogant sind wir Theologen eigentlich, daß ausgerechnet wir uns getrauen, das Privileg einer Selbstverwirklichung im Beruf nach wie vor als Ideal vor uns und die Gemeinden hinzustellen? Nicht einmal Ärzte oder gar Schauspieler würden sich von ihren Berufsengagement so naiv einen Identitätsgewinn erhoffen. Wie anspruchsvoll, wie überzogen muß unser elitäres Bewußtsein auch noch immer sein, wenn wir aus der Solidargemeinschaft der Berufstätigen so dreist auszubrechen versuchen?!«[33]

In der Tat. Darin ist der Pfarrer immer noch anders, daß er bei aller Zeitüberlastung einen Bereich vertritt, in dem die Aufspaltung von Arbeitszeit und Freizeit, von Job und Hobby nicht zählt. In der Religion überlebt die

32. H.-M. Barth, Wie ein Segel sich entfalten. Selbstverwirklichung und christliche Existenz, München 1979, 77f. Auch H. Schulze, Theologische Sozialethik. Grundlegung, Methodik, Programmatik, Gütersloh 1979, 101, rechnet Ich-Stärke zu den christlichen Tugenden: »Das Wort ›So lebe nun nicht ich, sondern Christus lebt in mir‹ (Gal 2,20 als Ausdruck der Identifizierung mit dem Gottesebenbild Jesus) äußert sich nicht als Nicht-Existenz, sondern als Unabhängigkeit, als Fähigkeit zu Identität und Integration.«

33. G. Rau, Selbstentfaltung im Pfarramt – ein theologischer Auftrag und seine Grenzen, in: DtPfBl 79, 1979, 520.

Hoffnung, daß der Mensch von den Zwängen befreit und von den Ängsten geheilt werden kann, so daß er in freier Tätigkeit sein Leben realisiert. Ein Vorschein dieser Freiheit darf den beruflichen Alltag des Pfarrers bestimmen, der angesichts vielfältigster Ansprüche und Erwartungen herausfinden will, was den Sinn dieses seines begrenzten Lebens in der Gemeinschaft vor Gott eigentlich ausmacht. Er wird anderen Menschen nur helfen können, ihr Leben in der Zeit zu bestehen, wenn er sein eigenes Leben in der ihm gegebenen und begrenzten Zeit selber zu leben wagt.

Der Pfarrer und das Geld

Der Pfarrer ist anders. Er hat Geld. Aber er redet nicht gern darüber. Er gehört zu den wenigen Berufsgruppen in unserer Gesellschaft, bei denen die regelmäßige Anhebung ihrer Bezüge gewissermaßen automatisch erfolgt. Jedenfalls brauchen seine Standesvertreter darüber nicht zu verhandeln oder die Gehaltserhöhungen gar durch Streikandrohung zu erkämpfen. Mögen die Theologen das Finanzgebaren ihrer Kirche oder das geltende System der Einziehung der Kirchensteuern beklagen, man hat selten gehört, daß die Höhe der Pfarrerbesoldung aus theologischen oder ethischen Gründen kritisiert worden ist. Der Pfarrer, der anders sein möchte und anders sein soll, hat gegen seine Anpassung an die Besoldungsgruppen A13/14 nichts einzuwenden.

Wer sich, wie ich, in die Diskussion um die Pfarrerbesoldung einarbeiten will, dem bleibt viel Arbeit erspart. Die Diskussion findet nämlich nicht statt, jedenfalls nicht in der publizistischen Öffentlichkeit der letzten Jahre. Was in den Pfarrervereinen, den Finanzausschüssen und den Synodalsitzungen der Landeskirchen debattiert worden ist, hat die Ebene des theologischen Gesprächs nicht erreicht. Reden ist Silber, Schweigen ist Gold – die Theologen sind an diesem Punkt der Vernunft des Volksmunds gefolgt. So hat ein Beitrag zum Thema »Pfarrer und Geld« vor allem die Aufgabe, das Schweigen eines Berufsstandes verständlich zu machen, der ansonsten zu allen Problemen zwischen Himmel und Erde etwas meint sagen zu können und meistens auch etwas zu sagen weiß.

I.

Die jüngste Diskussion über die Pfarrerbesoldung ist wegen des Anwachsens der Theologiestudentenzahlen entstanden. Unter Verweis auf zu erwartende Engpässe bei der sofortigen Einstellung des Theologennachwuchses hatte H. M. Müller, damals noch Ausbildungsreferent in Hannover, von allen Beteiligten Opfer verlangt: von den Betroffenen längere Ausbildungszeiten, von den Gemeinden die Bereitschaft zur Erhöhung des Spenden- und eventuell auch des Steueraufkommens, von den kirchlichen Mitarbeitern einen gewissen Verzicht auf den gegenwärtigen Einkommensstand.

»Gelingt dies, wäre durch freiwillige Beiträge (in beträchtlicher Höhe und aufgrund langfristiger Selbstverpflichtung!) ein Teil der finanziellen Mittel freizusetzen, die zur Entlastung der Personallage nötig sind. Da man es heute nicht gewöhnt ist, auf freiwillige Hilfe angewiesen zu sein, ihr auch im allgemeinen nicht viel zutraut und die Bereitschaft dazu vielleicht nicht im erforderlichen Maß geweckt wird, könnte jedoch das Mittel der unfreiwilligen Gehaltskürzung unabdingbar werden.«[1]

Demgegenüber hat eine Gruppe Göttinger Theologiestudenten geltend gemacht, daß das Phänomen des Personalüberhangs kein spezifisches Problem der Kirche darstelle, sondern den tertiären Bereich der gesamten Gesellschaft betreffe und infolgedessen auch nicht im binnenkirchlichen Raum gelöst werden dürfe.

»Eine kirchenimmanente Lösungsstrategie, die von einem nun mal vorhandenen ›Finanzkuchen‹ ausgeht, geht zwangsläufig an den Ursachen des Konflikts vorbei. Wird der oben beschriebene Umverteilungsprozeß gesellschaftlichen Reichtums akzeptiert, schließt sich eine Lösung aus; außer der, die daraus erwachsenen Finanzprobleme auf die Schultern der Betroffenen zu verlagern. Die schlechteste aller Lösungen wird zur einzig möglichen.«[2]

Insbesondere müssen Rückwirkungen auf den allgemeinen Beschäftigungsmarkt befürchtet werden. »Gerade in ihrem Anspruch, durch derartige Maßnahmen ›modellhaft mit dem Problem der Arbeitslosigkeit umzugehen‹ (PEPP)[3] könnte die Kirche auf diese Weise zum Prototyp paralleler Entwicklungen im gesamten tertiären Sektor werden. Die ›Lösung‹ der dortigen strukturell gleichen Probleme könnte auch da auf dem Rükken der Betroffenen gesucht und gefunden werden.«[4] Dermaßen in die gesamtgesellschaftliche Perspektive gerückt, wird die pastorale Bereitschaft, zugunsten der folgenden Generation auf einen Teil des erworbenen Besitzstands zu verzichten, in ihrer ideologischen Funktion aufgedeckt.

»Werden solche Maßnahmen als ›brüderliches Teilen‹, als ›Tugend des christlichen Verzichts zugunsten Dritter‹ verkauft, wird in der Projektion des Finanzkonflikts der Kirchen in die persönliche Bereitschaft der Betroffenen zu teilen, ihr ideologischer Charakter deutlich. Das Ausbleiben der strukturellen Zusammenhänge zugunsten der ›individuellen Bereitschaft‹ dient nur der Vertuschung der Ursachen.«[5]

1. H. M. Müller, Personalentwicklung und Personalplanung in den deutschen evangelischen Landeskirchen, in: EvTh 39, 1979, 386.
2. G.-H. Gunkel / N. Lorenz / H. Wrede, Theologenschwemme und Wirtschaftskrise, in: EvTh 40, 1980, 158.
3. Zitiert ist der Personalentwicklungsplan Pfarrer vom 18. 7. 1978.
4. Ebd.
5. Ebd.

Bei aller Unterschiedlichkeit in der Argumentationsebene und in den Argumentationszielen scheinen beide Seiten sich doch darin einig zu sein,
- daß sie dem kirchlichen Mitarbeiter, insbesondere dem Pfarrer, eine gewisse Vorbildfunktion zuschreiben,
- daß sie die Freiheit zum Verzicht um des Nächsten willen als eine wichtige Verhaltensmöglichkeit des christlichen Glaubens ansehen,
- daß sie das Interesse verfolgen, möglichst vielen Mitarbeitern, und insbesondere Pfarrern, einen möglichst hohen Anteil am allgemeinen Lebensstandard zu erhalten bzw. zu verschaffen,
- daß sie aber die Tatsache und die Höhe der Besoldung der kirchlichen Mitarbeiter und vor allem der Pfarrer nicht für begründungsbedürftig halten.

Eine frühere Diskussion über die Pfarrerbesoldung hatte Anfang der siebziger Jahre die konsequente Angleichung an die Regelung des öffentlichen Dienstes zum Thema. Auch damals spielte der Blick auf den beruflichen Nachwuchs eine wesentliche Rolle. H. Vogt hatte mit dem Hinweis auf das seinerzeit vorhandene Defizit an Theologiestudenten für eine konsequente Anpassung der Rechtsstellung des Pfarrers an die entsprechenden Besoldungsgruppen im staatlichen Bereich plädiert. Dabei ging es im einzelnen um eine deutliche Begrenzung der Arbeitszeit, um die Aufhebung der pastoralen Residenzpflicht und um die konsequente Übernahme des Bundesbesoldungsgesetzes insofern, als auch die Landeskirchen ihre Pfarrer nach einer Wartezeit von fünf Jahren aus der Besoldungsgruppe A13 nach A14 überführen sollten[6].

Im theologischen Teil seiner Erwiderung hat O. Kammer insbesondere mit 1Kor9 argumentiert. Dort unterstreicht Paulus zwar auf der einen Seite den Anspruch, daß die Tätigkeit des Apostels »wie in jedem anderen Dienstleistungsgewerbe«[7] honoriert wird: »Du sollst einem Ochsen, wenn er drischt, das Maul nicht verbinden« (1Kor9,9 nach Dt25,4). Auf der anderen Seite hat Paulus aber dieses Recht mit Absicht nicht in Anspruch genommen, und zwar um des eschatologischen Lohnes willen. O. Kammer kommentiert die paulinischen Aussagen:

»Wenn er auch deutlich hervorhebt, daß dies seine eigene persönliche Entscheidung sei, nicht in gleicher Weise auf jeden anwendbar, so gilt doch generell, daß für ›Berufschristen‹ Rechtsansprüche nur eine gebrochene und vorläufige Bedeutung haben können . . . Die Bereitschaft, um des Auftrags und der Mitmenschen willen darauf zu verzichten, sie zu transzendieren, wird immer im Hintergrund stehen müssen.«[8]

6. H. Vogt, Die Rechtsstellung des Pfarrers, in: DtPfBl 70, 1970, 567f.
7. O. Kammer, Pfarrer – Beamter oder freier Beruf?, in: DtPfBl 71, 1971, 102.
8. Ebd.

In Wahrheit dürfte die Argumentation des Apostels in die entgegengesetzte Richtung zielen. Der Verzicht auf irdischen Lohn soll das Recht darauf nicht relativieren, sondern das Recht auf eschatologischen Ruhm und den entsprechenden Lohn begründen und steigern. »Wenn ich nämlich das Evangelium predige, so habe ich keinen Ruhm; denn ein Zwang liegt auf mir; denn wehe mir, wenn ich das Evangelium nicht predige! Denn wenn ich dies freiwillig tue, so habe ich Lohn« (1Kor9,15f).

Auch in kirchenrechtlichen Veröffentlichungen taucht das Thema der Pfarrerbesoldung immer nur in Randbemerkungen auf. Im Blick auf die Frage, welche Konsequenzen für Kirche, Pfarrer und Kirchenbeamte deren Überführung in die Sozialversicherung mit sich brächte, gibt W. Bogs folgende Zusammenfassung seiner Ausführungen:

»1. Die Kirchen sind aufgrund ihrer Eigenschaft als Körperschaften des öffentlichen Rechts berechtigt, aber nicht verpflichtet, Beamtenverhältnisse unter Ausschluß des staatlichen Arbeitsrechts mit der Folge der Versicherungsfreiheit der Pfarrer und Kirchenbeamten in der Angestelltenversicherung zu begründen.

2. Wenn sie von dieser Gestaltungsmöglichkeit Gebrauch machen, sind sie hinsichtlich der Rechtsstellung ihrer Pfarrer und Kirchenbeamten in sinngemäßer Anwendung des Art. 33VGG an die hergebrachten, tragenden Grundsätze des Berufsbeamtentums gebunden.

3. Zu diesen tragenden Grundsätzen gehört vor allem das Alimentationsprinzip, wonach der Dienstherr als Äquivalenz zu der grundsätzlich lebenslänglichen Dienst- und Treuepflicht des Beamten zu angemessener Besoldung und angemessener, grundsätzlich an die letzten Dienstbezüge anknüpfender Versorgung verpflichtet ist.«[9]

Bei J. Frank klingt auch leise eine biblische Begründung für die Übernahme des Alimentationsprinzips an:

»Die für die Besoldung und Versorgung der Beamten geltenden, weithin von technischen Prinzipien beherrschten Normen des staatlichen Rechts konnten traditionsgemäß auch in das neuere kirchliche Recht ohne Bedenken übernommen werden. Der im allgemeinen Besoldungsrecht immer noch vorherrschende Gedanke eines dem Beamten zu gewährenden angemessenen Unterhalts (Alimentationsprinzip) trägt, wie auch manche Stellen des Neuen Testaments zeigen, den Besonderheiten des kirchlichen Dienstes am ehesten Rechnung.«[10]

Als einziger Beleg wird von Frank Röm 15,27 angeführt, eine bemerkenswerte Stelle, weil Paulus dort zur Begründung der Jerusalemer Kollekte mit dem Tausch-Gedanken operiert: »wenn die Heiden an ihren geistlichen Gütern Anteil bekommen haben, sind sie schuldig, ihnen auch in den leiblichen einen Dienst zu leisten«. Die Verkündigung des Evangeliums begründet für Paulus also den Anspruch auf leiblichen Unterhalt.

9. W. Bogs, Welche Folgen für die Rechtsstellung der Kirche, ihrer Pfarrer und Beamten hätte deren Überführung in die Sozialversicherung?, in: ZEvKr 20, 1975, 106f.

10. J. Frank, Geschichte und neuere Entwicklung des Rechts der kirchlichen Beamten, in: ZEvKr 10, 1963/64, 288.

Aber wie verträgt sich der Anspruch auf Entlohnung für den Verkündiger des Evangeliums mit dem Inhalt des Evangeliums, das von der Unentgeltlichkeit der Gnade Gottes handelt? Wie kann dieses Heilshandeln Gottes, das das Tauschverhältnis dem Menschen gegenüber grundsätzlich übersteigt, in eine Tauschbeziehung zwischen den Gemeinden bzw. zwischen der Gemeinde und dem Apostel eingeordnet werden?

Dem verbreiteten Schweigen gegenüber dem Thema der Pfarrerbesoldung entspricht eine permanente Relativierung aller neutestamentlichen Belege für den Besitzverzicht in der Urgemeinde. H.-J. Kraus hat diese Haltung, die sich durch die ganze Theologiegeschichte verfolgen läßt, an den Einsichten der historisch-kritischen Exegese zu Apg 2,44f und 4,32ff konkretisiert.

»1. Die Aussagen über das ökonomische Zusammenleben der Urgemeinde in der Apostelgeschichte sind nicht einheitlich. In Apg 2,44f und 4,32 wird die Gütergemeinschaft als allgemeiner Verzicht auf Eigentum dargestellt. Die Einzelbeispiele des Ananias (5,1ff) und des Barnabas (4,36f) hingegen erwecken den Eindruck, als wäre der Verkauf eines Grundstückes etwas Besonderes, eine Ausnahme gewesen.

2. Angesichts dieser Uneinheitlichkeit wird die Aussage über allgemeinen Verzicht auf Eigentum . . . als tendenziöse Idealisierung der lukanischen Geschichtsschreibung gewertet. Lukas zeichnet ein Idealbild der ersten Gemeinde. Was in Apg 4,36 und 5,1ff als Ausnahme gilt, wird auf ›alle‹ übertragen . . .

3. Die Formel ἅπαντα κοινά, die das völlige Gemeinschaftsleben in der Erstzeit der Urgemeinde schildert, ist hellenistisch, nicht biblisch. Die Pythagoräer schildern ihr Gemeinschaftsleben mit den Worten πάντα κοινά. Darauf hatte schon Calvin aufmerksam gemacht. Wollte Lukas in einer idealisierenden Darstellung die Erfüllung des griechischen Gemeinschaftsideals in der christlichen Gemeinde proklamieren?

4. In den Kommentaren wird nach dem Motiv der allgemeinen oder exzeptionellen Bereitschaft der Entäußerung vom Besitz gefragt. Es wird aufmerksam gemacht auf die (so nur bei Lukas überlieferte) radikale Forderung Jesu auf völlige Besitzlosigkeit (Lk 12,33a; 14,33). Dann aber stehen vor allem zwei Motive zur Diskussion: das Armutsideal der lukanischen Anawim-Frömmigkeit und die Nähe der Parusie.«[11]

Es wird keine unzulässige Unterstellung sein, wenn man die historische Kritik, die so gern nach dem Sitz im Leben der von ihr untersuchten Texte und nach den dort zu vermutenden Interessen fragt, ihrerseits nach den Bedürfnissen abklopft, die bei der Formulierung exegetischer Einsichten wirksam werden. Ist der Verdacht dann so ganz von der Hand zu weisen, es möchte die durch literarkritische Operationen, religionsgeschichtlichen Vergleich und redaktionsgeschichtliche Überlegungen herbeigeführte Relativierung jener neutestamentlichen Aussagen auch einer Abwehrhaltung des Theologen entstammen, der sich in seinem bürgerlichen Verhältnis zu Geld und Eigentum in Frage gestellt sieht?

11. H.-J. Kraus, Aktualität des »urchristlichen Kommunismus«?, in: Freispruch und Freiheit. Festschrift W. Kreck, München 1973, 316.

Wer nach Gründen für das intensive Schweigen der Theologen zur Frage der Pfarrerbesoldung fragt, ist zunächst auf Vermutungen angewiesen. In eine naheliegende Richtung drängt die psychoanalytische These, daß die gängige Rede von der Verschuldung bei finanziellen Transaktionen einen grundlegenden innerpsychischen Konflikt verrät. So sagt E. Bornemann über die Entwicklung der Objektliebe im Zusammenhang mit der Geldproblematik:

»Da die bedeutsamsten Hemmungen auf dieser Stufe der Libidoentwicklung Schuldgefühle sind, ist es sicher kein Zufall, daß Geld als Kotsymbol stets mit dem Zeichen der Schuld behaftet ist. Erhaltenes Geld wird bekanntlich auf die Sollseite des Kassenkontos geschrieben; das Kapital, ›die Rücklagen‹, die Gewinne auf die Passivseite. ›Wer erhält, der schuldet‹, lautet die Grundregel des Finanzverkehrs, die durchaus der Ambivalenz zwischen dem Libidoziel dieser Stufe und den ihm widerstehenden Schuldgefühlen entspricht. Kapitalakkumulation und Verschuldung gehören so eng zusammen wie Kotakkumulation und Schuldgefühl. Wer nicht anderen schuldet, der schuldet sich selber. André Amar . . . spricht von ›ewigen Schulden‹ und ›unmöglicher Erlösung‹, eine aus dem theologischen Konzept der Erbsünde entlehnten, aber hier nicht unberechtigten Terminologie.«[12]

Worin aber könnten die Schuldgefühle des Theologen bestehen, die dazu führen, daß das Thema seiner finanziellen Versorgung öffentlich kaum diskutiert wird? Ich wiederhole noch einmal, daß angesichts des verbreiteten Schweigens nur Vermutungen über die Gründe dafür möglich sind.

1. Das Thema »Geld« ist für den Theologen deswegen unangenehm, weil es ihn an die Gespaltenheit seiner theologischen Existenz erinnert. Im Kapitel über das Amt habe ich die Behauptung aufgestellt: Der Pfarrer lebt als Priester, obwohl er Prophet sein möchte[13]. Den Auftrag, im Namen Gottes zu reden, läßt er sich von der Gemeinde bezahlen. Die theologische Interpretation dieses Berufs, die auf Unabhängigkeit gegenüber der Institution abstellt, und die ökonomische Ausstattung des Berufs, die ein Abhängigkeitsverhältnis zur Institution impliziert, stehen im Widerspruch zueinander.

Dieser Widerspruch wird auch durch ein Argument nicht beseitigt, das gern zur Begründung der beamtenähnlichen Absicherung des Pfarrers verwendet wird. Dabei heißt es: Der Beamtenstatus sei insofern der Freiheit der Verkündigung dienlich, als der Pfarrer nun ohne permanente Rücksicht auf seine ökonomischen Interessen die Wahrheit des Evangeliums zu vertreten vermag. Sicher ist dieses Argument darin realistisch, daß es die Konflikte in Rechnung stellt, in die ein Pfarrer ohne den Schutz des Beamtenstatus geraten kann. Aber genauer betrachtet, ist das Argu-

12. E. Bornemann, Psychoanalyse des Geldes. Eine kritische Untersuchung psychoanalytischer Geldtheorien, es 902, Frankfurt 1977, 28.
13. S.o.S. 38.

ment ja auch schrecklich, weil es wie selbstverständlich von der Käuflichkeit der Pastoren ausgeht[14]. Unzutreffend aber ist es in jener Hinsicht, daß es einseitig nur die Vorzüge der finanziellen Absicherung darlegt, ohne zu berücksichtigen, daß gerade auf der Basis des Geldes die elementare Anbindung des Pfarrers an das gesellschaftliche System erfolgt. »Wes Brot ich eß, des Lied sing ich«, unterstellt der Volksmund. Wer ein anderes Lied singen möchte, muß dann wohl über die Art seines Broterwerbs schweigen.

2. Das Thema »Geld« ist für den Theologen auch deswegen unangenehm, weil es ihn auch in sozialethischer Hinsicht an einen Widerspruch seiner theologischen Existenz erinnert. Der mitteleuropäische Pfarrer gehört, in ökumenischer Perspektive[15], an die Seite der Reichen und verkündigt »Das Evangelium der Armen«[16]. Mindestens den Mitgliedern seiner Gemeinde, die zur Unterschicht oder zur unteren Mittelschicht gehören, ist er, was seine finanziellen Möglichkeiten betrifft, um einiges überlegen. Wenn er in der Predigt ständig zum Opfer für diejenigen ermahnt, die noch ärmer dran sind, dann ist diese Einladung zu Hingabe und Verzicht oft genug durch die eigene Lebenspraxis nicht abgedeckt.

An dieser Stelle ist auf ein Defizit hinzuweisen, das zur Eigenart des protestantischen Pfarrers gehört. Er kennt in seiner Lebenspraxis kaum die Askese, den freiwilligen Verzicht um anderer willen. Den Widerspruch zwischen den großen Worten und den mangelnden Taten hat R. Bohren an einem Beispiel der Bonhoeffer-Rezeption aufgezeigt.

»In den letzten Jahren hörte und las ich kaum einen Satz Bonhoeffers häufiger als den aus ›Widerstand und Ergebung‹: ›Die Kirche ist nur Kirche, wenn sie für andere da ist‹, aber damit brach das Zitat in der Regel ab, verdächtig schnell. Der zweite Satz lautet nämlich: ›Um einen Anfang zu machen, muß sie alles Eigentum den Notleidenden schenken‹.«[17]

14. Daß die Grenze der Käuflichkeit in der Freiheit der Person vor Gott liegt, sagt F. Delekat, Der Christ und das Geld. Eine theologisch-ökonomische Studie, ThExh 57, München 1957, 55f.
15. Vgl. N. Greinacher, Die Kirche der Armen. Zur Theologie der Befreiung, München 1980.
16. Vgl. L. Schottroff / W. Stegemann, Jesus von Nazareth – Hoffnung der Armen, Urban-TB T-Reihe 639, Stuttgart 1978, sowie W. Stegemann, Das Evangelium und die Armen. Über den Ursprung der Theologie der Armen im Neuen Testament, München 1981. – Eine unzureichende Alternative formuliert E. Lohse, Das Evangelium für die Armen, in: ZNW 72, 1981, 64: »Die Kirche Jesu Christi, die das Evangelium für die Armen gehört hat und im Vertrauen darauf zu leben entschlossen ist, wird darum eine mit den Armen solidarische Kirche sein müssen – freilich ohne daraus eine Ideologie oder ein politisches Programm zu machen.« Aus der Solidarität mit den Armen müßte sich doch mindestens eine politische Aufgabe für die Kirche ergeben.
17. R. Bohren, Fasten und Feiern. Meditationen über Kunst und Askese, Neukirchen 1973, 88.

Die Einwände gegen asketische Lebensformen liegen für den protestantischen Theologen dermaßen auf der Hand, daß sie sich in jedes individuelle Abwehrarsenal ohne Schwierigkeiten einfügen lassen. Askese ist religiös wie politisch unnütz, weil sie weder das Heil des eigenen Lebens noch die Befreiung der Armen sicherzustellen vermag. Das stimmt. Aber auf der anderen Seite gilt: Ohne asketische Lebensformen auch finanzieller Art ist der sozialethische Bruch der pastoralen Existenz nicht zu beheben[18].

3. Das Thema »Geld« ist für den Theologen schließlich deswegen unangenehm, weil es ihn an den Widerspruch im theologischen Kern seiner Existenz erinnert. »Niemand kann zwei Herren dienen; denn entweder wird er den einen hassen und den anderen lieben, oder er wird dem einen anhangen und den anderen verachten. Ihr könnt nicht Gott dienen und dem Mammon« (Mt6,24). »Geld« hat also nicht nur eine gesellschaftsintegrative Funktion und eine sozialethische Dimension, Geld hat mit Gott zu tun. In einer bestimmten Hinsicht schließen Geld und Gott einander aus.

Die Frage ist nur, wie diese für den besoldeten Pfarrer so bedrohliche Aussage zu verstehen ist. Die gängige Auskunft, die harte Alternative Geld oder Gott gelte vor allem dem Bereich des Vertrauens[19], will noch nicht recht befriedigen. Das Vertrauen zu Gott torpediert ja keineswegs in derart radikaler Weise das Vertrauen zu sich selber oder zu anderen Menschen. Das Phänomen des Geldes muß Aspekte umfassen, die die Grundlagen der menschlichen Existenz tangieren, gerade weil sie das Gottesverhältnis des Menschen stören. Und diese Aspekte können nicht nur die innere Einstellung des Menschen betreffen, sondern müssen schon im Bereich des Verhaltens und der kommunikativen Beziehung faßbar sein. Was macht das Geld zu einem Störfaktor für den Umgang des Menschen mit sich und mit Gott?

II.

Wer nach der theologischen Dimension des Geldes fragt, tut gut daran, sich erst einmal die ganze Breite des damit angesprochenen Problemfeldes zu vergegenwärtigen. Alte Rechtfertigungslehre und moderne politische

18. Zur Nachfolge im Zeichen des Kreuzes vgl. R. Strunk, Nachfolge Christi. Erinnerungen an eine evangelische Provokation, München 1981.

19. Diese Tendenz wird schon in Aussagen zur etymologischen Ableitung faßbar; vgl. F. Hauck, Art. μαμωνᾶς, in: ThWBNT IV, Stuttgart 1942, 390: »Die Ableitung des Worts ist unsicher. Doch spricht die größere Wahrscheinlichkeit für Herkunft von amn = Das, worauf man traut.«

Theologie haben die mannigfachen Querverbindungen herausgearbeitet, die zwischen Religion und Recht bzw. Religion und Herrschaft auch im Bereich des Gottesverhältnisses bestehen. Solche Verbindungslinien, die keineswegs auf einer metaphorischen Übertragung beruhen, sind auch im Zusammenhang ökonomischer Phänomene zu konstatieren. Ich zähle die wichtigsten Punkte auf:

1. Die Reformation ist am Ablaßhandel entstanden, der wegen des Transfers des eingesammelten Geldes nach Rom gewiß auch volkswirtschaftliche Probleme enthalten hat. Aber im Zentrum steht auch die Tatsache, daß der vorgestellte Zusammenhang von Geldgabe und Seelenheil in seiner Plausibilität zerbrochen gewesen sein muß. Anders ist der Erfolg von Luthers Protest nicht zu erklären.

2. In der Geschichte des Urchristentums spielen die finanziellen Probleme eine überraschend wichtige Rolle, jedenfalls wenn man den Angaben der paulinischen Briefe folgt. Dabei geht es teils um die finanzielle Unterstützung des Apostels durch die Gemeinden (1Kor9; Phil4,10ff), teils um die Kollekte der Heidenchristen für die Jerusalemer Urgemeinde (Gal2,10; 1Kor16,1–4; 2Kor8 und 9; Röm15,22ff). Die paulinische Heidenmission ist mit dem Schicksal dieser Kollekte verbunden. Auf dem Jerusalemer Konzil werden die Freigabe der Heidenmission und die Kollekte für Jerusalem vereinbart (Gal2,9ff); als Paulus Jahre später das Geld überbringt, wird er verhaftet und nach der Überführung nach Rom schließlich zum Tode verurteilt[20].

3. Im Neuen Testament wird der Lohngedanke noch ganz unbefangen auf das Gottesverhältnis angewandt[21]. Wie das Gleichnis von den Arbeitern im Weinberg zeigt (Mt20,1ff), wird die gegebene Berechenbarkeit von Lohn und Leistung zwar aufgehoben, aber daß die Erlösung auch als Belohnung verstanden wird, gilt als unproblematisch.

4. Wie wichtig die Vorstellungen von Lohn und Entgelt für das Gottesverhältnis sind, zeigen nicht zuletzt einzelne Aussagen der neutestamentlichen Christologie: »Wie auch der Menschensohn nicht gekommen ist, sich dienen zu lassen, sondern zu dienen und sein Leben hinzugeben als

20. Vgl. D. Georgi, Die Geschichte der Kollekte des Paulus für Jerusalem, ThF 38, Hamburg 1965. – Zur Bedeutung der Kollekte vgl. K. Berger, Almosen für Israel. Zum historischen Kontext der paulinischen Kollekte, in: NTSt 28, 1977, 180ff: »Die religiöse Übung des Almosens der ›Gottesfürchtigen‹ wird in ihrer gruppensoziologischen Relevanz als Zeichen für Bekehrung zu demselben Bekenntnis und für eine bestimmte Art von Gemeinschaft aufgenommen« (199).

21. Vgl. G. Bornkamm, Der Lohngedanke im Neuen Testament, in: Studien zu Antike und Urchristentum. Gesammelte Aufsätze II, München 1970[3], 69ff.

Lösegeld für viele« (Mt20,28). Wenn ein solcher Satz sinnvoll sein soll[21a], bedeutet das,

- daß auch im Verhältnis zu Gott das Prinzip von Gabe und Gegengabe gilt,
- daß menschliche Schuld vor Gott auch als Schulden angesehen werden können und
- daß der Erlöser als Zahlungsmittel fungieren kann: Jesus Christus als prämonetares oder transmonetäres Geld

5. Das Prinzip von Gabe und Gegengabe, das Tauschprinzip also, bildet die selbstverständliche Basis des Opferwesens, in dem das Alte Testament mit den meisten religiösen Systemen konform geht. Gerade der Opferkult beweist, daß die Kommunikation zwischen Gott und Mensch zentral in ökonomischen Kategorien gedacht wird.

Das Problem, das geklärt sein muß, wenn man die theologische Dimension von Geld freilegen will, läßt sich auf dem Hintergrund dieser Feststellungen so formulieren: Was ist zwischen dem alttestamentlichen Opferkult und dem spätmittelalterlichen Ablaßhandel mit dem Menschen passiert, so daß das Tauschverhältnis für ihn im Zusammenhang mit dem Gottesverhältnis diskreditiert ist? Was hat also die Unterscheidung von Religion und Ökonomie notwendig gemacht, durch die zwar das Gottesverhältnis von kalkulativer Berechnung befreit worden ist, die Wirtschaft aber auch eine totale Eigengesetzlichkeit gewonnen hat[22]? Und wie ist in diesem Zusammenhang die Tabuisierung des Themas Geld durch die Theologie zu erklären?

Ein intaktes Opferwesen, wie man es noch im alten Israel vorfindet, schließt drei in der betreffenden Gesellschaft anerkannte Voraussetzungen ein, und zwar sind das Annahmen

- über die Prinzipien des Opfersystems, die die Opferhandlung zu einem notwendigen und sinnvollen Verhalten machen,
- über die Beziehung der Opferpartner, die im Akt des Opfers miteinander kommunizieren, und
- über das Opfermedium, das die Kommunikation zwischen den Part-

21a. Die vorausgesetzten ökonomischen Vorstellungen bleiben in der Exegese meist unreflektiert; vgl. P. Stuhlmacher, Existenzstellvertretung für die Vielen: Mk 10,45 (Mt 20,28), in: Versöhnung, Gesetz und Gerechtigkeit. Aufsätze zur biblischen Theologie, Göttingen 1981, 27ff.

22. Vgl. G. Bataille, Der verfemte Teil, Das theoretische Werk 1, München 1975, 164: »Religion und Ökonomie werden in ein und derselben Bewegung von dem befreit, was sie jeweils belastete, nämlich die Religion von der profanen Berechnung und die Ökonomie von außerökonomischen Schranken.« Das Dilemma der Theologie im Kapitalismus besteht u.a. darin, daß sie das erste begrüßen und das zweite beklagen muß.

nern im jeweils gegebenen gesellschaftlichen System möglich machen muß.

Diejenige Theorie, die diese Bedingungen am ehesten erfüllt, stammt von dem französischen Soziologen M. Mauss, der in seinem »Essai sur le don« 1925 den Gabentausch als Grundform gesellschaftlicher Kommunikation überhaupt freigelegt hat[23]. Im Strukturalismus hat man diese Einsicht zu einem anthropologischen System verdichtet: »In jeder Gesellschaft geht der Austausch auf mindestens drei Ebenen vor sich: Austausch von Frauen; Austausch von Gütern und Dienstleistungen; Austausch von Mitteilungen. Infolgedessen bietet das Studium des Verwandtschafts-, das des Wirtschafts- und das des Sprachsystems gewisse Analogien.«[24] Schon M. Mauss hatte einige Hinweise auf die Relevanz seiner Theorie zum Verständnis der Religion gegeben. »Die Beziehung dieser Tauschverträge zwischen Menschen zu denen zwischen Menschen und Göttern erhellt eine wichtige Seite der Theorie des Opfers.«[25] In einer sehr verkürzenden Wiedergabe sollen wenigstens die Punkte angesprochen werden, die die inneren Bedingungen des Opferwesens vom Phänomen des Gabentausches her verständlich machen.

1. Das Opfer ist deswegen eine sinnvolle menschliche Handlung, weil auch die Kommunikation mit der Gottheit von den Prinzipien des Gebens, Nehmens und Erwiderns bestimmt ist. M. Mauss hat gezeigt, daß diese Prinzipien in den unterschiedlichsten archaischen Kulturen weltweit anzutreffen sind[26] und daß sie auch heute noch, etwa im Gefühl, man müsse eine Einladung auch erwidern, in Relikten vorhanden sind[27]. Für das Opferwesen bedeutet die Gültigkeit dieser Prinzipien, daß die Opferhandlung keinenswegs eine zwanghafte Leistung Gott gegenüber darstellt und auch keinen Betrug[28], sondern die Ermöglichung einer sinnvollen Kommunikation mit ihm. Das Lebensziel besteht in derartigen Kulturen auch nicht in der Ansammlung von möglichst viel Geld und Besitz, sondern, wie das Phänomen des indianischen Potlatsch zeigt, in Hingabe und Verschwendung, durch die man soziale Anerkennung gewinnt.

2. Das Opfer ist deswegen und solange eine sinnvolle menschliche

23. M. Mauss, Die Gabe. Form und Funktion des Austauschs in archaischen Gesellschaften, in: Soziologie und Anthropologie II, Ullstein-TB 3491, Frankfurt 1978, 9ff.
24. C. Lévi-Strauss, Der Strukturbegriff in der Ethnologie, in: Strukturale Anthropologie, st 15, Frankfurt 1971, 322.
25. M. Mauss, aaO. 32.
26. AaO. 38ff.
27. AaO. 94f.
28. So M. Horkheimer / Th. W. Adorno, Dialektik der Aufklärung. Philosophische Fragmente, Fischer-TB 6144, Frankfurt 1971, 46ff.

Handlung, weil die daran beteiligten Partner einigermaßen gleichrangig zueinander stehen. Gott und Mensch können, bei aller Unterschiedlichkeit ihrer Macht, miteinander reden, einen Bund schließen und einander respektieren. Das Gleichgewicht der kommunikativen Beziehung gerät in dem Augenblick ins Wanken, in der der Abstand zwischen Gottheit und Mensch immer größer gedacht wird, entweder weil die Gottheit in immer weitere Ferne rückt oder weil der Mensch sich immer ohnmächtiger bzw. sündhafter erlebt. Das Opferwesen, das auf der Basis der Prinzipien von Geben, Nehmen und Erwidern voller Vertrauen und Selbstvertrauen praktiziert werden kann, wird erst in dem Augenblick zu einer den Menschen überfordernden Leistung, in dem das Verhältnis von Gott und Mensch nicht mehr partnerschaftlich gedacht wird. Dann ist die menschliche Unfähigkeit Gott gegenüber so groß, daß er von sich aus Gott nichts oder nichts Gutes zu geben vermag.

3. Das Opfer ist deswegen und solange eine sinnvolle menschliche Handlung, weil das Opfermittel einen Teil des opfernden Subjekts darstellt. M. Mauss sagt über den »hau«, den Geist der Sachen bei den Maori: »Daß in dem empfangenen oder ausgetauschten Geschenk etwas Verpflichtendes enthalten ist, beruht darauf, daß die empfangene Sache nicht leblos ist. Selbst wenn der Geber sie abgetreten hat, ist sie noch ein Stück von ihm.«[29] Und noch zugespitzter: »Woraus folgt, daß etwas geben soviel heißt, wie etwas von sich selbst geben.«[30] Das Opfer eines Tieres oder eines Landproduktes ist solange sinnvoll, solange die Gabe als ein Stück des Gebers angesehen werden kann, als sein Eigentum, in dem er sich selber gibt. In ähnlicher Weise hat R. de Vaux das alttestamentliche Opfer als Gabe charakterisiert:

> »Das Opfer ist ... mehr als ein Tribut. Es ist eine Gabe, aber besonderer Art, oder vielmehr, es ist das, was jede Gabe sein sollte, um einen sittlichen Wert zu haben: das Opfertier oder die Opfergaben sind Haustiere oder Erzeugnisse, die der Mensch braucht, mit denen er sein Leben unterhält, die wie ein Stück seines Lebens und seiner selbst sind. Er nimmt von sich, um zu geben; er verliert, aber er gewinnt, denn diese Gabe ist ein Pfand, das er von Gott nimmt. Nicht, als ob Gott dessen bedürfte, aber Gott bindet sich, indem er die Gabe annimmt.«[31]

Die Zerstörung der Opferwelt vollzieht sich in einem jahrhundertelangen Prozeß, in dem die unterschiedlichsten Faktoren wirksam werden. In Israel sind dabei vor allem politische und soziale Erfahrungen wirksam geworden. Der Zusammenbruch des davidisch-salomonischen Großreiches

29. M. Mauss, aaO. 25.
30. AaO. 26.
31. R. de Vaux O.P., Das Alte Testament und seine Lebensordnungen II, Freiburg 1960, 302f.

konnte, wenn man darin nicht die Niederlage Jahwes gegenüber den Fremdvölkern sehen wollte, nur so interpretiert werden, daß Jahwe in diesen Schicksalsschlägen die Sünden Israels bestrafen wollte; die politische Erfahrung verstärkte also das Sündenbewußtsein und vergrößerte damit den Abstand zwischen den Opferpartnern. Durch die Exilierung einzelner Bevölkerungsgruppen und die Zerstörung des Tempels wurde außerdem die Entwicklung anderer Kommunikationsformen gegenüber Jahwe erforderlich, nachdem im Zuge der Kultzentralisation das Opferwesen an den Tempel in Jerusalem gebunden war. Die Einwirkung politischer Ereignisse auf die Gestaltung, die Relativierung und die Aufhebung des Opferkults in Israel ist also unübersehbar.

Neben diesen politischen Erfahrungen sind es soziale Umwälzungen, die mindestens in bestimmten Kreisen zu einer skeptischen Einschätzung der priesterlichen Opferpraxis geführt haben. Jedenfalls ist die Kultkritik der klassischen Prophetie immer auch von der Forderung nach sozialer Gerechtigkeit begleitet, wobei man gar nicht zu entscheiden braucht, ob die angemessene soziale Praxis die kultische Praxis ergänzen oder ersetzen soll (Am 5,21–24; Mi 6,6–8; Jer 6,20; Jes 1,10ff). Zu dem Rückgriff Jesajas auf die Sprachform des priesterlichen Kultbescheids bemerkt W. Dietrich:

»In 1,10ff ahmt der Prophet den Priester nach, der die Tora erteilt – oder besser: er persifliert ihn. Er nennt seine radikale Ablehnung aller kultischen Bemühungen um die Gunst Jahwes ausdrücklich ›Tora‹ (1,10), doch nur, um sogleich zu zeigen, daß die üblichen ›Weisungen‹ der Priester lediglich von dem Problem ablenken, um das es wirklich geht: das soziale . . . Die Priester-Tora ist überflüssig geworden, benötigt wird eine neue Tora, eine Tora, die wirklich zur Befolgung des Willens Jahwes anweist. Und Jesaja erteilt solche Tora: In 1,16f ruft er zu Gerechtigkeit gegenüber den sozial Schwachen auf.«[32]

Neben diesen politischen und sozialen Umwälzungen, die auf das Opferwesen in Israel eingewirkt haben, ist die Rolle ökonomischer Veränderungen nicht zu unterschätzen. Wir wissen wenig über die Folgen, die sich im kultischen Bereich aus der Einführung des Geldes ergeben haben. Mag es ursprünglich sogar an den Heiligtümern entstanden sein, wie B. Laum in der Auswertung griechischer und indischer Quellen behauptet hat[33], und mag das Münzgeld erst relativ spät in den palästinensischen Raum eingedrungen sein[34], so läßt sich doch auch im Alten Testament eine Ent-

32. W. Dietrich, Jesaja und die Politik, BEvTh 74, München 1976, 216.
33. B. Laum, Heiliges Geld. Eine historische Untersuchung über den sakralen Ursprung des Geldes, Tübingen 1924; vgl. auch E. Will, Überlegungen und Hypothesen zur Entstehung des Münzgeldes, in: H. G. Kippenberg (Hg.), Seminar: Die Entstehung der antiken Klassengesellschaft, stw 130, Frankfurt 1977, 205ff.
34. Vgl. H. G. Kippenberg, Religion und Klassenbildung im antiken Judäa. Eine religionssoziologische Studie zum Verhältnis von Tradition und gesellschaftlicher Entwicklung, StUNT 14, Göttingen 1978, 49ff.

wicklung beobachten, die M. Noth als »Rationalisierung und Merkantilisierung« des Kultus beschrieben hat.

»Im Zug der Rationalisierung und Merkantilisierung lag es auch, daß Naturalabgaben in zunehmendem Maße durch Geldzahlungen ersetzt und damit mehr und mehr dem ursprünglichen Sinn der unmittelbaren Darbringung von Gütern, die dem Segen Gottes zu verdanken waren, entrückt wurden. Als das deuteronomische Gesetz die Einheit der Kultstätte forderte, gab es aus praktischen Gründen für die von dem nunmehr einzigen Heiligtum entfernt Wohnenden hinsichtlich der Abgabe des Zehnten vom Ernteertrag und der Erstgeburten von den Herden die Möglichkeit frei, die Abgabeobjekte am Wohnsitz zu verkaufen und für den Erlös am Ort des Heiligtums Entsprechendes wieder einzukaufen (Dtn 14,22–27). Dabei ist zwar noch grundsätzlich an der Naturalabgabe festgehalten; aber es werden doch schon nicht mehr die den Israeliten zuteil gewordenen Segensgüter dargebracht, vielmehr spielt ihr Geldwert schon eine wesentliche Rolle. Außerdem mußte sich bei der Durchführung dieser Regelung in der Umgebung des Heiligtums und im Zusammenhang mit ihm ein mehr oder weniger lebhafter Handel entwickeln (vgl. dazu Mk 11,15–17 par.). Weiterhin sind dann bestimmte Abgaben überhaupt nur noch in Geldzahlung erfolgt. Der Wortlaut von Lev 5,14–26 läßt sich nur so verstehen, daß hier als ›Schuldopfer‹ zur rituellen Reinigung von bestimmten Vergehen ein ›Widder in Geldwert‹ verlangt wird. Die seltsame Formulierung zeigt, daß die Geldzahlung ein Widder-Opfer, wie es eigentlich und ursprünglich fällig war, darstellen sollte; aber es wurde eben nicht mehr geopfert, sondern gezahlt. Ähnliches gilt für die Bestimmungen über die freiwilligen Weihgaben in Lev 27 (vgl. schon 2Kön 12,5), besonders für die Weihung von Personen an das Heiligtum, wie sie in alter Zeit ganz real geübt wurde (vgl. 1Sam 1,11.24ff); auch in Lev 27 ist an einen Ersatz der Weihgaben durch Geldzahlungen gedacht, bei der Personenweihe offenbar an laufende (jährliche) Geldzahlungen. Endlich ist auch an die Stelle der im ezechielischen Zukunftsentwurf vorgesehenen, aber wohl nie verwirklichten allgemeinen Abgabe von Sachwerten für die Bedürfnisse des Kults (Ez 45,13–17) eine in Geld zu zahlende Kopfsteuer getreten. Nach Neh 10,33f verpflichten sich unter dem Statthalter Nehemia die Repräsentanten der Jerusalemer Kultgemeinde, ›für den Dienst im Hause unseres Gottes‹ jährlich ›ein Drittel Sekel‹ zu zahlen; und in Ex 30,11–16 ist dann später für die nachexilische Gemeinde die von jedem über 20 Jahre alten ›Israeliten‹ zu zahlende Kopfsteuer auf einen halben Sekel festgesetzt worden, und zwar mit der Begründung, daß das ein ›Sühnegeld‹ sei, das jeder für alle Fälle zu erlegen habe. Daß das jährlich geschehen solle, wird an dieser Stelle nicht gesagt, ist aber selbstverständlich. In der nachexilischen Gemeinde hat man diese Steuer in geprägten Münzen zahlen können, wie sie im Perserreich üblich wurden, während vorher ›Geld‹ nur in jeweils abgewogenen Metallstücken auf der Grundlage des Silberwertes existierte. Die frühesten Münzprägungen in Israel waren möglicherweise speziell für die Zahlung der Tempelsteuer da, kamen aber auch so notwendig allgemein in Umlauf. Die in den Ruinen von Beth-Sur gefundene Münze aus der persischen Zeit weist als Legende außer dem Namen ›Jehud‹ (Juda), der sich auch auf anderen Münzen der gleichen Zeit findet, noch den Personennamen ›Jeheskia‹ auf, in dem man mit Wahrscheinlichkeit den Namen des damals amtierenden Jerusalemer Hohenpriesters vermutet hat.«[35]

Für das Gottesverhältnis hat das Aufkommen des Münzgeldes, auch wenn es zunächst in den Kult integriert worden ist, erhebliche Konsequenzen gehabt. Der Charakter des Tauschsystems verändert sich sozusagen von innen. Und dadurch, nicht aus politischen oder sozialen Gründen, hört

35. M. Noth, »Geld und Geist« im Kult des alten Israel, in: Festschrift E. H. Vits, Frankfurt 1963, 194ff.

der Opferkult auf, eine Möglichkeit zur Kommunikation mit dem biblischen Gott zu sein. Im einzelnen dürfte sich die Veränderung, die der Opferhandlung dabei widerfährt, an den folgenden Punkten festmachen lassen.

1. Im Zusammenhang mit der Einführung des Geldes[36] wird aus der Gabe eine Ware. Die Naturalien, die im Opferakt dargebracht wurden, sind nun in den Kreislauf des Warentausches eingeschlossen. Sie sind »Waren, weil doppeltes, Gebrauchsgegenstände und zugleich Wertträger«[37]. Weil sie nicht nur einen Gebrauchswert enthalten, sondern auch einen Tauschwert, der über das Geld vermittelt wird, haben sie auch ihren »hau« verloren. Sie sind nicht mehr Gabe, geprägt vom Geist ihres Gebers, sondern Gegenstände, deren Wert sich am Geld bemißt, unabhängig davon, ob sie geopfert oder gehandelt werden. Auf diese Weise gewinnen sie einen geheimnisvollen, pseudoreligiösen Charakter. Marx redet vom »Fetischismus, der den Arbeitsprodukten anklebt, sobald sie als Waren produziert werden, und der daher von der Warenproduktion unzertrennlich ist«[38]. Produkte, die Waren sind, kann ich im Grunde gar nicht mehr opfern, weil sie gar nicht mehr Teil meiner selbst sind.

2. Im Zusammenhang mit der Einführung des Geldes wird aus dem Produzenten ein Besitzer. Das aber bedeutet: Der Mensch, der Waren produziert, kann nun nicht nur opfern, er will es auch gar nicht mehr und kann es auch nicht mehr wollen. Das ergibt sich mit Notwendigkeit aus dem Tauschwert seiner Produkte als Waren.

> »Seine Ware hat für ihn keinen unmittelbaren Gebrauchswert. Sonst führte er sie nicht zu Markt. Sie hat Gebrauchswert für andre. Für ihn hat sie unmittelbar nur den Gebrauchswert, Träger von Tauschwert und so Tauschmittel zu sein. Darum will er sie veräußern für Ware, deren Gebrauchswert ihm Genüge tut.«[39]

Das Opfer, das ja immer Zerstörungsakte enthält, verliert jede Rationalität; denn Waren sind zum Verkauf und Verbrauch bestimmt, nicht aber zur Verschwendung. Eine Ware sperrt sich dagegen, zerstückelt oder verbrannt oder vergossen zu werden, es sei denn, man kann durch eine solche Aktion den Preis der Ware erhöhen. Der Besitzer, der weiter zu opfern versucht, macht den Austausch von Geschenken zum Handel.

3. Im Zusammenhang mit der Einführung des Geldes wird der Mammon zum Gott. Es ist nicht einfach zu begründen, daß das mehr als eine

36. Die bewußt umständliche Formulierung soll signalisieren, daß die Wirkungen des neuen Tauschmediums weder sofort sichtbar wurden noch monokausal bestimmbar sind.
37. K. Marx, Das Kapital 1, MEW 23, Berlin 1979, 62.
38. AaO. 87.
39. AaO. 100.

moralische oder religiös-erbauliche Feststellung ist. Immerhin verwendet Marx in diesem Zusammenhang gern ein theologisches Vokabular. Und das dürfte nicht nur metaphorisch gemeint sein. So heißt es in einem frühen Aufsatz aus den »Deutsch-französischen Jahrbüchern«:

»Das Geld ist der eifrige Gott Israels, vor welchem kein anderer Gott bestehen darf. Das Geld erniedrigt alle Götter der Menschen – und verwandelt sie in eine Ware. Das Geld ist der allgemeine, für sich selbst konstituierte Wert aller Dinge. Es hat daher die ganze Welt, die Menschenwelt wie die Natur, ihres eigentümlichen Wertes beraubt. Das Geld ist das dem Wesen des Menschen entfremdete Wesen seiner Arbeit und seines Daseins, und dieses fremde Wesen beherrscht ihn und er betet es an.«[40]

Im »Kapital« redet Marx von der »Magie des Geldes«[41], von der »Transsubstantiation«[42], die der Ware durch das Geld widerfährt, und zur Illustration des Mehrwerts in der Kapitalzirkulation greift er auf die kirchliche Trinitätslehre zurück.

Der Wert der Ware »unterscheidet sich als ursprünglicher Wert von sich selbst als Mehrwert, als Gott Vater von sich selbst als Gott Sohn, und beide sind vom selben Alter und bilden in der Tat nur eine Person, denn nur durch den Mehrwert von 10 Pfd. St. werden die vorgeschossenen 100 Pfd. St. Kapital, und sobald sie dies geworden, sobald der Sohn und durch den Sohn der Vater erzeugt, verschwindet ihr Unterschied wieder und sind beide Eins, 110 Pfd. St.«[43]

Das Geld ist also Götze im theologischen, transmoralischen Sinn[44]. Es ist menschliches Machwerk und doch von eminenter produktiver Potenz,

40. Zitiert nach F. Delekat, Vom Wesen des Geldes. Theologische Analyse eines Grundbegriffes in Karl Marx: »Das Kapital«, in: Marxismusstudien I, Tübingen 1954, 65.
41. K. Marx, aaO. 107.
42. AaO. 117f.
43. AaO. 169f.
44. G. Simmel, Philosophie des Geldes, München/Leipzig 1930[5], 238, nennt das Geld »das größte und vollendetste Beispiel für die psychologische Steigerung der Mittel zu Zwecken« und beschreibt dessen religiöse Dimension so: »Allein in Wirklichkeit hat das Geld, als das absolute Mittel und dadurch als der Einheitspunkt unzähliger Zweckreihen, in seiner psychologischen Form bedeutsame Beziehungen gerade zu der Gottesvorstellung, die freilich die Psychologie nur aufdecken kann, weil es ihr Privilegium ist, keine Blasphemien begehen zu können. Der Gottesgedanke hat sein tieferes Wesen darin, daß alle Mannigfaltigkeiten und Gegensätze der Welt in ihm zur Einheit gelangen, daß er nach dem schönen Worte des Nikolaus von Kusa die Coincidentia oppositorum ist. Aus dieser Idee, daß alle Fremdheiten und Unversöhnlichkeiten des Seins in ihm ihre Einheit und Ausgleichung finden, stammt der Friede, die Sicherheit, der allumfassende Reichtum des Gefühls, das mit der Vorstellung Gottes und daß wir ihn haben, mitschwebt. Unzweifelhaft haben die Empfindungen, die das Geld erregt, auf ihrem Gebiete eine psychologische Ähnlichkeit mit diesen. Indem das Geld immer mehr zum absolut zureichenden Ausdruck und Äquivalent aller Werte wird, erhebt es sich in abstrakter Höhe über die ganze weite Mannigfaltigkeit der Objekte, es wird zu dem Zentrum, in dem die entgegengesetztesten, fremdesten, fernsten Dinge ihr Gemeinsames finden und sich berühren; damit gewährt tatsächlich auch das Geld jene Erhebung über das

gegenüber den Dingen, gegenüber den Menschen, gegenüber sich selbst. Im Kapitalismus hat es die Dominanz über alle Lebensbereiche errungen. Es bestimmt das Schicksal des Individuums ebenso fundamental wie die Konflikte zwischen den Klassen und zwischen den Völkern. Hinsichtlich der gesellschaftlichen Prägekraft hat die Ökonomie die Religion verdrängt[45].

Im Zusammenhang mit der Einführung des Geldes ist wohl auch eine Entwicklung in Israel zu verstehen, die die Entlohnung des religiösen Personals betrifft und die in den einzelnen Etappen ansonsten ziemlich undurchsichtig bleibt. Selbstverständlich sind die Priester, die an den Heiligtümern tätig werden, zunächst durch einen bestimmten Anteil an den Opfergaben versorgt worden (Lev7,8–10; 1Sam2,13f). In dem Gabentausch zwischen Geber und Gott war der Priester als Vermittler eingeschaltet. Das blieb auch nach Einführung des Geldwesens so bestehen. Jedenfalls wird in Ri17 anschaulich beschrieben, wie der Ephraimit Micha für 200 Silber-Sekel ein privates Heiligtum ausstatten läßt und dann einen arbeitslosen Leviten engagiert, der auf Wanderschaft ist: »Bleibe bei mir und sei mir Vater und Priester. Ich gebe dir jährlich zehn Lot Silber, ferner die Ausstattung mit Kleidern und einen Lebensunterhalt« (Ri17,10). Ähnliche Regelungen werden am Staatsheiligtum in Jerusalem bestanden haben; denn die Priester am Tempel waren königliche Beamte (2Sam20,25f; 1Kön4,4).

Nicht zufällig entzündet sich die Auseinandersetzung zwischen Amos, dem ersten Schriftpropheten, und dem Priestertum auch an der Frage des Broterwerbs. Nachdem Amazja, der Priester in Bethel, den Amos wegen

Einzelne, jenes Zutrauen in seine Allmacht wie in die eines höchsten Prinzips, uns dieses Einzelne und Niedrigere in jedem Augenblick gewähren, sich gleichsam wieder in dieses umsetzen zu können« (240). – Vgl. auch N. O. Brown, Zukunft im Zeichen des Eros, Pfullingen 1962, 298: »Der Geldkomplex ist . . . Erbe und Ersatz des Religiösen. Ein Versuch, Gott in den Dingen zu finden.«

45. Vgl. die unverdächtigen, weil nicht marxistischen Aussagen bei F. Fürstenberg, Religionssoziologie einer Kritik des Geldes. Aspekte des Kapitalismusproblems, in: W.F. Kasch (Hg.), Geld und Glaube, Paderborn 1979, 136ff.: »Religionssoziologisch wäre hier zu bemerken, daß die ursprünglich religiös gebundenen sozialen Austauschprozesse mit Hilfe eines allmählich völlig entritualisierten und streng rationalisierten Geldgebrauchs säkularisiert werden. Ihr Regulativ sind dann nicht im Individuum verinnerlichte transzendentale Werte, sondern die funktionalen Erfordernisse des Tauschmechanismus. Geld als Rationalisierungsinstrument wirtschaftlicher Austauschprozesse hat auch einen Großteil sozialer Beziehungen aus der Kontrolle durch traditionelle Wertorientierungen gelöst und sie gleichzeitig in versachlichte Austauschprozesse umgewandelt« (138); an anderer Stelle spricht er von »der nachweisbaren Umwandlung der Abhängigkeit des Menschen von transzendentalen Systemen in eine Abhängigkeit von objektivierten sozio-technischen Systemen« (145).

Unruhestiftung am Königshof denunziert hat, gibt er ihm den Rat: »Seher, gehe, fliehe ins Land Juda; dort ist dein Brot und dort prophezeihe! In Bethel aber darfst du nicht mehr prophezeihen; denn das ist ein Königsheiligtum und ein Reichstempel« (Am 7,12ff). Der ordentlich installierte Priester verteidigt mit diesen Worten sowohl sein religiöses wie sein ökonomisches Privileg, das ihn allein zum Wirken am Heiligtum in Bethel berechtigt. Was die ökonomische Seite der Auseinandersetzung betrifft, kann Amos ihn freilich beruhigen; er hat einen handfesten Beruf und wird deshalb die Einkünfte des Priesters nicht schmälern (Am 7,14). Gerade weil er in ökonomischer Unabhängigkeit existiert, kann er die politischen, sozialen und religiösen Verhältnisse so radikal kritisieren.

Die innere Distanz, die sich in bestimmten Kreisen gegenüber dem aufkommenden Geld entwickelt haben muß, wird faßbar in einer der Elisa-Geschichten. Der Prophet hat den syrischen Offizier Naeman vom Aussatz geheilt, aber die Annahme eines Geschenkes verweigert: »So wahr der Herr lebt, in dessen Dienst ich steh: Ich nehme nichts« (2Kön 5,16). Gehasi, der Prophetenschüler, dagegen will die Gelegenheit nutzen, läuft der wegfahrenden Karawane nach und läßt sich zwei Talente Silber und zwei Festkleider aushändigen (2Kön 5,23). Daß er deswegen nach seiner Entdeckung durch den Propheten selber vom Aussatz befallen wird, ist wohl mehr als eine anekdotische Episode. Es zeigt sinnenfällig, was mit dem geschieht, der sich im Namen Jahwes auf den Geldempfang einläßt. Mit dem Geld empfängt der Prophetenjünger das, wovon der Prophet den heidnischen Hauptmann geheilt hat, den Aussatz[46].

III.

Daß das Thema der Pfarrerbesoldung in der neueren Theologie kaum behandelt wird, hatte ich hypothetisch mit der Annahme zu erklären ver-

46. Die lebensbedrohliche Wirkung des Umgangs mit Geld hat E. Bornemann, aaO. 421ff, mit dem Begriff »Midaskomplex« beschrieben: »Midas, König von Phrygien, erbat sich von Dionysos, den er als Gast gespeist hatte, daß alles, was er anfasse, sich in Gold verwandeln möge, und entdeckte dann zu spät, daß er nun weder essen noch trinken, weder lieben noch sich warm halten konnte, da Speise und Trank, Frauen und Kleidung sich bei seiner Berührung in kaltes, starres Gold verwandelten. – Nirgends in der abendländischen Mythologie ist die Widersinnigkeit, die zerstörende, alles Vitale negierende Wirkung des Geldes in komprimierterer Form beschrieben worden . . . Hier hat die Verdrängung des Gebrauchswertes durch den Tauschwert nicht nur den Nutzen der Wesen und Dinge negiert, sondern droht bereits, den Besitzer zu negieren: er stirbt am Geld, er verhungert, verdurstet, erfriert am Geld« (447). – Im biblischen Zusammenhang wäre vor allem an Mt 27,3ff, Apg 1,8 und 5,1ff zu erinnern.

sucht, gerade in diesem Bereich sei das Schuldbewußtsein des Theologen besonders groß, und zwar aus Gründen, die mit seiner beruflichen, seiner ethischen und seiner theologischen Identität zusammenhängen. Als Gehaltsempfänger gerät er, der Prophet sein möchte, in eine Reihe mit dem Priester. Wegen der Höhe seiner gesicherten Einkünfte wird er, der das Evangelium der Armen verkündigt, selber zum Reichen. Und sobald er sich auf den Umgang mit Geld einläßt, gerät er unter die Eigengesetzlichkeit eines Systems, das faktisch Weltherrschaft ausübt und zur Gegenmacht gegenüber den Ansprüchen und Verheißungen Gottes geworden ist. Die Tabuisierung des Themas zeigt, daß man in der Theologie solche Zusammenhänge ahnt, daß man sich aber derzeit noch außerstande sieht, ihnen angemessen zu begegnen[47]. Die Macht des Geldes über die Theologen ist gerade in deren Schweigen beängstigend groß.

Natürlich kann man sich schnell darüber verständigen, daß es zur gegenwärtigen Situation in der Kirche und außerhalb der Kirche keine realen Alternativen gibt. Pfarrer und Kirche können weder aus dem geschichtlichen Prozeß[48] noch aus dem gesellschaftlichen Kontext einfach aussteigen. Was man aber von der Kirche, die die wirklichkeitserschließende Kraft der biblischen Tradition zur Geltung bringen will, verlangen kann und verlangen muß, ist dies, daß sie die Tatsache der Macht der Ökonomie in der kapitalistischen Gesellschaft ernsthaft ins Auge faßt, daß sie die Zerstörungskraft dieser Macht, was die humanen Lebensbezüge auch im Bereich der Religion betrifft, ernsthaft analysiert und sich nicht mit öffentlichen Erklärungen begnügt, die auf eine Anerkennung des status quo und damit auf eine Unterwerfung der Religion unter die Ökonomie hinauslaufen.

Die These von W. Huber über die »Interessengebundenheit« der EKD, wie sie in ihren Denkschriften zum Ausdruck kommt, ist bisher nicht widerlegt.

»Die Tatsache, daß die Kirche sich in der Zusammensetzung ihrer Kammern sowie in der Zielsetzung ihrer sozialethischen Äußerungen einem System der ›Herrschaft der Verbände‹

47. Der Beitrag von W. F. Kasch, Geld und Glaube. Problemaufriß einer defizitären Beziehung, in: ders. (Hg.), Geld und Glaube, Paderborn 1979, 19ff, kann gegen seine Absicht diese These nur bestätigen; denn wer Geld als »Ausdruck und Verwirklichung menschlicher Freiheit« (36), als »das feinnervigste Instrumen des menschlichen Geistes, Inbegriff von Gerechtigkeit« (64) verkauft, hat die Problematik seines Themas noch gar nicht entdeckt.

48. Daß es im ersten Jahrtausend der Kirchengeschichte eine kritische Einstellung zum Reichtum der Kirche kaum gegeben hat, betont R. Staats, Deposita pietatis – Die Alte Kirche und ihr Geld, in: ZThK 76, 1979, 1ff: »Die Christen der ersten Jahrhunderte haben bei aller Jenseitserwartung ihre diesseitige Kirche sichtbar unterstützt. Der reiche Jüngling des Evangeliums wandelte sich zur reichen Kirche« (9).

anpaßt, wirkt sich auch im Inhalt ihrer Äußerungen aus. Die Denkschriften, die sich auf innenpolitische Probleme beziehen, stellen die gegenwärtige gesellschaftliche Machtverteilung nicht in Frage; sie kritisieren nicht die Mechanismen einer verselbständigten Herrschaft, die durch die Funktionäre gesellschaftlicher Verbände und Parteien ausgeübt wird; ihre gesellschaftspolitischen Vorschläge tangieren die Prämissen und bestimmenden Komponenten des gegenwärtigen sozio-ökonomischen Systems nicht.«[49]

Die theologische Blindheit gegenüber Problemen der Ökonomie[50] darf auch nicht dazu führen, daß die Kirche in der Besoldungsfrage zum Vorreiter einer Entwicklung wird, die letztlich einseitig zu Lasten der Lohnabhängigen geht. Dies jedenfalls scheint mir im Einspruch der Göttinger Theologiestudenten gegen kirchliche Pläne, die Pfarrerbesoldung zu senken und das als Modell für eine generelle Regelung zu empfehlen, unbedingt beachtlich zu sein. Die christliche Option für den Verzicht muß gegen einen Mißbrauch, der sie einseitig für bestimmte Interessen einsetzt, geschützt werden, wenn man die biblische Tradition nicht zur ideologischen Kaschierung sozialer Entwicklungen mißbrauchen will[51]. Heute steht die Problematik eines sozio-ökonomischen Systems, das auf permanentes Wachstum eingestellt ist, zur Diskussion und nicht die Verzichtleistung von Individuen, mit deren Hilfe dieses System am Leben erhalten werden soll.

Daß die Kirche den entsprechenden Regelungen in der Gesellschaft hinterherhinkt, zeigt nicht zuletzt der Streit um das Koalitionsrecht kirchlicher Arbeitnehmer und das damit verbundene Streikrecht. Was W. Kalisch vor 30 Jahren zum Kirchendienstrecht ausgeführt hat, dürfte auch heute noch die Meinung der meisten kirchlichen Leitungsorgane widerspiegeln:

»In der Kirche kann es keinen Streik geben, weil Christus der Herr der Kirche ist und alle Diener der Kirche im Dienste Christi stehen. Deshalb kann es auch keinen legitimen Gegensatz zwischen Kirchenleitung und Gesamtheit der kirchlichen Dienstnehmer und schon gar

49. W. Huber, Kirchliche Sozialethik und gesellschaftliche Interessen, in: Y. Spiegel (Hg.), Kirche und Klassenbindung. Studien zur Situation der Kirchen in der Bundesrepublik Deutschland, es 709, Frankfurt 1974, 197.
50. Vgl. auch Chr. Frey, Theologische Kriterien für die Gestaltung und Entwicklung der Wirtschaft, in: Sozialwissenschaftliches Institut der EKD (Hg.), Zwischen Wachstum und Lebensqualität. Wirtschaftsethische Fragen angesichts der Krisen wirtschaftlichen Wachstums, München 1980, 117ff.
51. Inwiefern auch die theologische Begrifflichkeit von der Ausbildung der Warenform geprägt worden ist, ist bislang ununtersucht geblieben; zur Entwicklung der Fragestellung vgl. G. Thomson, Die ersten Philosophen, Berlin 1968; A. Sohn-Rethel, Warenform und Denkform. Versuch über den gesellschaftlichen Ursprung des »reinen Verstandes«, in: ders., Warenform und Denkform. Mit zwei Anhängen, es 904, Frankfurt 1978, 103ff (1961), und R. W. Müller, Geld und Geist. Zur Entstehungsgeschichte von Identitätsbewußtsein und Rationalität seit der Antike, Frankfurt 1981[2].

nicht einen Machtkampf zwischen beiden oder gar zwischen Kirchenleitung und einer außerhalb der Kirche stehenden Arbeitnehmervereinigung geben. Deshalb ist der Tarifvertrag ein für den Kirchendienst nicht angemessenes Mittel zur Bestimmung des Inhalts der Einzelarbeitsverträge.«[52]

Die Logik solcher und ähnlicher Argumentationen folgt der Maxime, daß nicht sein kann, was nicht sein darf. Dem Charakter der Kirche als einer bruderschaftlichen Vereinigung unter der Herrschaft Christi würde es in der Tat besser entsprechen, wenn dort keine Interessengegensätze, aber auch keine Machtkonstellationen und keine Lehrdifferenzen auftreten würden. Wünschenswert sind diese Dinge alle nicht. Aber so wenig man das Vorhandensein von Lehrdifferenzen in der Kirche hinwegdefinieren und die Entscheidung darüber einfach den Kirchenleitungen überlassen kann, sowenig lassen sich Interessenkollisionen im ökonomischen Bereich durch eine christologische Definition der Kirche aus der Welt schaffen. Auch hier bedarf es der vernünftigen Konfliktregelung; und der Tarifvertrag samt eingeschlossenem Streikrecht ist ein sinnvoller Ausgleich für diejenigen Mitarbeiter der Kirche, die gegenüber den Organen kirchlicher Macht in der Position der Abhängigkeit und Unterlegenheit sind. Das Liebesgebot und die Verpflichtung des Glaubens zum Dienst schließen eine offene Vertretung der eigenen Interessen nicht aus. Oder wird die Liebe noch immer mit einer Demutshandlung, hier gegenüber der Kirchenobrigkeit, verwechselt?

Die Kirche sollte nicht in der Weise anders sein wollen, daß sie die Rechte ihrer Mitarbeiter auf unvertretbare Weise beschneidet. Das kirchliche Verhalten wird aber verständlich, wenn man das auf dem Hintergrund des pastoralen Erfahrungshorizontes sieht. Der Pfarrer braucht für die Erhöhung seiner Bezüge nicht zu kämpfen; dafür sorgen die Amtsbrüder in den Kirchenleitungen fast automatisch. Dadurch bleibt ihm aber eine elementare Erfahrung in der von den Gesetzen des Marktes beherrschte Wirtschaftswelt erspart. Was sich andere in zähen Verhandlungen und kostspieligen Streikaktionen erstreiten müssen, fällt ihm von selbst in den Schoß. Kein Wunder, wenn er für diejenigen, die sich für ihre ökonomischen Interessen einsetzen müssen, trotz guten Willens nur teilweise Verständnis aufbringt[53]. Er versteht sich selber ja kaum in seinem

52. W. Kalisch, Grund- und Einzelfragen des kirchlichen Dienstrechts, in: ZEvKR 2, 1952/53, 58.
53. Die Vielschichtigkeit kirchlicher Reaktionen auf einen Streik schildert anschaulich G. Brakelmann, Evangelische Pfarrer im Konfliktfeld des Ruhrarbeiterstreiks von 1905, in: Kirche in Konflikten ihrer Zeit. Sechs Einblicke, München 1981, 68ff.

eigenen Verhältnis zum Geld. Wie aber wäre dieses Verhältnis sachgemäß zu beschreiben?

Ein Stichwort, das den Sachverhalt vielleicht am ehesten trifft, heißt: unbewußte Gebrochenheit[54]. Damit meine ich: Der Pfarrer kann sich in seinem Beruf weder zu einer eindeutigen Jagd nach dem Geld noch zu einer eindeutigen Distanz gegenüber dem Geld entscheiden. Er hat, als hätte er nicht, aber nicht auf der Basis eschatologischer Freiheit, sondern wegen des untergründig wirkenden schlechten Gewissens. Er ahnt, daß im Mammon mehr steckt als ein Zahlungsmittel oder die Grundlage seines Lebensunterhalts. Aber den Schleier, der dieses Geheimnis umgibt, kann er weder theoretisch noch praktisch durchstoßen. Die mittelalterliche Lösung, die den Umgang mit dem bösen Geld den bösen Menschen, den Juden, überläßt, ist ihm versagt. In dem angenehmen Gefühl, ökonomisch bis an das Lebensende gesichert zu sein, stört ihn der Verdacht, daß der Preis für diese Sicherheit hoch sein möchte. Aber wie er nicht gelernt hat, für seine Interessen zu kämpfen, hat er auch nicht jenen inneren Kern gefunden, auf dessen Basis er seine Interessen auch einschränken kann. So bleibt er im Stand der Abhängigkeit, der Verwöhnung, und schnappt dankbar auf, was er von oben erhält, immer auch voller Angst, nicht genug zu bekommen.

Für diese Situation einen Ausweg versprechen zu wollen, wäre in hohem Maß töricht. Töricht deswegen, weil man den sozioökonomischen Kontext, in dessen Rahmen Pfarrer und Kirche existieren, weder durch theologische Reflexion noch durch individuelle Entscheidungen ändern kann. Was man vom Pfarrer, von der Theologie und von der Kirche verlangen kann und verlangen muß, ist die mühsame Arbeit daran, daß aus der unbewußten Gebrochenheit im Umgang mit dem Geld eine bewußte wird. Daß der Pfarrer anders sein soll, bedeutet ja letztlich den Wunsch, es möchte in seinem Leben jene menschliche Freiheit erscheinen, die nicht in Geld und Besitz ihren Grund hat, sondern in Gott. Daß er in der bürgerlichen Gesellschaft beides miteinander vereinbaren will, Geld und Gott, den prophetischen Anspruch und die priesterliche Absicherung[55], diesen

54. H. Zbinden, Der Christ und das Geld, in: ders., Humanismus der Wirtschaft, Bern/München 1963, 11, charakterisiert mit ähnlichen Worten die allgemeine christliche Einstellung zum Geld: »Einerseits erscheint das Geld als etwas Verächtliches, Unsauberes, manchem geradezu als sündhaft,als Teufelswerkzeug. Andererseits brauchen wir es, wollen wir nicht uns und die Unseren gefährden oder anderen zur Last fallen und also vom Geld der anderen leben.«

55. Dabei hat die pastorale Selbstinterpretation nach dem Leitbild des Propheten eine wesentliche Stütze im ökonomischen Bereich, nämlich in der Generalisierung des Pastoreneinkommens, wie sie seit dem vorigen Jahrhundert erfolgt ist; würden die religiösen

fundamentalen Zwiespalt seiner theologischen Existenz soll er sich klarmachen. Er kann dabei nicht nur etwas Wesentliches über sich selber, sondern auch Entscheidendes über die Widersprüche dieser Gesellschaft lernen.

Am Ende dieses Kapitels über den Pfarrer und sein Verhältnis zum Geld mag die Erinnerung an jene Wandermissionare stehen, die die christliche Botschaft im ersten Jahrhundert verbreitet haben:

»All diese Menschen hatten ihre bisherige soziale Welt verlassen. Eine große religiöse Unruhe, die ohne Zweifel in Zusammenhang mit den Konflikten der damaligen Gesellschaft steht, trieb sie auf die Straße, machte sie zu vagabundierenden Wanderpredigern, zu Außenseitern und ›outlaws‹. Hier, am Rande der Gesellschaft, suchten sie in oft exzentrischen Einsichten, Visionen, Dichtungen und Handlungen nach einer neuen Lebensform. Sie wußten sich als ›Salz der Erde‹. Und in der Tat waren sie das cor inquietum einer von Konflikten bestimmten Gesellschaft, waren sie der ›Geist geistloser Zustände‹ (K. Marx), Geist von Gruppen, über die sonst die Weltgeschichte mit Schweigen hinweggegangen ist. Aus ihrem Studium darf man wohl dies lernen: Wenn eine Religion aufhört, das cor inquietum einer Gesellschaft zu sein, wenn in ihr nicht mehr das Verlangen nach neuen Lebensformen lebendig ist, wenn sie zum Ungeist geistloser und geistlicher Zustände wird, dann dürfte die Vermutung einiges für sich haben, daß sie erloschen ist. Dann kann sie auch keine interpretatorische Kunst zum Leben erwecken. Dann stellt sich aber um so mehr die Frage: ›Wenn aber das Salz stumpf geworden ist, womit soll man dann salzen?‹ (Mt 5,13).«[56]

Dienstleistungen, wie teilweise im alten System der Stolgebühren, einzeln honoriert, würde die Attribution theologisch wertvoller Motive für den Vollzug solcher Akte noch sehr viel komplizierter; vgl. G. Schmidtchen, Die Geldphilosophie der jungen Generation. Ideen zu einer empirischen Untersuchung, in: W. F. Kasch (Hg.), Geld und Glaube, aaO. 109f.

56. G. Theißen, Legitimation und Lebensunterhalt. Ein Beitrag zur Soziologie urchristlicher Missionare, in: NTSt 21, 1975, 221, jetzt auch in: Studien zur Soziologie des Urchristentums, WUNT 19, Tübingen 1979, 230.

Der Pfarrer und die Sexualität

Der Pfarrer ist anders. Was als Forderung und Befürchtung, als Sehnsucht und Abwehrhaltung in diesem Satz zusammengefaßt ist, spitzt sich zu in jenem Bereich menschlicher Existenz, in dem die Andersartigkeit des anderen als besonders beglückend und als besonders bedrohlich erfahren wird, in der Sexualität. »Das andere Geschlecht«[1] beschäftigt die »Männerphantasien«[2] in der Spannweite der persönlichen, politischen und religiösen Bilder zwischen Madonna und Hure Babylon; und daß einer in seiner sexuellen Praxis anders geartet ist, läßt ihn in Gesellschaft und Kirche auch immer zum Abartigen, zum Außenseiter[3] gestempelt werden.

Es mag mit der allgemeinen Veränderung der sexuellen Verhaltensnormen[4] zusammenhängen, daß in den letzten Jahren einzelne Aspekte aus dem Intimbereich des Theologen ins Blickfeld der kirchlichen Diskussion geraten sind, und zwar insbesondere bei Vertretern der mittleren und der jüngeren Generation:

- eine ledige Mutter muß darum kämpfen, in die Liste der Theologiestudenten ihrer Landeskirche aufgenommen zu werden;
- Vikare bekommen Schwierigkeiten, wenn sie einen römisch-katholischen Partner heiraten wollen;
- vor der Ordination werden die, die in einer offenen Beziehung leben, mit mehr oder weniger großem Druck zur Eheschließung gezwungen;
- ob der Pfarrer das Pfarrhaus mit einer Wohngemeinschaft teilen darf, ist zumindest umstritten[5];

1. S. de Beauvoir, Das andere Geschlecht. Sitte und Sexus der Frau, Hamburg 1951.
2. K. Theweleit, Männerphantasien 1, Frankfurt 1977, 40, über das Verhältnis soldatischer Männer zu Frauen: »Darin fällt eine merkwürdig ambivalente Affektivität auf. Sie schwanken zwischen intensivem Interesse und kühler Gleichgültigkeit, Aggressivität und Verehrung, Haß, Angst, Fremdheit und Begehren« – der Satz gilt natürlich nicht nur für diesen Kreis.
3. H. Mayer, Außenseiter, Frankfurt 1975, 169ff.
4. Vgl. G. Barczay, Revolution der Moral? Die Wandlung der Sexualnormen als Frage an die evangelische Ethik, Zürich 1967, und A. Grabner-Haider, Eros und Glaube. Ansätze einer erotischen Lebenskultur, München 1976.
5. Vgl. M. Josuttis, Pfarrhaus und alternativer Lebensstil. Eine Kontroverse zwischen Theologiestudenten und Kirchenleitung, in: R. Riess (Hg.), Haus in der Zeit. Das evangelische Pfarrhaus heute, München 1979, 113ff.

- die Zahl der Disziplinarverfahren gegen Theologen, die außereheliche Beziehungen unterhalten haben[6], scheint, jedenfalls in einzelnen Landeskirchen, zugenommen zu haben;
- ebenso ist die Zahl der Ehescheidungen auch unter den Pfarrern beträchtlich gewachsen;
- schließlich wird im Anschluß an einen konkreten »Fall« einigermaßen heftig erörtert, inwieweit man auch Menschen, die Homosexualität praktizieren, zum kirchlichen Dienst zulassen kann.

All diese Probleme und Fälle signalisieren, daß auch die jungen protestantischen Theologen vom gegenwärtigen Wandel sexualethischer Orientierungslinien erfaßt sind. Das mag bei manchen Gelegenheiten die viel berufene Unruhe in der Gemeinde ausgelöst haben. Das hat aber auf jeden Fall zu Reaktionen auf seiten der Kirchenbehörden geführt, die teils von einem vorsichtigen Bemühen um ein Verstehen der neuen Entwicklung, teils aber auch und gerade in ihrer Rigidität von einer großen Unsicherheit bestimmt sind. Was einmal einen wichtigen Bestandteil des protestantischen Fortschrittsgefühls gebildet hat, nämlich die positive familiale Integration der Sexualität in den religiösen Beruf, ist neuerdings zum Konfliktstoff geworden.

Für eine zeitgemäße Pastoraltheologie bedeutet das: Sie kann sich weder in der Weise der Väter mit Hinweisen zur Wahl der Pfarrfrau begnügen[7], weil die Regulativa der Pfarrerehe als Selbstverständlichkeiten vorgeprägt sind; noch kann sie sich ohne weiteres auf eine abstrakte Reflexion ethischer Normen einlassen, solange das konkrete Berufsfeld, in dem diese Normen zur Geltung kommen sollen, in seiner selbst schon normativen Struktur unberücksichtigt bleibt. Weil alle Probleme, die mit der Sexualität des Pfarrers[8] im Zusammenhang stehen, bei einem extremen Beispiel am ehesten sichtbar werden, habe ich als Exempel den Fall des homosexuellen Pfarrers gewählt.

6. Vgl. D. Stollberg, Von der Glaubwürdigkeit des Predigers, oder: Das Proprium christlicher Predigt und die Glaubwürdigkeit des Zeugen, in: WPKG 68, 1979, 9ff.
7. S. z.B. H. Bezzel, Der Dienst des Pfarrers, Neuendettelsau 1926[3], 115f, W. Löhe, Der evangelische Geistliche, in: Gesammelte Werke 3, Neuendettelsau 1958, 127ff, und Chr. Palmer, Evangelische Pastoraltheologie, Stuttgart 1863[2], 158ff.
8. Eine Überprüfung der von K. Thomas, Handbuch der Selbstmordverhütung, Stuttgart 1964, 298ff, verbreiteten Angaben über die Sexualität im Pfarrhaus wäre wünschenswert – trotz der Problematik empirischer Erhebungen auf diesem Gebiet; vgl. dazu G. Bataille, Kinsey, die Unterwelt und die Arbeit, in: Der heilige Eros, Ullstein-TB 3079, Frankfurt 1979, 145ff.

I.

In vielen Kulturen wird vom Träger einer religiösen Rolle total oder partiell sexuelle Abstinenz verlangt. Zu den Tabus, die die Magier auf dem Trobriand-Inseln zu beachten haben, gehört nicht nur die Einhaltung bestimmter Speisevorschriften, sondern auch die zeitlich begrenzte sexuelle Enthaltsamkeit[9]. In der griechischen Religiosität gilt ähnliches für die Präparations-Riten bei Jagd, Krieg und Opfer, aber auch für die Vorbereitung zu den Wettspielen und den Mysterien[10]. Die Brahmanen-Priesterin auf Bali ist dem sozialen Zwang zu Eheschließung und Mutterschaft entzogen[11]. E. Fehrle sagt über »Die kultische Keuschheit im Altertum«: »Es war allgemeiner Glaube der antiken Menschen, daß man bei religiösen Begehungen rein sein müsse. Ebenso verbreitet war durch das ganze Altertum die Anschauung, daß geschlechtlicher Verkehr beflecke.«[12]

Auch im Alten Testament ist der Zugang zu heiligen Orten und Gegenständen wie dem Gottesberg (Ex 19,15) und den Schaubroten (1Sam 21,5) durch Tabu-Vorschriften geregelt, die vorhergehenden Geschlechtsverkehr verbieten. Verunreinigung durch nächtlichen Samenerguß schließt vom Kult aus (Lev 15,16–18). Speziell der Priester unterliegt auch bestimmten Beschränkungen bei der Auswahl der Ehefrau (Lev 21,7–13). Und dem Propheten Jeremia wird die Eheschließung überhaupt untersagt (Jer 16,2).

Verständlich werden diese Tabuisierungen erst, wenn man die Komplexität und Ambivalenz im Verhältnis zwischen »Religion und Eros«[13] in Rechnung stellt. In beiden Bereichen erfährt der Mensch die Möglichkeit der Entgrenzung, die Chance, anderes zu erleben[14]. Deshalb kann er einerseits religiöse und sexuelle Transzendierungspotenz, wie im Kult der Muttergottheit und in der heiligen Hochzeit, addieren. Er kann aber auch die Konkurrenz beider Bereiche betonen und, weil sexuelle Praxis angeb-

9. B. Malinowski, Argonauten des westlichen Pazifik. Ein Bericht über Unternehmungen und Abenteuer der Eingeborenen in den Inselwelten von Melanesisch-Neuguinea, Frankfurt 1979, 445f.
10. W. Burkert, Homo Necans. Interpretationen altgriechischer Opferriten und Mythen, RGVV XXXII, Berlin 1972, 72ff.
11. M. Mead, Mann und Weib. Das Verhältnis der Geschlechter in einer sich wandelnden Welt, rde 69/70, Hamburg 1958, 141f.
12. E. Fehrle, Die kultische Keuschheit im Altertum, RGVV VI, Berlin 1910 (Nachdruck 1966), 25.
13. W. Schubart, Religion und Eros, München 1966; vgl. auch D. Savramis, Religion und Sexualität, München 1972.
14. Eine moderne Kombination von Religion und Sexualität bei G. Bataille, Das obszöne Werk, Reinbek 1977, und ders., Der heilige Eros, Ullstein-TB 3079, Frankfurt 1979.

lich verunreinigt oder schwächt, geschlechtliche Abstinenz als Voraussetzung der heiligen Handlung fordern.

Daß es dabei nicht einfach um ethische oder gar hygienische Postulate geht, zeigt die Tatsache, daß die Vorstellungen über die Gottheit und die Einschätzung der Sexualität oft miteinander verquickt sind. Die rigorose Asexualität Jahwes, die die alttestamentliche Rede von Gott bestimmt, erlaubt auf der einen Seite gewiß, die Geschlechtlichkeit des Menschen als einen Teil seiner Geschöpflichkeit zu verstehen[15]. Sie bietet aber mit der Entgöttlichung der Sexualität zugleich auch die Möglichkeit für deren spätere Dämonisierung. Daß der asexuelle Gott dann doch nicht als geschlechtsneutrales, sondern als männliches Wesen vorgestellt wird, dürfte sowohl mit dem patriarchalischen Herrschaftsanspruch des Mannes gegenüber der Frau als auch mit seiner dahintersteckenden Angst vor der Frau zu begründen sein[16]. Daß das frühe Christentum alsbald das alte Motiv von der asexuellen Zeugung des Erlösers in einer unberührten Jungfrau übernommen hat, drückt ein doppeltes Bemühen aus: die Sphäre der Gottheit bleibt auch hier von jeder sexuellen Befleckung befreit, und die Frau bleibt, nicht nur in der Heilsgeschichte, auf die Rolle der reinen (!) Mutter beschränkt.

So hängt es nicht nur mit den asketischen Idealen zusammen, die in die christliche Tradition teilweise auch von außen eingeflossen sind[17], sondern ist auch in der Gottesvorstellung begründet[18], daß der kirchliche

15. Vgl. E. S. Gerstenberger, Mann und Frau im Alten Testament, in: E. S. Gerstenberger / W. Schrage, Mann und Frau, Kohlhammer-TB Biblische Konfrontationen 1013, Stuttgart 1980, 87ff.

16. Wie man aus dem patriarchalischen Gesellschaftsmodell eindeutige pastoraltheologische Konsequenzen ableiten kann, zeigt W. Neuer, Mann und Frau in christlicher Sicht, Gießen 1981, 162: »Weil Gott *Vater* ist, ist Jesus als wesensgleiche Zeugung Gottes *Sohn*, weil Jesus Sohn ist, mußte er bei der Menschwerdung *Mann* werden, weil Jesus Mann war, konnten ihn nur *männliche* Apostel und Gemeindeleiter repräsentieren. Da es zum Wesen des kirchlichen Hirtenamts gehört, Christus als Hirten der Gemeinde darzustellen, ist ein gemeindeleitendes Pfarramt der Frau in sich unmöglich.« Bei aller Ablehnung einer solchen Argumentation, die auch hermeneutisch auf einem patriarchalischen Offenbarungsmodell beruht, sollte man nicht übersehen, daß die Tätigkeit von Frauen in religiösen Leitungsfunktionen auch als Ausdruck der Randständigkeit von Religion für eine Gesellschaft, die ansonsten von Männern beherrscht wird, gewertet werden kann. Zur Rolle der Frau in der Religion s. F. Heiler, Die Frau in den Religionen der Menschheit, Berlin 1977; zur Mütterlichkeit des trinitarischen Vatergottes vgl. J. Moltmann, Trinität und Reich Gottes. Zur Gotteslehre, München 1980, 181f..

17. Vgl. W. G. Cole, Sexualität in Christentum und Psychoanalyse. Vergleich und Orientierung, München 1969.

18. Auf den sachlichen Zusammenhang von Dogmatik und Ethik hat bekanntlich insbesondere K. Barth hingewiesen; vgl. W. Kreck, Grundfragen christlicher Ethik, München 1975, 15ff.

Amtsträger unter speziellen Beschränkungen seiner Geschlechtlichkeit steht. Dabei haben sich in der Entwicklung der großkirchlichen Konfessionen drei unterschiedliche Lösungen des Problems ergeben:

- der generelle Zölibat im Katholizismus[19];
- die Pflicht zum Zölibat für den höheren, die Freigabe der Ehe für den niederen Klerus in der Orthodoxie;
- und die generelle Freigabe der Ehe im Protestantismus.

Auf die geschichtlichen und psychosozialen Hintergründe dieser Lösungskonstellationen kann ich im einzelnen hier nicht eingehen[20]. Immerhin zeigt das Beispiel der östlichen Kirchen, wie eng der Sexualbereich auch im kirchlichen Raum mit der Machtsphäre verknüpft ist, wenn nämlich nur diejenigen, die ehelos bleiben und also sich selber be-herrschen, in die Hierarchie aufrücken dürfen. Der Verzicht auf die Frau kann, wie die Untersuchung von K. G. Rey über die römisch-katholischen Priester gezeigt hat[21], zu einer um so stärkeren Bindung an die Institution der Kirche führen. Aber auch der protestantische Pfarrer kann ja, weil er in der Regel für eine ganze Familie zu sorgen hat, in eine Abhängigkeit gegenüber den kirchlichen Aufsichts- und gemeindlichen Leitungsorganen geraten.

Überhaupt ist der protestantische Pfarrer den Spannungen, die im Schnittbereich zwischen Religion und Sexualität bestehen, nicht schon dadurch entzogen, daß ihm die Ehe erlaubt ist. Im Unterschied zum römisch-katholischen Priester ist er einerseits den normalen Gemeindegliedern nähergerückt. Aber das Postulat, der Repräsentant von Religion

19. Zur innerkatholischen Diskussion vgl. O. Schreuder (Hg.), Der alarmierende Trend. Ergebnis einer Umfrage beim gesamten holländischen Klerus, München/Mainz 1970; F. W. Menne, Kirchliche Sexualethik gegen gesellschaftliche Realität. Zu einer soziologischen Anthropologie menschlicher Fruchtbarkeit, München/Mainz 1971; S. H. Pfürtner, Kirche und Sexualität, rororo 8039, Reinbek 1972; W. Leinweber, Der Streit um den Zölibat im 19. Jahrhundert, Münster 1978.
20. M. Weber, Wirtschaft und Gesellschaft. Grundriß der verstehenden Soziologie I, Tübingen 1956[4], 363, führt Standesinteressen, ökonomische Gesichtspunkte sowie mystische und asketische Überlegungen an: »Für das Priesterzölibat (ist) wesentlich einerseits die Notwendigkeit, die ethische Leistung der Amtsträger nicht hinter den asketischen Virtuosen (Mönche) zurückstehen zu lassen, andererseits aber das hierarchische Interesse an der Vermeidung des faktischen Erblichwerdens der Pfründe maßgebend gewesen ... Entweder gilt die sexuelle Abstinenz als zentrales und unentbehrliches Mittel mystischer Heilssuche durch kontemplative Abscheidung von der Welt, deren intensivste Versuchung eben dieser stärkste, an das Kreatürliche bindende Trieb darstelle: Standpunkt der mystischen Weltflucht. Oder die asketische Annahme: daß die rationale asketische Wachheit, Beherrschtheit und Lebensmethodik durch die spezifische Irrationalität dieses einzigen, wenigstens in seiner letzten Gestalt niemals rational formbaren Aktes am meisten gefährdet werde.«
21. Vgl. K. G. Rey, Das Mutterbild des Priesters. Zur Psychologie des Priesterberufes, Zürich 1969, bes. 133ff.

müsse das andere Leben gerade auch in der Sexualität demonstrieren, gilt nach wie vor auch für ihn[22]. Während der Priester – in Analogie zur christlichen Gottphantasie – in eine asexuelle Rolle hineingezwängt wird, soll der Pfarrer den Konflikt zwischen Sexualität und Sozialität in einer gelungenen, harmonisch verlaufenden Ehe aufheben. Gegenstand von idealisierenden Projektionen sind beide religiöse Gestalten[23]. Der eine ist an die Seite Gottes geraten und muß deshalb auf sexuelle Praxis verzichten. Der andere steht der Gemeinde näher, aber sein Sexualleben muß strikt nach den Normen der bürgerlichen Ehe gestaltet sein, deren ideale Erfüllung darstellen. Der Pfarrer ist anders. Der alternative Lebensstil, der von ihm erwartet wird, ist der ideale Vollzug der Normalität. Wenigstens er soll positiv repräsentieren, was in so vielen Fällen und immer mehr scheitert: das Glück im Gelingen der bürgerlichen Familie. Und selbst wenn die zunehmenden Schwierigkeiten der Pfarrerehen in den betroffenen Gemeinden zunächst auf viel Verständnis stoßen, lösen sie wohl auch viele, oft verborgen bleibende schmerzliche Enttäuschungen aus[24].

Daß dem Pfarrer in dieser Hinsicht noch immer besondere Erwartungen gelten, zeigt ein Vergleich mit anderen repräsentativen Figuren. Bei den meisten Berufsgruppen, auch bei denen, die im öffentlichen Leben stehen, respektiert die Gesellschaft, daß das Sexualverhalten in die Intimsphäre der Privatexistenz gehört[25]. Von den Amouren führender Politiker berichtet selbst die Presse erst dann, wenn sie mit kriminellen Delikten, wie Geheimnisverrat, im Zusammenhang stehen oder zur Auflösung bzw. Neubildung ehelicher Verhältnisse führen. Auch die beamtenrechtliche Normierung dieses Bereiches, die es früher gegeben hat, ist faktisch

22. Vgl. Chr. Palmer, aaO. 157: »der katholische Priester stellt sich als Cölibatär hoch über die Linie der Menschlichkeit: der evangelische Geistliche soll und will das nicht; gerade der nüchternen, alles Hierarchische ausschließenden Auffassung des Amtes entspricht auch die Ehe des Geistlichen, wodurch er sich allen andern gleichstellt, aber nicht um zu ihnen herabzusteigen, sondern sie zu sich und mit sich emporzuziehen«.

23. Vgl. aber auch R. Leuenberger, Berufung und Dienst. Beitrag zu einer Theologie des evangelischen Pfarrerberufes, Zürich 1966, 232: »Viel Verkrampfung in Pfarrfamilien kommt davon her, daß deren Weltlichkeit heimlich nicht zugegeben wird, und also nicht ihre Versuchbarkeit und Brüchigkeit. Pfarrerehe und Pfarrfamilie können wohl ein Stück christlicher Gemeinde sein, aber das heißt ja gerade, daß sie nicht aus dem guten Werk, sondern aus der Vergebung leben müssen. Darin, und nicht in einer christlich-idealen Vorbildlichkeit, liegen der christliche Sinn und die geistliche Notwendigkeit der Pfarrerehe.«

24. K.-F. Daiber verdanke ich die Beobachtung, daß die meisten Gemeinden die Ehescheidung des Pfarrers einigermaßen verständnisvoll akzeptieren, aber bei der nächsten Konfliktkonstellation gegenüber dem Pfarrer umso heftiger reagieren.

25. Zur Diskriminierung Homosexueller am Arbeitsplatz vgl. die Beiträge von R. Lautmann und G. Gollner in: R. Lautmann, Seminar: Gesellschaft und Homosexualität, stw 200, Frankfurt 1977, 93ff und 105ff.

außer Kraft und tritt, etwa im Falle des Lehrers, nur bei Beziehungen zu abhängigen Personen in Geltung. Im Unterschied zu anderen Berufen interessiert sich für das Sexualleben des Pfarrers, soweit es nicht in den Bahnen eines geordneten Familienlebens verläuft, nicht nur der öffentliche Klatsch; bei ihm werden Abweichungen von den offiziellen sozialen Normen von offiziellen Instanzen, wie Kirchengemeinderat, Landeskirchenamt und kirchlicher Disziplinarkammer, registriert, verhandelt und mit Sanktionen belegt. Die menschlichen Schwächen, die man sonst jedermann zugesteht, sind dem Pfarrer verboten. Offensichtlich bedroht sein abweichendes Verhalten die gesellschaftliche und kirchliche Ordnung viel stärker, als es bei deren Übertretung durch andere der Fall ist. »Ich bin kein Heiliger«, hat ein führender Bonner Politiker aus gegebenem Anlaß bekannt, und man hat das ohne großen Widerspruch akzeptiert. Soll der Pfarrer auch heute noch ein »Heiliger« sein?

Wer nach den Gründen dafür fragt, daß ausgerechnet das Sexualleben des Pfarrers noch immer die Aufmerksamkeit der Öffentlichkeit erregt, wird sich zweier Tatbestände erinnern müssen, die dabei meiner Vermutung nach eine wesentliche Rolle spielen. Auf der einen Seite gibt es einen breiten Strom in der kirchlichen Tradition, der dergestalt auf die Sexualität fixiert ist, daß er Sexualität und Sünde sehr stark miteinander identifiziert[26], was etwa die Aussagen über Wesen und Weitergabe der Erbsünde seit Augustin belegen[27]. Dementsprechend muß jede Veränderung des Sexualverhaltens, die sich von den überlieferten Normen abhebt, Angstreaktionen erzeugen und Konflikte provozieren. Auf der anderen Seite ist es aber gerade eine grundlegende Funktion von Religion, jedenfalls im Gefolge des Christentums, in utopischen Konkretionen einen Lebensbereich darzustellen, der den Rahmen menschlicher Grundkonflikte in Politik und Geschlechtlichkeit transzendiert. Eben deshalb wird vom Pfarrer erwartet, daß er sich in der Öffentlichkeit sowohl einer deutlichen Stellungnahme zu politischen Tagesfragen und zwischenparteilichen Kontroversen enthält als auch in seinem Privatleben von allen Verstrickungen, in die

26. Diese Tendenz zur Abwertung der Sexualität macht sich bemerkbar, wenn etwa G. Huntemann, . . . und was die Bibel dazu sagt. Weg und Irrweg der Sexualität, Gütersloh 1964, trotz der knalligen Überschrift »Gott schuf auch den Sex« (76) Ergebnisse der Sexualwissenschaft höchst einseitig kommentiert: »Der Kinsey-Report hat festgestellt, daß bei entschieden religiös gebundenen Menschen, nämlich bei orthodoxen Juden, strenggläubigen Katholiken und aktiven Protestanten, die sexuelle Betätigung um ein Drittel geringer ist als bei anderen Menschen. Dieses – so sehr grob klingende – ›Ergebnis‹ ist ein Zeichen dafür, daß der durch den Glauben gebundene Mensch Herr seines Leibes sein kann« (93f).

27. Vgl. J. Groß, Entstehungsgeschichte des Erbsündendogmas. Von der Bibel bis Augustinus, München 1960, 319ff.

sexuelle Praxis einen Menschen verführen kann, zu bewahren weiß. Der Pfarrer soll anders sein, das bedeutet auch und vor allem: Er soll in einem Bereich existieren, der jenseits unserer politischen und sexuellen Konflikte liegt.

II.

Wie aber gewinnt man in der Kirche Maßstäbe für das Sexualverhalten, das der Pfarrer in idealisierter Normalität leben soll? Wie vor allem begründet man theologisch das Postulat, dem kirchlichen Amtsträger sei sexuelle Praxis nur im Rahmen der Ehe gestattet, um mit diesem Argument andere Formen gestalteter Partnerschaft wie die offene Beziehung, die Wohngemeinschaft im Pfarrhaus oder die gleichgeschlechtliche Lebensgemeinschaft auszuschließen? Die »Gedanken und Maßstäbe zum Dienst von Homophilen in der Kirche«, am 9. 1. 1980 von der Kirchenleitung der VELKD veröffentlicht, bieten ein gutes Beispiel für die Verlegenheit, in der sich die kirchlichen Leitungsorgane gegenüber den neuen Entwicklungen befinden[28].

Was an der Argumentationsstruktur dieser sich selber so nennenden »Orientierungshilfe« am meisten auffällt, ist das ständige Schwanken zwischen biblisch-theologischen Positionen und humanwissenschaftlichen Erkenntnissen. Am liebsten zitiert man beide Instanzen, biblische Tradition und menschliche Erfahrung, in Koalition. So heißt es im ersten Abschnitt der »Grundlegung« gleich zweimal: »Nach biblischem Urteil wie kultureller Erfahrung ist es sinnvoll und gut, wenn sich die Sinngehalte der Sexualität im Streben nach menschlicher Gemeinschaft erschließen.« – »Nach dem Willen des Schöpfers und aufgrund menschlicher Erfahrung kommt das Streben nach sexuellem Glück in keiner Gestalt der Gemeinschaft so zur Erfüllung wie in der Gemeinschaft von Mann und Frau in der Ehe« (1.1). Gern läßt man sich von den anderen Wissenschaften die Unzulänglichkeit einer homophilen Partnerschaft bestätigen: »Schon von dieser Einschränkung der Partnerbeziehungen her kann es als verständlich gelten, daß z.B. im Bereich der psychologischen Praxis die Homophilie

28. Veröffentlicht in: Texte aus der VELKD 11/1980; vgl. auch die kritischen Reaktionen von H.-G. Wiedemann, Homosexuelle Partnerschaft als Amtspflichtsverletzung? in: Junge Kirche 41, 1980, 329ff; W. Koch, Darf eine Gemeinde wissen, daß sie einen homosexuellen Pfarrer hat?, in: DtPfBl 80, 1980, 630ff; sowie die Stellungnahme der Gesellschaft zur Förderung sozialwissenschaftlicher Sexualforschung (Düsseldorf) vom 23. 3. 1980.

weitgehend als therapiebedürftig angesehen wird« (1.3). Und selbst da, wo man sich von einzelnen biblischen Aussagen in apologetischer Absicht vorsichtig distanziert, folgt der Hinweis auf eine gottgewollte Ordnung menschlicher Sexualbeziehungen: »Aussagen in der Bibel – z.B. in Röm 1,26–27 – beruhen nicht auf einer differenzierten Auseinandersetzung mit dem Phänomen der Homophilie. Sie sind aber auch nicht nur Ausdruck sexualpessimistischer Zeitströmungen, sondern weisen vielmehr auf eine Ordnung hin, die der Schöpfer seinen Geschöpfen gegeben hat« (1.4). So basiert diese kirchliche Erklärung, auch wenn das Stichwort selbst kennzeichnenderweise direkt nie verwendet wird[28], auf der Anschauung von einer biblisch fundierten Schöpfungsordnung »Ehe«, die gegenüber modernen Gestaltungsformen menschlicher Sexualgemeinschaft zu verteidigen ist: »Heute stellt sich die Frage, ob neben Ehe und Familie andere gesellschaftliche Lebensformen, in denen sich vor allem der einzelne verwirklicht, eine Geltung erhalten können und sollen. Aufgrund des biblischen Zeugnisses können sie aber keine ›gleichwertige‹ oder zu fördernde Alternative zur Ehe oder zur freiwilligen Ehelosigkeit in einer christlichen Gemeinschaft sein« (3.2).

Natürlich ist es kein Zufall, daß das Stichwort »Schöpfungsordnung« mittlerweile auch in einer Erklärung der VELKD vermieden wird. Dazu ist es durch seine Verwendung in den politischen und kirchenpolitischen Auseinandersetzungen der NS-Zeit zu sehr diskreditiert; außerdem haben wichtige sozialethische Entwürfe den Begriff inzwischen durch die Rede von den Mandaten[30], den Institutionen[31] oder den gesellschaftlichen Sektoren[32] zu ersetzen versucht. Der Verzicht auf die Verwendung des Begriffs darf freilich nicht darüber hinwegtäuschen, daß man der Sache nach an der Vorstellung einer permanent gültigen Sozialstruktur, »Ehe« genannt, und ihren klassischen Kennzeichen der verschiedengeschlechtlichen Zweisamkeit und der lebenslangen Unauflöslichkeit festhält. Nun

29. Selbst die energische Stellungnahme »Das Gesetz des Staates und die sittliche Ordnung« von 1970, die in die Reform des Eherechts und des Strafrechts eingreifen wollte, sagt nur: »Für die Ordnung von Recht und Gesellschaft gibt es sittliche Wertvorstellungen, die von allgemeiner Gültigkeit sind. An sie ist auch der Gesetzgeber gebunden« (Gütersloh/Trier 1970, 12). In der vorliegenden VELKD-Erklärung kommt das obrigkeitsorientierte Ordnungsdenken in der Formulierung zum Ausdruck, daß in der Nachkriegszeit »den Bürgern und ihren gesellschaftlichen Gruppen und Organisationen neue Freiräume eröffnet« wurden (3.1), während sich doch in Wirklichkeit die Bürger durch ihr Parlament selber für liberalere Regelungen entschieden haben.
30. D. Bonhoeffer, Ethik, hg. v. E. Bethge, München 1966[7], 220ff.
31. E. Wolf, Sozialethik. Theologische Grundfragen, Göttingen 1975, 168ff.
32. Y. Spiegel, Hinwegzunehmen die Lasten der Beladenen. Einführung in die Sozialethik 1, München 1975, 189ff.

gibt es sehr viele, sehr gute Gründe, dieser Form von Partnerschaft als einen Höhepunkt sozialer Gestaltung von zwischenmenschlicher Liebe zu feiern. Es ist aber auch angesichts der biblischen Überlieferung, die mindestens im Alten Testament noch andere Formen der Ehe kennt, nicht einzusehen, warum die Hochschätzung der lebenslangen Einehe von der Abwertung anderer Sozialgestalten partnerschaftlicher Sexualgemeinschaft begleitet sein muß. Die Alternative »Ehe oder Unzucht«, die unterschwellig noch vielen kirchlichen Verlautbarungen zum Thema zugrunde liegt, verfehlt nicht nur einen weiten Bereich heutiger Lebenswirklichkeit – das wäre kein zureichendes Argument –, sondern läßt vor allem jedes Gespür dafür vermissen, wie sensibel und verantwortungsvoll Menschen mit sich und ihrem Partner umgehen lernen, die in nichtehelichen Verhältnissen leben. Die ganze Fülle einer Beziehungskultur, die sich mancherorts inzwischen gebildet hat, muß einem Denken verschlossen bleiben, daß sexuelle Praxis entweder in der Ehe oder gar nicht legitimieren kann.

Die Kirche wird einsehen müssen, daß die Prinzipien einer verantwortungsvollen Gestaltung von Sexualpartnerschaft nicht nur in der institutionalisierten Form der Ehe realisiert werden können. Sie wird vor allem darauf verzichten müssen, ausgerechnet für diesen Bereich die Vorstellung von einer durchgängig geltenden Ordnungsstruktur unter dem Titel »Schöpfungsordnung« beizubehalten. Was sie nach erheblichen inneren Kämpfen in diesem Jahrhundert hat akzeptieren müssen, daß nämlich die Schöpfungsordnung »Staat« nicht mit der monarchischen Verfassung und die Schöpfungsordnung »Eigentum« nicht mit dem Privatbesitz an den Produktionsmitteln[33] gleichgesetzt werden darf, das steht ihr für den Bereich der Schöpfungsordnung »Partnerschaft« noch bevor, die Einsicht nämlich, daß verantwortungsvolle, die Sexualität umfassende Mitmenschlichkeit auch in anderen Sozialformen als der Ehe gelebt werden kann. Natürlich wirkt die Erkenntnis der geschichtlichen und gesellschaftlichen Wandelbarkeit sozialer Strukturen in diesem Fall doppelt verunsichernd, weil die Kirche sich fragen muß, was sie über den »Willen des Schöpfers« nun noch zu sagen weiß, und weil das öffentliche Akzeptieren sexueller Beziehungen, die früher allenfalls im Untergrund einer bürgerlichen

33. Daß die Denkschriften der EKD im Unterschied zu ökumenischen Verlautbarungen noch weitgehend an der Erhaltung des wirtschaftlichen status quo orientiert sind, betont W. Huber, Kirchliche Sozialethik und gesellschaftliche Interessen, in: Y. Spiegel (Hg.), Kirche und Klassenbindung, aaO. 190ff; vgl. auch E. Mechels, Hoffnung auf Erneuerung? Die EKiD und der Mythos von der freien Leistungs- und Wettbewerbgesellschaft, in: EvTh 40, 1980, 349ff.

Doppelmoral geduldet wurden, durchaus Chaosängste zu wecken vermag. Aber sie hat in ihrer Vergangenheit bei dem Versuch, alte Ordnungen als gottgesetzt zu sanktionieren und gegenüber Veränderungen zu schützen, schon so oft Schiffbruch erlitten, daß heute ihre dezidierten Erklärungen zur Einzigartigkeit der Ehe bei aller Entschiedenheit auch eine große Unsicherheit verraten.

Diese Unsicherheit läßt sich besonders in den Äußerungen der VELKD-Erklärung zur Homosexualität konstatieren. Sie ist bemüht, die Überlegenheit der Ehe als einer zweigeschlechtlichen Lebensgemeinschaft mit dem Hinweis herauszustreichen, daß nur die Partner in einer Ehe die Andersartigkeit des andersgeschlechtlichen Menschen wirklich erleben können und daß nur die Ehe zur Familie hin erweiterungsfähig sei (1.2). Sie vermeidet es, im wissenschaftlichen Streit um Entstehung und Heilbarkeit von Homosexualität Partei zu ergreifen (2.2), warnt aber auch zur Vorsicht »gegenüber der Meinung, daß der Einsatz von Homophilen in der Jugenderziehung unbedenklich sei, weil man von einem feststehenden Prozentsatz von Homophilen in der Gesellschaft ausgehen könne, so daß es ›Verführung‹ im eigentlichen Sinne gar nicht geben kann« (2.3)[34]. Paradoxer-, aber auch logischerweise macht sich die Unsicherheit besonders an jenen Stellen bemerkbar, an denen die Erklärung nach diesen abwertenden Äußerungen penetrant und peinlich um Verständnis für diese Minderheitengruppe wirbt. So heißt es ohne jeden Kommentar, der ein Bewußtsein für die Ungeheuerlichkeit einer solchen sicher notwendigen Aussage signalisiert: »Homophile – trotz allem, was an ihnen als andersartig erlebt wird und auch andersartig ist – sind Menschen wie alle anderen auch; sie sind auch – soweit sie der Kirche angehören – getaufte Mitglieder der Kirche« (4.1)[35]. Ähnlich hilflos wird auf ihre Verdienste um die Gesellschaft verwiesen: »Sehr viele von ihnen haben zum Beispiel als Gelehrte, Schriftsteller, Ärzte, im sozialen Dienst, in der kirchlichen Arbeit und anderen Bereichen Beachtenswertes geleistet« (4.2). Und besonders nachdrücklich versucht die Erklärung, die Angst vor homophilen Kirchenmitgliedern abzubauen:

34. Dabei geht man nach wie vor von der Voraussetzung aus, daß Homosexuelle weit stärker zu Verführungsaktivitäten neigen als Heterosexuelle; selbst ein so besonnener Autor wie W. Trillhaas, Sexualethik, Göttingen 1969, 76, kann formulieren: »Homosexuelle müssen Berufe meiden, die ihnen eine besondere Gelegenheit geben, mit Minderjährigen zusammenzukommen und sie zu verführen, bzw. durch ihre Nähe verführen zu lassen. In Kenntnis dieser besonderen Versuchlichkeit ist die Wahl eines pädagogischen, vielleicht auch eines pastoralen Berufes nahezu ein Verbrechen. Man kann eben eine Strohhütte nicht mit einer brennenden Fackel betreten.«

35. Warum ist hier die theologische Logik durcheinander geraten? Eigentlich muß es doch heißen: »sie sind, soweit sie getauft sind, Mitglieder der Kirche«.

»Man wird (allerdings) davon ausgehen können, daß Menschen, die bewußt in der Kirche leben oder in einem kirchlichen Beruf stehen, in der Regel gesellschaftlich stärker integriert sind und daher nicht dazu neigen, andere etwa zu einer homosexuellen Praxis zu verführen oder Homophilie als prononciertes Vorbild herauszustellen« (5.1).

Dieses in seiner Hilflosigkeit auch rührende Bemühen um Verständnis erreicht freilich sofort seine Grenze, wo es um die kirchlichen Mitarbeiter geht. Dann ist nach Meinung der »Orientierungshilfe« das Zentrum des kirchlichen Dienstes, der Verkündigungsauftrag, tangiert. Dann sieht sich auch die Kirchenleitung zur seelsorgerlichen Wachsamkeit aufgerufen. Der entscheidende Passus, in dem sie sich ihres Auftrags zum Eingreifen versichert, lautet so:

»Die öffentliche Verkündigung der Kirche ist jedoch in dem Augenblick berührt, in dem ein kirchlicher Mitarbeiter oder Pastor eine homosexuelle Partnerschaft als der Ehe gleichwertig in seiner Verkündigung und in seinem Leben in der Kirche vertritt. Die christliche Botschaft ist auf Ganzheitlichkeit angelegt. Das Lebenszeugnis des Mitarbeiters darf – wenn es die Verkündigung nicht unwirksam machen soll – zu der Botschaft der Bibel nicht in krassem Widerspruch stehen. Von dem, ›was‹ der Mitarbeiter lebt, soll nicht eine dem Leitbild der Ehe entgegengesetzte Signalwirkung ausgehen« (5.1).

Sehr deutlich zeigen sich an dieser Stelle die Konsequenzen, die sich aus der, wenn auch versteckten, Argumentation mit der Schöpfungsordnung ergeben. 1. Das »Leitbild der Ehe« wird so eng mit dem Zentrum der Verkündigung verquickt, daß an anderer Stelle gesagt werden kann: »Wird homosexuelle Partnerschaft öffentlich vertreten, so liegt ein Verstoß gegen den Inhalt der kirchlichen Lehrverpflichtung vor« (5.2.1). Offensichtlich gehört also die Ehe in ihrer jetzigen Form zu den zentralen Gegenständen der kirchlichen Lehrtradition. Und man kann demgegenüber nur fragen: Soll in diesem Fall und auch gegenüber Theologen, die in offenen Beziehungen und Wohngemeinschaften leben, ein einer Konfessionsartikel proklamiert werden? – 2. Der Hinweis auf die »Ganzheitlichkeit« der christlichen Botschaft ermöglicht es der Kirchenleitung im Ernstfall, auch einen Mitarbeiter, der Homosexualität nur als eine ihm selber gemäße Lebensform vertritt, eine generelle Abwertung der Ehe zu unterstellen[36]. Mit dem gleichen Recht könnte man freilich auch allen kirchlichen Mitarbeitern die Ehelosigkeit untersagen, weil auch von ihrem Verhalten »eine dem Leitbild der Ehe entgegengesetzte Signalwirkung« nicht auszuschließen ist. – 3. Weil die Ehe die einzig sanktionierte Form sexueller Be-

36. Ein analoges Argument wurde schon in der neueren Diskussion um die Kindertaufe verwendet. Pfarrern, die ihre eigenen Kinder nicht taufen ließen, wurde entgegengehalten, sie trügen damit zur Abwertung der Taufe in der Gemeinde bei. Die Entwicklung hat die Haltlosigkeit eines solchen Vorwurfs bewiesen.

tätigung darstellt, sind, wie es die Erklärung in vornehmer Zurückhaltung formuliert, für den homophilen Pastor und kirchlichen Mitarbeiter »die sexuellen Entfaltungsmöglichkeiten sehr eingeschränkt« (5.2.2). Faktisch ist damit von ihm der Verzicht auf jede sexuelle Praxis verlangt.

Was an den Schlußabschnitten der Erklärung verwundert, ist das Gewicht, das das Stichwort vom »Verkündigungsauftrag« immer stärker gewinnt. Um seines Verkündigungsauftrags willen soll das andersgeschlechtliche Verhalten des Pfarrers nicht öffentlich herausgestellt werden (5.2.3); um seines Verkündigungsauftrags willen soll er sich zum Verzicht auf sexuelle Praxis bewegen lassen (ebd.). Warum schließen Verkündigungsauftrag und homosexuelle Praxis einander aus? Liegt der Grund dafür wirklich nur auf der Ebene rational theologischer Argumentation, wonach die Ehe das einzig legitime Betätigungsfeld menschlicher Sexualität darstellt?[37] Geht es dabei wirklich nur um die sozialpsychologischen Wirkungen, die das Bekanntwerden der Homosexualität eines Pfarrers in der Gemeinde auslösen und den Erfolg seiner Verkündigungsarbeit zunächst sicher gefährden werden? Oder schwingt in jenen Sätzen nicht auch jene archaische Anschauung nach, daß das Opfer, das der Gottheit gebracht wird, rein und makellos sein muß und daß der Priester, der die heilige Handlung vollzieht, ebenfalls makellos sein muß, ohne körperliches Gebrechen, ohne das Stigma einer unehelichen Geburt und eben auch ohne die Befleckung durch eine andersartige Sexualität?

Die Tatsache, daß gegen den homophilen Pastor die Hauptversatzstücke innerkirchlicher Kontroversen, der »Lehrinhalt« und der »Verkündigungsauftrag«, ins Feld geführt werden, kann verraten, daß mit der Sexualität des Pfarrers auch für die Kirche viel auf dem Spiel steht. Es ist in der Theologiegeschichte nichts Neues, daß theologische Argumente aus Angst gegen soziale Abweichler eingesetzt werden. Die andere Sexualität, die der Pfarrer repräsentieren soll, ist nicht die Andersartigkeit der angstbesetzten Latenzen in uns, die wir deshalb individuell abwehren und kollektiv unterdrücken müssen. Es ist die Andersartigkeit jener idealen Erfüllung, die den Konflikt zwischen Triebhaftigkeit und sozialer Gestaltung, der konstitutiv zur menschlichen Sexualität gehört, im Glück einer gelungenen Ehe aufhebt.

37. Daß das Christentum bei der Rezeption des Ehe-Instituts angesichts seines Jungfräulichkeitsideals erhebliche Schwierigkeiten gehabt hat, betont M. O. Métral, Die Ehe. Analyse einer Institution, stw 357, Frankfurt 1981, 26ff: »Die Monogamie als niedrigste Form der Enthaltsamkeit« (44).

III.

Der Pfarrer soll anders sein. Auch und gerade im Umgang mit der eigenen Sexualität soll er als Repräsentativfigur wirken. Der Träger einer religiösen Rolle steht auch heute noch unter einem öffentlichen Erwartungsdruck, dessen Einzelaspekte von der gesellschaftlichen Einschätzung sexueller Normalität, von den sozialen Regelungen für sexuelle Praxis und auch von den geltenden Gottesvorstellungen geprägt sind. Eine pastoraltheologische Reflexion hat abschließend zu fragen, was der skizzierte Sachverhalt für das Leben des Pfarrers in der Gemeinschaft der Kirche bedeutet.

Sicher muß der erste Gesichtspunkt, der in diesem Zusammenhang zu erwähnen ist, lauten: Wahrnehmung von Realität. Wer diesen Beruf wählt und wer in diesem Beruf tätig ist, der muß wissen, daß er damit zum Gegenstand öffentlicher Aufmerksamkeit wird. Was die theologische Theorie gern als notwendige Verkoppelung von Leben und Lehre postuliert, erlebt und erleidet der Pfarrer alltäglich als sozialpsychologischen Horizont seiner Arbeit. Die repräsentative Rolle, die er zu spielen hat, schränkt die sonst selbstverständliche Differenzierung zwischen Berufs- und Privatexistenz auf ein Minimum ein[38]. Weil er auch immer von den Angst- und Idealprojektionen der Gemeindeglieder getroffen wird, zieht in seinem Beruf das, was bei anderen zur Intimsphäre zählt, die Neugierde auf sich. Dieses öffentliche Interesse ist ein Teil seines Berufsrisikos, das er weder durch Verleugnung noch durch rationalistische Kritik abschütteln kann.

Auf der anderen Seite gehört zur Wahrnehmung der vollen Realität sicher auch die Erkenntnis, daß dieser Erwartungsdruck unter Umständen eine grundlegende Einschränkung der individuellen Entfaltungsmöglichkeiten darstellt. Die Diskrepanz, die zwischen den Postulaten der beruflichen Rolle und den eigenen Bedürfnissen besteht, sollte durch eine vorschnelle Anpassungsbereitschaft nicht zugetüncht werden. Der Pfarrer hat nicht nur Wünsche nach individueller Lebensgestaltung auch in sexueller Hinsicht; er hat auch ein Recht, solche Wünsche zu haben; und er hat auch ein Recht darauf, seine Wünsche realisieren zu wollen. Gerade im Bereich der Sexualität gibt es Dinge, die prinzipiell nicht veröffentlichungsfähig sind, weil sie, vielleicht abgesehen vom Partner, kaum ein an-

38. Vgl. F. Wintzer, Unfreiheit und Freiheit im Pfarrerberuf, in: DtPfBl 75, 1975, 106ff. – Zu den Problemen, die damit in der Seelsorge verbunden sind, vgl. M. Lücht-Steinberg, Seelsorge und Sexualität. Gesprächsanalysen aus der klinischen Seelsorgeausbildung, Göttingen 1980.

derer Mensch wirklich verstehen kann. Der Konflikt zwischen Erwartungsdruck und individuellem Bedürfnis, der in der Realität des gelebten Pfarrerlebens besteht, kann nicht einfach so gelöst werden, daß der Betroffene sich selbstverständlich den Wünschen nach Idealisierung und Normalität unterwirft. Wie aber kann der Pfarrer, der in diesem Konfliktbereich existiert, mit den unterschiedlichen Forderungen und Interessen umgehen?

Ich sehe drei Möglichkeiten, die sich nicht unbedingt ausschließen müssen.

1. Der Pfarrer kann die Kluft zwischen äußerer Erwartung und innerem Bedürfnis durch *Verzicht* überbrücken. Er kann, wie es die VELKD-Erklärung verlangt, die ihm gemäße sexuelle Praxis, die bei der Gemeinde auf Unverständnis stößt, »um des Verkündigungsauftrags willen« zurückstellen und unter schweren inneren Kämpfen ein Leben in Abstinenz führen. Sicher haben viele Amtsträger in der Geschichte der Kirche ihre Probleme auf diese Weise zu lösen versucht. Sicher gehören solchen Verzichtleistungen auch in anderer Hinsicht noch immer zum Leben in diesem Beruf. Was einen solchen Verzicht von der unreflektierten Anpassung auch schmerzhaft unterscheidet, ist die Tatsache, daß er bewußt erfolgt und daß er in der Regel von Leidenserfahrungen begleitet wird.

2. Der Pfarrer kann die Kluft zwischen Außenerwartung und eigenem Bedürfnis auch so überbrücken, daß er sein Privatleben gegen die öffentliche Neugier abzuschirmen versucht. Er würde dann nur für sich in Anspruch nehmen, was für fast jedermann in unserer Gesellschaft gilt, daß nämlich der Intimbereich vor dem Zugriff der Öffentlichkeit geschützt bleibt. Probleme können sich für den Fall ergeben, daß er fortan fürchten muß, in seiner sexuellen Praxis entdeckt zu werden, weil sie von den kirchlichen Normvorstellungen abweicht. Die Ängste und Schuldgefühle, die sich dann einstellen können, sind sehr schwer in das eigene Leben zu integrieren; und als Folge sozialer Gespaltenheit tritt dann oft eine innere Zerrissenheit auf, die das Verhältnis zur beruflichen Tätigkeit, was etwa die eigene Zufriedenheit betrifft, tangieren kann.

3. So bleibt als letzte Möglichkeit, die Diskrepanz zwischen sozialer Erwartung und eigenem, etwa anlagebedingtem Bedürfnis in einem begrenzten *Konflikt* mit der Gemeinde durchzustehen. Das Risiko, das man dabei eingeht, ist hoch; denn angesichts der emotionalen Besetztheit dieses Gebiets ist eine Garantie für ein positives Ergebnis kaum möglich. Immerhin, Pfarrer und Gemeinde könnten sich wechselseitig akzeptieren, wenn

– der Pfarrer die Ängste der Gemeinde

– und die Gemeinde die Bedürfnisse des Pfarrers zu verstehen lernt und wenn
– sie sich ihr Verstehen wechselseitig zu zeigen vermögen.

Letztlich liegt hier, trotz aller zu erwartender Schwierigkeiten etwa im Fall der Homosexualität eines Pfarrers, die einzige Chance für die Initiation von Lernvorgängen[39]. Denn die Angstblockaden, die sich zu Vorurteilen gegenüber dem Andersartigen zementiert haben, können, wenn überhaupt, nur dadurch abgebaut werden, daß man in der persönlichen Begegnung die Erfahrung von der Ungefährlichkeit des anderen macht. Alle Entscheidungen, die jenseits der Gemeindebasis am grünen Tisch kirchlicher Verwaltungsinstanzen fallen, ersparen den Betroffenen einen nicht nur in der Tat strapaziösen Konflikt, sondern berauben sie auch der Möglichkeit, durch die Kontakte im Alltag praktische Toleranz zu erwerben.

Deshalb muß auch das Bestreben der Kirchenleitung der VELKD, die Diskussion eines solchen Falles aus dem Gemeindebereich herauszuziehen, als sehr fragwürdig gelten. Unter der Überschrift »Ratschläge für die Gemeinde« wird zunächst ein genau besehen vernichtendes Urteil über die Kompetenz der Kirchengemeinden gefällt: »Homophilie und homophile Praxis stellen ein menschlich so empfindliches und wissenschaftlich so kompliziertes Thema dar, daß die betroffene Gemeinde in der Regel kein geeignetes Forum für eine öffentliche Auseinandersetzung hierüber sein wird« (5.2.3). Natürlich wird kein Kundiger bestreiten wollen, daß ein solches Thema tiefe Emotionen aufwühlt und eine Kirchengemeinde bis hin zur inneren Spaltung treffen kann. Auf der andere Seite muß man als Kirchenleitung schon von dem erheblichen Selbstbewußtsein getragen sein, man selber sei »dem menschlich so empfindsamen und wissenschaftlich so komplizierten Thema« auf jeden Fall gewachsen, wenn man angesichts der Möglichkeit, daß dort ein unlösbarer Konflikt droht, der Gemeinde jedes Recht auf Entscheidung oder auch nur Mitsprache verweigert und sie faktisch dadurch entmündigt.

In Wahrheit soll mit dieser angedeuteten Verfahrensregelung eine Entwicklung verhindert werden, von der im nächsten Absatz dann auch ausdrücklich die Rede ist: »Weiterhin ist der Fall nicht auszuschließen, daß eine Gemeinde nach sorgfältiger Information, Überlegung und Beratung zu der Überzeugung gelangt, mit ihrem homosexuell geprägten Pfarrer leben zu wollen, selbst wenn dieser seine Partnerschaft offen praktiziert« (ebd.). Nun könnte man annehmen, die Leitung einer evangelisch-luthe-

39. Eine hilfreiche Grundlage auch für Gespräche in der Gemeinde bietet jetzt H.-G. Wiedemann, Die homosexuelle Liebe und die Kirche, Stuttgart 1982.

rischen Kirche würde eine solche Entscheidung begrüßen. Hier haben ja die Menschen in einer Gemeinde ein Stück Befreiung von den Klischees, die die gesellschaftlichen Vorurteile gegenüber den Homosexuellen bestimmen, erfahren. Hier versuchen sie auch eine Überwindung jenes belasteten Erbes, das die Kirche durch ihr unmenschliches Verhalten gegenüber den Homosexuellen zu verantworten hat[40]. Hier haben Menschen in der konkreten Gemeindearbeit sich dazu durchgerungen, trotz der Widerstände im eigenen Inneren und trotz der Entwicklung auf dem theologischen Arbeitsmarkt, der bald eine große Auswahl unter Pfarrerbewerbern erlauben wird, mit diesem einen, belasteten und sicher auch belastenden Menschen weiterhin zusammenzuarbeiten. Die Kirchenleitung führt gegen eine solche, wahrscheinlich sogar utopisch angenommene, Entscheidung nur Scheinargumente ins Feld. »Diese Gemeinde müßte dann aber auch beachten, welche Wirkung ihre Einstellung auf die übrigen Gemeinden in der Gesamtkirche hat« (ebd.). Soll damit ausgedrückt sein, daß eine Gemeinde, die einen homosexuellen Pfarrer beschäftigen will, andere Gemeinden mit ihrer toleranten Haltung anstecken kann, oder will man mit der Möglichkeit drohen, die Gesamtkirche würde, in welchen kirchenrechtlichen Formen auch immer, eine solche Gemeinde exkommunizieren?[41] Nicht viel besser steht es mit dem zweiten Argument: »Die öffentliche Herausstellung eines solchen geschlechtlichen Verhaltens widerspricht nicht nur der Intimität menschlicher Sexualität, sondern auch den Verkündigungsauftrag des Pfarrers« (ebd.). Natürlich ist diese Feststellung richtig und nur um die Bemerkung zu ergänzen, daß eine solche öffentliche Diskussion auch der Würde des Menschen und seinem Recht auf den Respekt vor seiner Intimsphäre widerspricht. Aber soll derjenige, der einer sexuellen Minorität angehört, doppelt dafür bestraft werden, nämlich einmal dadurch, *daß* man sich für seine sexuelle Praxis interessiert, und dann auch darum, *weil* man sich für seine sexuelle Praxis interessiert?

Was die Äußerungen der Kirchenleitung letztlich so beschwerlich macht, ist die Tatsache, daß sie im Grunde nur die gesellschaftlichen Vorurteile im kirchlichen Jargon reproduzieren. Der allgemeine Erwartungs-

40. Vgl. G. Bleibtreu-Ehrenberg, Homosexualität. Die Geschichte eines Vorurteils, Fischer-TB 3814, Frankfurt 1981; zur Vielfalt der Sozialformen gleichgeschlechtlicher Beziehungen s. auch R. Brain, Freunde und Liebende. Zwischenmenschliche Beziehungen im Kulturvergleich, Frankfurt 1978.

41. Das Ökumene-Argument ist inzwischen dadurch relativiert, daß eine Kirchenleitung im deutschsprachigen Raum mit Zustimmung der entsprechenden Gemeinde einen homosexuellen Pfarrer zur Ordination zugelassen hat, unter der einschränkenden Bedingung freilich, daß sein Partner auf den Einzug ins Pfarrhaus verzichtet.

druck, der auf dem Leben des Pfarrers liegt, wird durch sie noch verstärkt[42]. Wo man ihn schützen und sein Recht auf ein individuelles Leben gegenüber der Öffentlichkeit verteidigen sollte, schränkt man seine Möglichkeiten zur Selbstfindung rigoros ein. Die Gemeinde mag einen Pfarrer, der in einer offenen Beziehung[43] lebt oder der sich des Ehebruchs schuldig gemacht hat oder der mit einem homosexuellen Partner verbunden ist, akzeptieren. Die Kirchenleitungsorgane dagegen meinen noch oft, sie müßten in solchen Fällen unbedingt eingreifen und die Normen der chistlichen Ethik zur Geltung bringen. Ich bin mir nicht sicher, daß es hier wirklich um spezifisch christliche Normen geht[44]. Eher vermute ich, daß auch hier das allgemeine sozialpsychologische Gesetz wirkt, nach dem der Träger einer religiösen Rolle auch in seiner Sexualität anders sein soll, entweder ehelos oder in idealer Normalität. Generell aber bleibt zu fragen, ob die EKD mit ihrer Familienpolitik den gemeinschaftszerstörenden Tendenzen der spätkapitalistischen Gesellschaft wirklich entgegenwirkt oder entspricht[45].

42. Der Respekt vor der bürgerlichen Maxime, ein Weib erst zu ehelichen, wenn die Versorgung der Familie gesichert ist, hat bei den Theologen im 19. Jahrhundert zu Konsequenzen geführt, die im Rückblick absurd, traurig und komisch zugleich erscheinen; vgl. T. Büchsel, Erinnerungen aus dem Leben eines Landgeistlichen, Berlin 1907[9], 116: »Studenten und Kandidaten denken oft eher ans Heiraten, ehe sie eine Aussicht haben auf eine Pfarre . . . Es ist eine gar klägliche Geschichte mit dem langen und vieljährigen Brautstande eines armen Kandidaten; das arme Mädchen wird mit der Zeit alt und verzagt, der Bäutigam wird zu allerlei Erniedrigungen genötigt und durch die immer wieder vereitelten Hoffnungen und Aussichten auf eine Stelle mißmutig und erbittert auf Patrone und Behörden, sogar wohl auf Gott den Herrn. Eine Kandidaten-Braut ist eine ziemlich lächerliche Person, und ein verlobter Kandidat gibt Anlaß zu Spott und Witz. Es gibt Kandidaten, die sechs, sieben, zehn Jahre verlobt sind, ich habe sogar einen gekannt, der seine 25jährige Verlobung feiern konnte und als silberner Bräutigam gar kläglich aussah.«

43. Zu den ethischen Problemen einer »Partnerschaft auf Zeit« vgl. K. Lüthi, Gottes neue Eva. Wandlungen des Weiblichen, Stuttgart 1978, 107ff, zu den rechtlichen Fragen s. E. M. von Münch, Rechtsfragen der freien Ehe, in: M. Arndt u.a., Heiraten oder nicht?, GTB/Siebenstern 299, Gütersloh 1978, 102ff.

44. Zur theologischen Bewertung der Homosexualität vgl. S. Meurer, Das Problem der Homosexualität in theologischer Sicht, in: ZEE 18, 1974, 38ff, und D. Faßnacht, Sexuelle Abweichungen, in: Handbuch der christlichen Ethik II, Freiburg/Gütersloh 1978, 177ff.

45. Vgl. M. Horkheimer, Autorität und Familie (1936), in: Traditionelle und kritische Theorie. Vier Aufsätze, Fischer-TB 6015, Frankfurt 1970, 162ff, sowie D. Cooper, Der Tod der Familie, Reinbek 1972.

IV.

In welcher Richtung die Diskussion um sexualethische Konflikte im Pfarrerberuf vermutlich weitergehen wird, kann man aus einer Erklärung schließen, die die Kirchenkonferenz der EKD am 19. 3. 1981 zum Thema »Die Ehe des Pfarrers und der Pfarrerin« herausgegeben und an die Kirchenleitungen der Gliedkirchen mit der Bitte weitergereicht hat, sie »bei der Gestaltung der landeskirchlichen Praxis zu bedenken und unter theologischen, seelsorgerlichen und kirchenrechtlichen Aspekten weiterzubearbeiten«. Ich greife aus dieser Erklärung die vier Punkte heraus, die mir im Blick auf die anstehenden Probleme besonders klärungsbedürftig erscheinen.

1. Angesichts der gegenwärtigen Debatte ist vor allem zu fragen, in welchem Sinn man die Ehe als »die von Gott gegebene Lebensgemeinschaft« bezeichnen kann, die »der Verfügung durch Staat und Gesellschaft entzogen« sein soll (so die Punkte 2.0 und 2.1). Was die Erklärung in zwei aufeinander folgenden Punkten feststellt, habe ich mit Absicht in einen einzigen Satz zusammengezogen; denn nur so tritt die fragwürdige Intention beider Aussagen zutage, die auf der Basis einer nichtreformatorischen Alternative argumentieren. Auch wenn es alsbald heißt, daß die Ehe für ihre Verwirklichung »auf den Schutz einer verantwortlich gestalteten Ordnung des Gemeinwesens angewiesen« sei (2.1), bleibt der Eindruck bestehen, als ob die Ehe in ihrer gegenwärtigen Form eine von Gott gesetzte Institution sei, die die Kirche gegen Angriffe von außen und innen zu verteidigen habe. Auch für die reformatorische Theologie ist die Ehe von Gott gestiftet und steht sie unter Gottes Verheißung. Aber dieses ihr Verständnis schließt die Einsicht in ihren weltlichen Charakter nicht aus[46] und ermöglicht damit auch den Verzicht auf eine Ehedefinition, die ihren theologischen Charakter meint dadurch sicherstellen zu müssen, daß sie das Gegenüber zur staatlichen und gesellschaftlichen Gestaltung der Ehe herausstreicht. Als weltliche, als staatliche, als gesellschaftliche Einrichtung steht die Ehe unter Gottes Segen; und das bedeutet, daß sie nach weltlichen Gesichtspunkten geordnet und verändert werden kann. Und das heißt dann auch, daß man um des Wohles und des Glückes der davon betroffenen Menschen willen auch nach neuen Formen gestalteter Lebensgemeinschaft Ausschau halten muß.

2. Die unechte Alternative – hier von Gott gegebene Lebensgemeinschaft, dort Verfügung durch Staat und Gesellschaft – verrät, daß hier aus

46. Vgl. E. Wolf, »Evangelisches« Eherecht? Theologische Erwägungen zu einer aktuellen Frage, in: Festschrift R. Smend, Göttingen 1952, 413ff.

einer Defensivposition heraus argumentiert wird. Diese Einstellung wird vor allem in 2.3 noch einmal faßbar:

»Der Schutz der Ehe ist für die Kirche in besonderer Weise verpflichtend. Die Kirche setzt die Ehe als die von Gott gewiesene Lebensform des Zusammenlebens von Mann und Frau voraus und hält trotz Kritik und Infragestellung durch alternative Versuche an ihr fest.«

Damit aber verbaut sich die Kirche das Verständnis für diese Versuche total. Die alternativen Lebensformen wollen ja nicht einfach die Ehe abschaffen. Sie verstehen sich also keineswegs aus einer Anti-Haltung heraus. Sondern sie sind bestimmt von dem Bemühen, das Reservoir sozialer Gestaltungsmöglichkeiten für das zwischenmenschliche Zusammensein über die bisher sanktionierte Form hinaus zu erweitern. Daß die Ehe als eine zentrale soziale Form von Partnerschaft nicht alle Probleme zu lösen vermag, beweisen das Elend der Homophilen und die Statistik der Scheidungsquoten. Eigentlich sollte man kirchlicherseits alle Versuche begrüßen, in denen neue Lebensformen entwickelt werden, um Menschen unter den gegebenen gesellschaftlichen Bedingungen das Glück gestalteter Partnerschaft finden zu lassen. Wer denen, die in eheähnlichen Lebensgemeinschaften leben, aber nur »verständliche und unverantwortliche« (s.o.), dagegen keinerlei verantwortliche Motive zuschreibt, übersieht vollkommen, mit welcher Sensibilität für die eigene und die fremde Selbstverwirklichung in derartigen Lebensgemeinschaften gelebt wird. Von ihrem Auftrag her sollte die Kirche geradezu ein Interesse daran haben, daß die Prinzipien einer humanen Partnerschaft, wie sie in der biblischen Tradition enthalten sind, auch in die neuen Sozialformen eingebracht werden. Und das bedeutet angesichts der Repräsentanzfunktion des Pfarrers, daß auch das Pfarrhaus für solche Formen nicht prinzipiell verschlossen bleiben dürfte.

3. Bei der Klärung der Konflikte, die sich auf diesem Feld zwischen Kirchenbehörden und kirchlichen Mitarbeitern ergeben werden, ist auf eine strikte Trennung zwischen Seelsorge und Aufsicht zu achten[47]. Die Erfahrung lehrt, daß ohne diese Trennung die Kommunikationsstörungen zwischen den Beteiligten in unerhörtem Maß zunehmen. Auch die Erklärung der EKD erinnert an die Notwendigkeit, hier zu differenzieren:

»Es gehört zu den Pflichten der Kirchenleitung, an den Zusammenhang zwischen Verkündigung und persönlicher Lebensführung zu erinnern. Das soll stets in seelsorgerlicher Zuwen-

47. Mir ist ein Fall bekannt geworden, in dem ein Pfarrer aus Gewissensgründen einem Dienstvorgesetzten Verfehlungen im sexuellen Bereich mitgeteilt hat. Das Gespräch war nicht eindeutig als Beichte definiert, ein Disziplinarverfahren wurde in Gang gesetzt, das mit der Amtsenthebung des Betreffenden endete.

dung zu den Pfarrern und Pfarrerinnen geschehen. Von dieser Zuwendung sind die aus der Aufsicht gebotenen rechtlichen Überlegungen und Handlungen zu unterscheiden« (1.4).

Die Frage ist nur, wie eine seelsorgerliche Zuwendung angesichts der gegebenen Machtkonstellationen überhaupt praktiziert werden soll. Gerade am heiklen Problem der Sexualität zeigt sich, daß das Verhältnis zwischen Pfarrern und ihren kirchlichen Vorgesetzten einer Klärung bedarf, die die ungute Verquickung von Seelsorge und Verhör beseitigt.

4. Die Erklärung betont mit Recht die Unteilbarkeit der pastoralen Existenz:

»Die Person des Predigers kann nicht in Privatperson und Amtsperson aufgeteilt werden. Weil es zu seinem Auftrag gehört, das christliche Verständnis der Ehe in Predigt und Unterricht weiterzugeben, zur Lebensform der Ehe zu ermutigen, Trauungen zu halten und Eheleuten in den Krisen ihres Zusammenlebens begleitend und helfend nahe zu sein, darf er nicht im Widerspruch zu dieser seiner Aufgabe leben« (1.3).

Ist es mit der intendierten Hochschätzung der Ehe vereinbar, junge Theologen vor der Ordination indirekt zur Eheschließung zu zwingen, und werden diese Pfarrer andere eher zur Ehe ermutigen können als jene, die die Vor- und Nachteile dieser Hochform menschlicher Lebensgemeinschaft durchaus sehen, die sich aber aus persönlichen Gründen dazu noch nicht haben entschließen können?

Der Pfarrer und die Frömmigkeit

Der Pfarrer ist anders. Er soll nicht nur Theologe sein, nicht nur studierter Experte in Sachen Religion, auch nicht nur ein erfahrener Seelsorger und ein guter Prediger. Der Pfarrer soll mit seinem ganzen Leben und mit seiner ganzen Person die lebensgestaltende Kraft der biblischen Tradition repräsentieren. Das aber bedeutet: Er soll bei aller Modernität, die man bei ihm konstatiert oder kritisiert, auch fromm sein. Womit vor allem gemeint sein dürfte: Dieser Mensch soll ein Lebensverhältnis zu dem besitzen, worüber er andauernd redet; an diesem Menschen soll spürbar werden, daß man auch anders leben kann als die meisten, daß man leben kann aus der Kraft von Bibellektüre, Gottesdienst und Gebet. Der vom Pfarrer so gern gehörte Satz: »Sie sind ja ein Mensch wie wir alle« dürfte ein sehr ambivalentes Kompliment sein. Die Erwartung steckt darin, daß der Pfarrer eigentlich anders sein müßte, die Erleichterung darüber, daß er einem die Auseinandersetzung mit der Unheimlichkeit von Religion erspart, aber wohl auch die Enttäuschung, daß in seiner Person die Begegnung mit dem Transzendenten, dem Heiligen oder wie immer man das ausdrücken will, nicht passiert.

Was in den Pfarrhäusern an herkömmlicher Frömmigkeitspraxis abläuft, wissen wir nicht. Die Kirchensoziologie, die so eifrig Einstellung und Verhalten des Pfarrers in theologischer und politischer Hinsicht erkundet hat, hat bei ihren Befragungen dieses Thema konsequent ausgeklammert. Sie entspricht damit jener Mentalität des modernen protestantischen Theologen, die man als »Angst vor dem Frommsein« charakterisieren könnte. Und wenn, wie in den letzten Jahren, Aspekte des Themas neu aktuell werden, dann ist der alte Begriff so diskreditiert, daß man lieber von »Spiritualität« als von »Frömmigkeit« redet. »Lieber Gott, mach mich fromm, daß ich in den Himmel komm« – haben manche Pfarrer in ihrer Kindheit beten gelernt. Wo ist der Himmel geblieben? Wo Gott? Und wo das Gebet?

I.

Frömmigkeit soll – das ist unsere Ausgangsdefinition – alle Gefühls-, Einstellungs- und Verhaltensformen bezeichnen, die sich auf das Heilige[1] richten. Dem mysterium tremendum und fascinosum begegnet der Mensch mit Erschrecken und Begeisterung, mit Angst und Verehrung[2]. In Handlungen wie Opfer, Tanz und Gebet sind Verhaltensformen entwickelt, die bei aller Vielfalt der Vollzüge und Gesten doch ein überschaubares Repertoire im Feld der allgemeinen Religionsgeschichte darstellen. Und zur Begründung der frommen Handlungen wie zur Weitergabe von Generation zu Generation gibt es heilige Traditionen, etwa in der Gestalt von Stiftungsmythen und Einsetzungsberichten, die in einem fortgeschrittenen Stadium der Entwicklung zu dogmatischen Lehrsystemen ausgebaut werden[3]. Immer aber ist die Voraussetzung für die Frömmigkeitspraxis, daß der Mensch sich gegenüber dem Heiligen zu verhalten vermag, und das wiederum schließt ein, daß das Heilige in evidenter Präsenz erfahrbar wird.

Daß Frömmigkeit für Theologie und Kirche in der Neuzeit ein problematisches Thema darstellt, braucht nach diesen Bemerkungen nicht zu verwundern. Denn das Heilige, auf das sich die Frömmigkeitsübungen richten, ist aus dem Erfahrungshorizont des neuzeitlichen Menschen verschwunden. Er kennt keine heiligen Orte, keine heiligen Zeiten, keine heiligen Verrichtungen mehr. In der Industrie- und Warengesellschaft herrschen die Gesetze der Ökonomie, des Profits und des Wachstums. Wer Frömmigkeit praktizieren will, muß das nach Feierabend in den eigenen vier Wänden oder in kirchlichen Räumen tun. Frömmigkeit ist zur privaten Freizeitbeschäftigung geworden. Im Zeitalter der Religionsfreiheit ist in das Belieben des einzelnen gestellt, ob er den Gottesdienst besucht oder nicht. Der Preis für diese Liberalität ist der Verlust an sozialer Relevanz.

In dieser Situation befindet sich der Pfarrer gegenüber dem Phänomen Frömmigkeit in einem besonderen Dilemma. Einerseits vertritt er als Repräsentant von Religion jenen Bereich, zu dem Frömmigkeitspraxis konstitutiv hinzugehört. Eine Religion ohne Kult, Fest und Gebet wäre ein

1. Zur neueren Diskussion vgl. G. Schmid, Interessant und heilig. Auf dem Weg zur integralen Religionswissenschaft, Zürich 1971, sowie C. Colpe (Hg.), Die Diskussion um das »Heilige«, Wege der Forschung 305, Darmstadt 1977.
2. Vgl. R. Otto, Das Heilige. Über das Irrationale in der Idee des Göttlichen und sein Verhältnis zum Rationalen, München 1936[23 25], sowie H.-W. Schütte, Religion und Christentum in der Theologie Rudolf Ottos, Berlin 1969.
3. N. Luhmann, Funktion der Religion, Frankfurt 1977, 72ff.

Widerspruch in sich selbst. Auf der anderen Seite ist er selbst von den Sachzwängen der Säkularität bis in sein theologisches Denken hinein infiziert, auch wenn er nicht explizit eine Tod-Gottes-Theologie vertritt. Und schließlich erwartet die Gemeinde mit Recht von ihm, daß er auch in der säkularisierten Gegenwart Möglichkeiten der Frömmigkeit und damit Chancen des gelebten Glaubens durch Leben und Lehre vor Augen führt.

Als besonders beschwerlich kommt hinzu, daß zumindest für das Erleben der protestantischen Christen der Pfarrer zum einzigen »Bürgen« für Religion und Kirche geworden ist. Jedenfalls hat die Stabilitätsuntersuchung der EKD die Bedeutung des Pfarrers unter dieser Überschrift zu beschreiben versucht[4]. »Die Präsenz von Kirche am Ort reduziert sich immer mehr auf das Pfarramt und sein Handeln. Nur in ihm ist die Kiche vor Ort real erfahrbar. Die Organisation, die hinter dem Pfarramt steht, die Gesamtkirche bleibt abstrakt.«[5] Das impliziert einmal einen erheblichen Widerspruch zur gängigen Kirchentheorie: »Während der Kirchenbegriff die Vollzüge betont – Verkündigung, Sakramentsspendung, Gemeindeversammlung –, betonen die Mitglieder die Person, die in diesen Vollzügen handelt. Und sie tun das, weil das ihrer ursprünglichen Erfahrung mit der Kirche entspricht.«[6] Und das enthält faktisch eine permanente Anforderung an den Pfarrer, die sehr leicht auch zu einer Überforderung werden kann. »Ist nicht der Pfarrer als Person mit der Bürgschaft für das System Kirche, darin doch auch für die Wahrheit und die Kraft der Überlieferung, der dieses System dient, und also für den Sinn von Kirchenmitgliedschaft auf die Dauer überlastet?«[7] Diese Belastung wird um so gravierender, wenn man bedenkt, daß in der nachständischen Gesellschaft nicht mehr das Amt die Schwächen der Person zudeckt, sondern die Person des Pfarrers das ambivalente Image des Pfarramtes attraktiv machen soll[8].

Für unseren Zusammenhang bedeutet die Tatsache, daß der Pfarrer zum Bürgen für die Wahrheit und die Relevanz von Religion geworden ist, noch einmal eine Verschärfung. Auch das Heilige, auf das sich die Frömmigkeitspraxis bezieht, wird dann ja nur durch die Vermittlung sei-

4. H. Hild (Hg), Wie stabil ist die Kirche?, aaO. 278f. Zur Interpretation vgl. vor allem P. Krusche, Der Pfarrer in der Schlüsselrolle. Berufskonflikte im Schnittpunkt religiöser Erwartungen und theologischer Normen, in: J. Matthes (Hg.), Erneuerung der Kirche – Stabilität als Chance? Konseqenzen aus einer Umfrage, Gelnhausen 1975, 161ff.
5. AaO. 276.
6. AaO. 278.
7. Ebd.
8. Vgl. T. Rendtorff, Das Pfarramt – gesellschaftliche Situation und kirchliche Interpretation, in: G. Wurzbacher (Hg.), Der Pfarrer in der modernen Gesellschaft, Hamburg 1960, 79ff.

ner Person erfahren. Faktisch wird er damit zum religiösen Symbol[9]. In ihm, wenn überhaupt, begegnet dem modernen Menschen jene Dimension des Lebens, in der es um das Geheimnis des Seins und alles Seienden geht. Der Pfarrer als Person und nicht nur als studierter Experte stellt jenen Bereich des anderen Lebens dar, der in die Biographie des Normalbürgers in der Regel nur an den kritischen Wendepunkten von Geburt, Erwachsenwerden, Heirat und Tod einbricht.

Nun ist eine solche repräsentative Funktion des Trägers einer religiösen Rolle nicht neu. Zauberer, Schamanen und Priester haben in ihren jeweiligen sozialen Systemen immer auch als religiöses Symbol gewirkt. Neu und für ihn in mehrfacher Hinsicht gefährlich ist nur die Tatsache, daß sich die Bedeutung des Pfarrers in der protestantischen Religiosität gegenüber dem Kontext der anderen religiösen Symbole isoliert hat. Orte, an denen das Heilige in lokaler Stetigkeit begegnet, wie noch im römischen Katholizismus, gibt es nicht mehr. Heilige Gegenstände und heilige Handlungen, die unabhängig vom kirchlichen Amtsträger für die Frömmigkeitspraxis zur Verfügung stehen, sind ebenfalls abgeschafft. Wenn für protestantische Theologie Gott nur im Wort der Predigt und im Verkündigungsakt der Sakramente präsent wird, bedeutet das, daß das Ereignis des Heiligen prinzipiell an die Personalität gebunden wird[10]. Nur in menschlicher Sprache, nur in den Worten, die das heilige Essen begleiten, und damit grundsätzlich nur im personalen Bereich kommt es jetzt zur Offenbarung von göttlicher Gnade, die sich in anderen religiösen Systemen viel handfester und handgreiflicher manifestiert hat.

Protestantisches Selbstbewußtsein hat diesen Prozeß, der zur konsequenten Personalisierung von Religion geführt hat, gern als Fortschritt gefeiert. Das Heilige, das nicht mehr räumlich und gegenständlich erscheint, ist damit aus Verobjektivierung, Verfügbarkeit und Verdinglichung befreit. Indem es aus der Welt der Objekte in die Personalpräsenz hinübergewechselt ist, ist ihm auch eine Verbalisierung und Vergeistigung widerfahren. Die Welt, die nun nicht mehr durch den Unterschied zwischen heiligen und profanen Räumen strukturiert wird, ist in ihrer Weltlichkeit und damit in ihrer Geschöpflichkeit entdeckt – die neuzeitliche

9. H. Faber, Profil eines Bettlers? Der Pfarrer im Wandel der modernen Gesellschaft, Göttingen 1976, 63ff, hat den Pfarrer vom Jungschen Archetypus des »Weisen Mannes« her zu interpretieren versucht. – Der Aspekt des personalen Symbols kommt bei J. Scharfenberg/ H. Kämpfer, Mit Symbolen leben. Soziologische, psychologische und religiöse Konfliktbearbeitung, Olten 1980, sicher zu kurz.

10. Vgl. F. Steffensky, Glossolalie – Zeichen – Symbol. Bemerkungen zum Symbolgebrauch in christlichen Gottesdiensten, in: Jahrbuch für Liturgik und Hymnologie 17, 1972, 80ff.

DIE VERMENSCHLICHUNG DES HEILIGEN MUSS NOCH FORTSCHREITEN, SIE IST BISHER BEI DER PERSON DES PFARRERS HÄNGENGEBLIEBEN.

Säkularisation hat also auch ein theologisches Fundament. Und Frömmigkeit vollzieht sich nicht mehr in äußerlichen Gebärden, nicht mehr in Wallfahrten, Rosenkranzgebeten oder in der puren Anwesenheit beim Wandlungsakt in der Messe, Frömmigkeit ist jetzt eine Sache der Innerlichkeit geworden. Sie vollzieht sich im Zentrum und Kern menschlicher Existenz, im Glauben, im Denken, in den Gefühlen.

Daß das Heilige nun nur noch in personaler Präsens begegnet, im Wort der Predigt, im Zuspruch der Sündenvergebung beim Abendmahl und, ohne daß die theologische Theorie diesen Tatbestand deckt, in der Person des Pfarrers, scheint für protestantisches Denken auch deswegen selbstverständlich zu sein, weil diese Art der Vergegenwärtigung den theologischen Vorstellungen vom Charakter des Heiligen vollkommen entspricht. Fundamentalartikel des Glaubens behaupten ja: Gott ist Mensch geworden, und das Erlösungsgeschehen ist am Ort äußerster Profanität, am Kreuz, vor sich gegangen. Wenn aber die Zentralaussagen der Gotteslehre, der Christologie, der Versöhnungslehre derart mit personalen Kategorien gefüllt sind, dann kann sich stimmigerweise die Frömmigkeitspraxis nur in personalen Interaktionen vollziehen, im Reden und Hören, im Lesen, im Singen und Beten. Ein Hinterfragen dieses Sachverhalts muß schon deswegen als überflüssig erscheinen, weil hier der eben nicht häufige Fall eingetreten zu sein scheint, daß theologische Theorie und kirchliche Praxis konform gehen. Der Offenbarung Gottes in der Person Jesu Christi entspricht die Antwort des Glaubens in einer personalen Frömmigkeitspraxis. Und der Profanität des Erlösungsgeschehens am Kreuz korrespondiert ein Frömmigkeitsfeld, das nicht allein auf religiöse Aktionen begrenzt ist, sondern vom Glauben her die profane Welt des Berufs als Dienst an Gott und den Menschen begreift[11].

Die Frage ist nur: Welche Rolle spielt in dieser so stimmigen Konzeption der Pfarrer? Auf der einen Seite soll er sicher kein Heiliger im klassischen Sinn des Wortes mehr sein. Das beweist schon die Tatsache, daß man ihm keine besonderen Lebensformen, etwa sexueller oder finanzieller Askese, abverlangt. Auf der anderen Seite aber ist er für die kirchliche Normalerfahrung durchaus Bürge von Religion, an dessen Person die Erinnerung an die Konfirmandenzeit und die Einschätzung der biblischen Tradition gebunden bleibt. Darin ist er eine merkwürdige Zwitterfigur. Ein Bürge des Heiligen, der selber nicht mehr heilig sein kann oder soll oder will. Einer, der als Person nach wie vor ein religiöses Symbol darstellt, obwohl das den gängigen theologischen Konzeptionen wider-

WIE VERTRITT DENN JESUS DAS HEILIGE IN SEINEM LEBEN?

11. Vgl. G. Wingren, Luthers Lehre vom Beruf, FGPL X/3, München 1952.

ES GEHT VIELLEICHT DARAUF HINAUS, DASS EINE GEMEINDE SELBST IHREN FRÖMMIGKEITSSTIL FINDEN MUSS.

spricht, und der auch mit den gängigen Formen personaler Frömmigkeitspraxis, etwa dem Gebet, selber erhebliche Schwierigkeiten hat.

So drängen sich an der Gestalt des Pfarrers zwei weitere Problemkreise auf: Ob sich die Personalisierung des Heiligen allein theologischen Gründen verdankt und also rein positiv zu bewerten ist, und woher die Schwierigkeiten des Pfarrers, selbst personale Frömmigkeitsformen zu pflegen, denn rühren?

II.

In der säkularisierten Welt existiert der Pfarrer als personales Relikt von Religion. Entsprechend bildet das Phänomen der Säkularisierung einen wichtigen Gegenstand theologischer Reflexion. Denn wenn es zutrifft, daß Theologie auch immer die Berufstheorie des Pfarrers entfaltet, ist zu erwarten, daß ein Vorgang, der die Arbeitsbedingungen der pastoralen Praxis in so elementarer Weise tangiert, für das theologische Denken zur Herausforderung wird. Wie hat die neuere Theologie auf den Prozeß der Säkularisierung reagiert?

Prinzipiell bieten sich in der Situation des gesellschaftlichen Wandels zwei Verhaltensmöglichkeiten an[12]. Die konservative Reaktion wird den Veränderungsprozeß als Bedrohung erleben, als Verlust beklagen und eine Restauration früherer, dann gern glorifizierter Zustände intendieren. So hat man kirchlicherseits sich immer wieder dem kritischen Bewußtsein, dem Autonomiestreben, dem Emanzipationsinteresse des neuzeitlichen Denkens entgegenzustellen versucht. In den Krisenzeiten des sozialen Umbruchs hat man angebliche Schöpfungsordnungen verteidigen wollen. In der Irrationalität des Hitler-Faschismus sah man die Rationalität der Moderne generell diskreditiert[13]. Und den »Verlust der Mitte« haben kirchliche Gruppen, die eine Erneuerung der Frömmigkeitspraxis anstrebten, durch die Rückkehr zu alten Ordnungen liturgischer, moralischer oder monastischer Lebensgestaltung zu überwinden versucht.

Es gehört zur Eigenart, aber auch zur Größe der protestantischen Theologie, daß sie sich mit einer rein konservativen Reaktion nicht begnügt hat. In den außertheologischen Wissenschaften hat man den Prozeß

12. Vgl. die Regionalstudie von R. Marbach, Säkularisierung und sozialer Wandel im 19. Jahrhundert. Die Stellung von Geistlichen zu Entkirchlichung und Entchristlichung in einem Bezirk der hannoverschen Landeskirche, Göttingen 1978.
13. Daß hier in der Tat auch »Die Dialektik der Aufklärung« sichtbar geworden ist, haben M. Horkheimer und Th. W. Adorno gezeigt.

der Säkularisierung gern als einen Vorgang beschrieben, der außerhalb der Religion und gegen die Religion abgelaufen ist. So verweist man soziologischerseits gern auf Urbanisierung und Industrialisierung als Quellen dieser Entwicklung[14]. Das philosophische Denken hat darin oft die Emanzipation humaner Vernunft gegenüber kirchlichen Absolutheitsansprüchen gesehen[15]. In der Theologie dagegen hat man von verschiedenen Positionen aus darauf insistiert, daß der Säkularisierungsprozeß auch als eine Folge des christlichen Glaubens interpretiert werden kann.

Ich zähle noch einmal die Liste längst bekannter Zeugen auf. D. Bonhoeffer hat geltend gemacht, daß der »Ausgang des Menschen aus einer selbstverschuldeten Unmündigkeit« keinen Abfall vom Glauben darstellen muß, weil die Begegnung mit dem biblischen Gott nicht allein an Ohnmachts-, Leidens- und Abhängigkeitserfahrungen gebunden ist[16]. G. von Rad hat gezeigt, wie schon im ersten Schöpfungsbericht der Aberglaube an die Gestirngottheiten entkräftet[17] und wie in der Geschichtsschreibung der salomonischen Aufklärung das Walten Jahwes in die Innerlichkeit des menschlichen Herzens verlagert wird[18]. E. Käsemann hat unter der Überschrift »Gottesdienst im Alltag der Welt« anhand von Römer 12,1ff dargetan, wie Paulus die Differenzierung von heiligen und profanen Bereichen überwindet[19]. F. Gogarten hat in seinen Nachkriegsschriften unter Verweis auf Schöpfungslehre und Christologie zur Geltung gebracht, daß die Freilegung der Weltlichkeit der Welt als legitimes Erbe des biblischen Gottesglaubens anzusehen sei[20]. Und auch in der katholischen Theologie hat man in neuerer Zeit konstatiert, daß die Entsakralisierung als eine Folge der Heilsgeschichte betrachtet werden kann[21].

Pastoraltheologisch gesehen haben solche Stimmen sicher zur Stabilisierung der theologischen Identität beigetragen. Der Pfarrer, der gerade im Bereich der Frömmigkeitspraxis die wachsende Säkularisierung hautnah ablaufen sieht, ist durch diese Perspektive gegen die Flucht in eine

14. Vgl. die Diskussion bei S. S. Acquaviva, Der Untergang des Heiligen in der industriellen Gesellschaft, Essen 1964, 113ff.
15. Vgl. H. Blumenberg, Säkularisierung und Selbstbehauptung, stw 79, Frankfurt 1974.
16. Vgl. D. Bonhoeffer, Widerstand und Ergebung. Briefe und Aufzeichnungen aus der Haft, München 1951, 216ff. u.ö.
17. G. von Rad, Das erste Buch Mose, ATD 2, Göttingen 1964[7], 42f.
18. G. von Rad, Theologie des Alten Testaments I, München 1957, 56ff.
19. E. Käsemann, Gottesdienst im Alltag der Welt. Zu Römer 12, in: Exegetische Versuche und Besinnungen 2, Göttingen 1964, 198ff.
20. F. Gogarten, Verhängnis und Hoffnung der Neuzeit. Die Säkularisierung als theologisches Problem, Stuttgart 1953; ders., Der Mensch zwischen Gott und Welt, Heidelberg 1952.
21. Vgl. die Beiträge bei H. Bartsch (Hg.), Probleme der Entsakralisierung, München/Mainz 1970.

reine Defensivhaltung gefeit. Er braucht das abnehmende Interesse an den gemeindlichen Veranstaltungen und das Absterben von Frömmigkeitsformen nicht unbedingt als Angriff zu sehen, der aus einer feindlichen Umwelt gegen Kirche und Glauben geführt wird. Und er gewinnt mit Hilfe solcher Überlegungen darüber hinaus die Möglichkeit, auf eigene Schwierigkeiten mit der Frömmigkeitspraxis nicht nur negativ, im Sinne von Abwehr, zu reagieren. Er muß die Weltlichkeit, in der er sich und die meisten Gemeindeglieder leben sieht, nicht bekämpfen. Er braucht sie auch nicht nur widerwillig zu akzeptieren, als eine Gegebenheit, die der christlichen Existenz von außen aufgezwungen wird. Sondern er kann die säkularisierten Lebensformen als Chance dazu begreifen, die Lebenskraft des christlichen Glaubens auch unter veränderten gesellschaftlichen Bedingungen zu demonstrieren.

Was mir an der positiven Reaktion der Theologen auf die Säkularisierung aller Lebensbereiche zu kurz kommt, sind zwei Aspekte, die aufs engste miteinander verquickt sind und die darin ihre gemeinsame Wurzel haben, daß die theologische Theorie von der Säkularisierung als einer Folge des christlichen Glaubens das Wahrnehmen zweier Realitätsbereiche versperrt.

1. Wenn man theologischerseits die Säkularisierung einseitig als Konsequenz des christlichen Glaubens diagnostiziert, werden all jene Erlebnisformen ins theologische Abseits gedrängt, in denen der Theologe diesen Vorgang als negativ, bedrohlich und beängstigend empfindet. Man kann dann in der Kirche den Verlust, der gerade hinsichtlich der Frömmigkeitspraxis eingetreten ist, kaum noch wahrnehmen. Der Pfarrer mag die Überlastung, die ihm mit der Repräsentanzfunktion zuwächst, beklagen. Aber daß er das Relikt einer ursprünglich viel reichhaltigeren religiösen Symbolwelt bildet, daß er isoliert existiert ohne den Kontext heiliger Räume, Zeiten und Gegenstände, daß er ein Zwitterwesen darstellt zwischen dem Wunsch nach gelebter Heiligkeit und dem Zwang zur Profanität, das alles und die damit verbundenen Gefühle von Verlorenheit, Einsamkeit und sozialer Verwirrtheit werden ihm in seinem Denken und Fühlen kaum faßbar. Gerade im Zusammenhang mit der Säkularisierung gibt es in der Theologie, die sich progressiv definiert, eine Unfähigkeit zu trauern. Die Zerstörung von Religion wird als ihre Überwindung gefeiert. Der Verlust an plausibler, geformter und verbindlicher Frömmigkeitspraxis gilt als Befreiung von einem gesetzlichen Normensystem. Die Wahrheit, die solche Einsichten ohne Zweifel enthalten, wird dadurch verfälscht, daß die andere Seite der Ambivalenz im theologischen Bewußtsein nicht mehr zugelassen wird.

2. Was aber für den Umgang des Theologen mit dem eigenen Erleben gilt, daß er Phänomene des Trauerns, des Schmerzes, der Verlorenheit unterdrücken muß, um die Säkularisierung als Fortschritt zu erleben, das wird wirksam auch im Blick auf die Außenfaktoren, die den Prozeß der Verweltlichung ausgelöst haben. Wenn das theologische Bewußtsein selbst diesen Prozeß in Gang gesetzt hat, sind ja alle anderen gesellschaftlichen Kräfte entlastet; und es bleibt allenfalls darauf zu achten, wie F. Gogarten betont hat, daß die vom Glauben initiierte und umfangene Säkularisierung nicht in einen gottlosen und inhumanen Säkularismus umschlägt[22]. Bei einer solchen theologie- und geistesgeschichtlichen Perspektive braucht den Theologen nicht weiter zu kümmern, daß es in diesem Vorgang vielleicht auch um die Beseitigung und Zerstörung von Religion gegangen ist und daß bei diesem Vorgang Kräfte politischer und ökonomischer Art am Werk gewesen sind, die mit den Zielen einer theologisch fundierten Aufklärung rein gar nichts zu tun haben. Die Säkularisierung der Kirchengüter durch den Reichsdeputationshauptschluß von 1803 signalisiert ja nicht nur einen Wechsel der Eigentumsverhältnisse, sondern vor allem einen fundamentalen Wandel der Machtverteilung. Und die Vertreibung von Frömmigkeitsübungen und religiösen Normen aus dem öffentlichen Leben ist nicht zuletzt darin begründet, daß das kapitalistische Wirtschaftssystem sich an Produktionsziffern, Wachstumsraten und technologischer Effizienz orientieren muß[23]. Mit der These von der Säkularisierung als einer Folge des christlichen Glaubens liefert die Theologie, um ihre eigene Identität bemüht, noch nachträglich die Legitimation für einen Zerstörungsprozeß, der vor allem von den Interessen und Gesetzen der Ökonomie grprägt worden ist.

Wie kann der Pfarrer als Repräsentant von Religion in einer verweltlichten Welt existieren? Der Versuch der neueren Theologie, die Säkularisierung als Erbe des biblischen Gottesglaubens zu akzeptieren, hat dem Pfarrer ein Heimatgefühl in der Profanität der Gegenwart zu vermitteln vermocht. Er hat auf der anderen Seite aber auch dazu geführt, daß der Verlust an religiöser Wirklichkeit, in deren Kontext der Pfarrer ursprünglich hineingehört hat, von diesem gar nicht mehr wahrgenommen, betrauert und im Blick auf die verursachenden Faktoren beklagt werden kann[24]. Für die Frömmigkeitspraxis hat die Säkularisierung die Folge gehabt, daß

22. F. Gogarten, Verhängnis und Hoffnung der Neuzeit, aaO. 129ff.
23. Vgl. K. Brockmöller S.J., Industriekultur und Religion, Frankfurt 1964².
24. In welche Schwierigkeiten ein religiöses System gerät, das sich auf die westliche Säkularisierung nicht einzustellen vermag, zeigt B. Tibi, Die Krise des modernen Islams, München 1981.

Frömmigkeitsakte aus dem Verhaltens- in den Einstellungsbereich verlegt worden sind. Die Frage ist demgemäß, ob der Prozeß der Säkularisierung auch den Umgang mit dem Heiligen auf der Bewußtseins- und Gefühlsebene tangiert hat.

III.

Der Pfarrer ist anders. Er ist Bürge für die Wahrheit, Lebenskraft und Relevanz von Religion. Nachdem es keine heiligen Orte, Zeiten und Gegenstände mehr gibt, steht er als religiöses Symbol einigermaßen verloren in einer säkularisierten Gesellschaft. Umso wichtiger wäre es, daß er in personaler Authentizität die lebensgestaltende Kraft von Religion zu demonstrieren vermöchte. Mindestens er sollte in der Art seiner Lebensführung glaubwürdig machen, daß die biblische Tradition kritisch und konstruktiv zu einem alternativen Leben im Glauben verhilft. Und wenn sein Auftreten in der Öffentlichkeit vielleicht auch, was seine Sprache, seine Kleidung, sein allgemeines Gehabe betrifft, an die profanen Gewohnheiten der Gegenwart angepaßt werden muß, so sollte er doch im Inneren eine geordnete, stabile, möglichst auch ungebrochene Beziehung zum Heiligen aufweisen. Wer anders, wenn nicht der Pfarrer, kann sich regelmäßig in die Heilige Schrift versenken. Er auf jeden Fall sollte den Gott, über den er jeden Tag redet, voll Demut und Vertrauen im Gebet anrufen können. Und er, der die anderen dringend und eifrig zum Gottesdienst einlädt, sollte die liturgische Feier als Mitte des Wochenablaufs erleben.

Die Innenwelt des Durchschnittspfarrers sieht anders aus. Daß die Frömmigkeitspraxis bei den Befragungen ausgespart bleibt, könnte seinen Grund auch in der Angst vor den Ergebnissen haben. Nicht nur die Außenwelt, in der pastorale Praxis heute verläuft, ist säkularisiert. Auch im Inneren des pastoralen Bewußtseins hat sich die Plausibilität religiöser Lebens- und Deutemuster weitgehend aufgelöst. Familienannoncen aus dem Pfarrhaus beweisen: Auch dort verzichtet man zunehmend mehr auf religiöse Formeln bei der Bekanntgabe wichtiger Lebensereignisse. Der unterschiedliche Arbeitsrhythmus der Familienmitglieder läßt auch im Pfarrhaus kaum Raum für eine gemeinsame Andacht. Und ob die Pfarrer herkömmliche Frömmigkeitsübungen wie Bibellektüre, Gebet und Meditation regelmäßig praktizieren, dürfte weniger eine Frage der Zeit als der Einsicht in Sinn und Notwendigkeit solcher Übungen sein.

Die Zerstörung des Heiligen in der Moderne hat auch das pastorale Bewußtsein ergriffen. Was in der Welt der Objekte, in Zeit und Raum als Säkularisierung vor sich gegangen ist, hat sich im kognitiven Bereich in der Form der Religionskritik abgespielt. Die Akte theologischer Reflexion, die Frömmigkeitsübungen begründen bzw. begleiten, haben durch die Anfragen der Religionskritik mindestens ihre Naivität verloren. Und das Grundproblem pastoraler Frömmigkeitspraxis dürfte darin bestehen, ob es möglich ist, nicht gegen die Religionskritik oder abseits von ihr, sondern durch sie hindurch Frömmigkeit zu regenerieren.

Ein erstes Beispiel für die Zersetzung des frommen Bewußtseins liefert die historische Bibelkritik. Solange man den Kanon als inspirierte Heilige Schrift ansehen konnte, die Gottes Offenbarung endgültig und vollständig und unüberbietbar bereitstellt[25], war die permanente Befragung der heiligen Tradition schlechterdings lebensnotwendig. Jeder einzelne Vers konnte zur entscheidenden, lebensumgestaltenden Losung werden. Die Bibelfrömmigkeit beruhte auf dem Vertrauen, daß in diesem Buch mehr als menschliche Weisheit und religiöse Lebenserfahrung enthalten sei. Die Grundsätze der historischen Kritik, in 200 Jahren entwickelt, haben mindestens für den Theologen das Verhältnis zur Bibel sehr viel komplizierter gestaltet. Was er früher als direkte Anrede an sich selber aufnehmen konnte, ist durch die kritische Betrachtung in abständige Distanz geraten. Beim Lesen eines Textes muß er sich mit Echtheitsfragen herumschlagen, stößt er auf religionsgeschichtliche Einflüsse, entdeckt er theologische Konzeptionen, die streng bezogen sind auf eine historische Situation. Im Studium hat er erfahren, daß die Bibel aus geschichtlichen Dokumenten besteht und daß sie ihn trotz ihrer historischen Abständigkeit etwas angeht. Aber nur für die Realisierung der ersten Behauptung hat er ein methodisches Instrumentarium erworben. Wie er die Texte aus der Vergangenheit für sich, sein Leben, Arbeiten und Leiden zur Sprache bringt, bleibt seiner eigenen Erfindungskraft überlassen. Gerade weil die exegetischen Wissenschaften methodisch so differenzierte Auslegungsverfahren entwickelt haben, wird der persönliche Umgang mit der biblischen Tradition in der Frömmigkeitspraxis nur umso schwieriger.

Ähnlich verhält es sich mit der gesellschaftsphilosophischen Religionskritik. Sie hat auf einleuchtende Weise zur Geltung gebracht, daß auch Religion und gerade Religion als Überbauphänomen in der Geschichte der Klassenkämpfe ideologische Funktionen erfüllt. Herrschaftsverhältnisse werden durch sie legitimiert. Gesellschaftliches Elend, das seinen Grund in der ungleichen Verteilung des Eigentums an den Produktionsmitteln hat, wird durch die Vertröstung auf ein besseres Jenseits kompensiert,

25. Vgl. den Überblick über die orthodoxe Lehre von den affectiones bzw. proprietates der Heiligen Schrift bei O. Weber, Grundlagen der Dogmatik I, Neukirchen 1955, 296ff.

ohne daß die irdischen Verhältnisse sich zum Besseren ändern. Und ein wesentliches Instrument zur Indoktrinierung und Anpassung aller Schichten an die gegebenen gesellschaftlichen Zustände ist von jeher der Kult gewesen. Für den Theologen, der den Gottesdienst praktiziert, bedeutet das alles: Er hat das naive Vertrauen in die Legitimität und Sinnhaftigkeit des liturgischen Tuns verloren. Der doxologische Lobpreis gerät in den Verdacht, Ablenkungsmanöver vom gesellschaftlichen Elend zu sein. Und an die Stelle des frommen Redens, das in der Kirche passiert, soll die Aktion, die auf gesellschaftliche Veränderung zielt, treten[26]. Allenfalls als Vorbereitung und Besinnungspause auf gesellschaftliches Engagement erhält der Gottesdienst dann eine eingeschränkte Funktion zugewiesen. Einen Wert in sich selber oder gar die entscheidende Mitte des Lebensrhythmus kann er für ein Bewußtsein, das von der gesellschaftsphilosophischen Religionskritik getroffen ist, kaum bilden.

Inwieweit die dritte, die tiefenpsychologische Form der Religionskritik, als Störfaktor in die Frömmigkeitspraxis eingreift, mag sich aus einigen Andeutungen zum Problem des Gebets ergeben. Die Anrede an einen allmächtigen Vater, auch wenn sie nicht in ritualisierter Zwanghaftigkeit erfolgt, kann entlarvt werden als Monolog mit einem illusionären Projektionsbild. Ob man in dieser Vaterfigur mehr die präödipale Erfahrung von Schutz und Geborgenheit sucht oder ob sie stärker als Über-Ich-Autorität fungiert, der gegenüber man auch im Erwachsenenalter durch das Gebet lebenslang Gehorsam praktiziert[27], immer ist von der psychoanalytischen Religionskritik her die Naivität im verbalen Verkehr des Christen mit Gott gebrochen. Wie kann ich kommunizieren mit einem Wesen, das seine Existenz allein der produktiven Kraft meiner eigenen Phantasie[28] zu verdanken scheint? Weil die psychoanalytische Metapsychologie das andauernde Bedürfnis des Menschen nach einer Macht freigelegt hat, die sein ungesichertes, von Konflikten durchschütteltes Leben begleitet und trägt, hat derjenige, der über dieses Bedürfnis in seinem eigenen Leben kritisch zu reflektieren beginnt, gravierende Schwierigkeiten, im Akt des Gebets dem Bedürfnis nach Anlehnung und Vergewisserung zu folgen.

26. Im Rückblick zeigt sich, daß auch das Politische Nachtgebet sich gegen eine allzu minimalistische Integration religiöser Traditionen abzugrenzen versucht hat; vgl. F. Steffensky / D. Sölle (Hg.), Politisches Nachtgebet in Köln, Bd. 1, Stuttgart 1969, 7ff, und Bd. 2, Stuttgart o.J., 226ff.

27. Vgl. J. Scharfenberg, Sigmund Freud und seine Religionskritik als Herausforderung für den christlichen Glauben, Göttingen 1968, 135ff.

28. Zur theologischen Relevanz der Phantasie im Freudschen Sinn vgl. H. G. Heimbrock, Phantasie und christlicher Glaube. Zum Dialog zwischen Theologie und Psychoanalyse, München/Mainz 1977.

Indem die neuzeitliche Religionskritik die Texte der Bibel als Dokumente historischer Abständigkeit, den Gottesdienst als Legitimationsanstalt und das Gebet als illusionären Monolog in Frage gestellt hat, hat sie in die Frömmigkeitspraxis auch und gerade der Theologen in erheblichem Maße eingegriffen. Damit ist die Theologie gefragt, ob sie für den Umgang mit dem Heiligen in der säkularisierten Gesellschaft eine neue Basis zu liefern vermag[29].

IV.

Der zeitgenössische Pfarrer befindet sich im Blick auf die Frömmigkeit in einem dreifachen Dilemma. Als Bürge von Religion arbeitet er in einer säkularisierten Welt, Relikt einer Dimension, deren symbolische Repräsentanten ansonsten untergegangen oder an die gesellschaftlichen Randzonen gedrängt worden sind. Der Erwartung von Außen, es möchte der Pfarrer nicht nur ein studierter, sondern auch ein frommer Mann sein, der für den Umgang mit dem Heiligen Lebensmöglichkeiten aufzeigen soll, kann eine pastorale Identität kaum entsprechen, die sich den Anfragen der Religionskritik ausgesetzt hat. Schließlich aber ist es für den Pfarrer lebensnotwendig, ein reflektiertes und geordnetes Verhältnis zum Heiligen und damit zu Gott zu finden; denn die Allmachtswünsche, die an ihn von außen herangetragen werden, etwa in der Seelsorge-Situation, und die Allmachtsträume, die er als Repräsentant von Religion sicher hegt, können sein Leben zerstören, wenn er sie nicht von sich selber abzuleiten vermag[30]. »Die geistliche Erneuerung des Pfarrerstandes«[31] tut not – die Frage ist nur, wie läßt sie sich realisieren?

Die verschiedenen Ansätze zur Regeneration der praxis pietatis, die in diesem Jahrhundert unternommen worden sind, sind alle dadurch charakterisiert, daß sie Frömmigkeitsformen der kirchlichen Tradition für die Gegenwart fruchtbar zu machen versuchten. Die liturgischen Bewegun-

29. Wichtige Ansätze zum Gespräch mit der neuzeitlichen Religionskritik bei G. Theißen, Argumente für einen kritischen Glauben, oder: Was hält der Religionskritik stand, ThExh 202, München 1978, sowie H.-J. Kraus, Theologische Religionskritik, Neukirchen 1982.

30. Vgl. F. Meerwein, Neuere Überlegungen zur psychoanalytischen Religionspsychologie, in: E. Nase / J. Scharfenberg (Hg.), Psychoanalyse und Religion, Wege der Forschung 275, Darmstadt 1977, 342ff.

31. Vgl. jetzt den Neudruck von J. Schniewind, Geistliche Erneuerung, Göttingen 1981, 123ff, sowie H.-J. Kraus, Julius Schniewind. Charisma der Theologie, Neukirchen 1965, speziell zur Pfarrer-Schrift 256ff.

Und wie wäre es mit Entwicklungen nach vorn? Phantasie für Frömmigkeitsformen, die erst heute u. morgen im Zusammenleben der Menschen möglich sind,

gen haben auf den gregorianischen Gesang[32], auf altkirchliche Meßformen und auf die Ordnung der Tageszeitengebete zurückgegriffen. In der moralischen Aufrüstung hat man einen Kanon von Normen aufzustellen versucht, die aus der Vergangenheit stammen und für das Individuum wie die Staaten einen stabilen Ordnungsrahmen liefern sollen. In den unterschiedlichen Ordensbildungen, die es auch im protestantischen Raum gegeben hat, hat man die alten Regeln der monastischen Frömmigkeit[33] zu neuem Leben erweckt. Und auch dort, wo sich ein solcher Erneuerungswille nicht in Gruppenbewegungen niederschlägt, kann das Plädoyer für die Frömmigkeit nur auf einfache, alte Lebensakte[34] verweisen:

> »Hören, Beten, Zusammensein, Bekennen und Tun. Oder in Form eines fundamentaltheologischen Satzes: Als Christ oder in der Nähe des Auferstandenen leben heißt: Auf Jesu Wort hören, ihm im Gebet antworten, mit der in seinem Namen sichtbar versammelten Gemeinde zusammensein, sich dazu bekennen und dies alles im Tun und Leben bewähren.«[35]

Unbestreitbar gehört zu jeder Erneuerung der Frömmigkeitspraxis dieser konservative Zug. Auch die »Frömmigkeit in einer weltlichen Welt«[36], die man in den sechziger Jahren entwickeln wollte, mußte auf überlieferte Praxisformen zurückgreifen. Ebenso mußten »Der profane Weltchrist«[37] oder »Der sachliche Mensch«[38], Leitbilder protestantischer Spiritualität aus derselben Zeit, traditionelle Formen bemühen, wenn sie den Umgang mit dem Heiligen zu gestalten versuchten. Ein solcher Rückgriff auf das überlieferte Repertoire ist auch heute unvermeidlich; denn die menschlichen Erlebnis- und Ausdrucksmöglichkeiten sind auch in diesem Bereich beschränkt.

Frömmigkeit, die heute auch für den Pfarrer praktikabel sein soll, darf freilich beim Rückgriff auf die Tradition die neuzeitlichen Lebens- und Bewußtseinsbedingungen nicht überspringen. Sie wird also zu berücksichtigen haben, daß im Prozeß der Zivilisation eine intensive Domestika-

32. Vgl. F. Buchholz, Liturgie und Gemeinde. Gesammelte Aufsätze, ThB 45, München 1971, 12ff und 64ff.
33. Einzelaspekte bei G. Wolff, Zeiten mit Gott. Evangelische Exerzitien, Stuttgart 1980.
34. S. auch H. W. Wolff, Der Tag des Theologen, in: Wegweisung. Gottes Wirken im Alten Testament, München 1965, 114ff, und K. Dirschauer, Leben aus dem Tode. Grundlegung christlicher Frömmigkeit, München 1979, 110ff.
35. M. Seitz, Der Beruf des Pfarrers und die Praxis des Glaubens. Zur Frage nach einer neuen pastoralen Spiritualität, in: Praxis des Glaubens. Gottesdienst, Seelsorge und Spiritualität, Göttingen 1978, 223.
36. H. J. Schultz (Hg.), Frömmigkeit in einer weltlichen Welt, Stuttgart 1959.
37. E. Schleth, Der profane Weltchrist. Neubau der Lebensform für den Industriemenschen, München 1957.
38. D. von Oppen, Der sachliche Mensch. Frömmigkeit am Ende des 20. Jahrhunderts, Stuttgart 1968.

tion des Menschen erfolgt ist[39] – deswegen wird die Erneuerung ekstatischer Erlebnisformen nur eingeschränkt möglich sein. Ebenso dürfte die reformatorische Trennung von Ökonomie und Religion, die das Gottesverhältnis von jeder Zweckorientierung befreit hat, darin unüberholbar sein, daß man das Heil nicht mehr mit Übungen der Frömmigkeitspraxis kaufen kann. Vor allem aber ist die Prägekraft von Säkularisierung und Religionskritik insoweit in Rechnung zu stellen, daß eine Begründung der Frömmigkeit aus rein binnentheologischen Überlegungen fragwürdig wird. Darin scheint mir jedenfalls das Ungenügen der angeführten Erneuerungsbestrebungen für die Gegenwart zu bestehen, daß sie den Sinn und die Notwendigkeit von Frömmigkeit allein aus theologischen Gründen belegen wollen. Ich selber möchte deshalb mindestens anzudeuten versuchen, daß und inwiefern mit den behandelten Phänomenen Gebet, Gottesdienst und Bibellektüre elementare Aspekte des Menschseins verknüpft sind.

Einen solchen Versuch zur anthropologischen Interpretation des Gebets hat vor einiger Zeit G. Otto vorgelegt. Im Rahmen einer Konzeption, die Glauben und Denken aufs engste miteinander verbindet[40], wird das Gebet als Meditation und Reflexion verstanden. Wie ihm die neutestamentliche Mahnung »Betet ohne Unterlaß!« beweist, ist für den christlichen Glauben das Gebet aus einem Einzelakt zu einer grundlegenden Lebenshaltung geworden[41]. Zugleich muß man dabei »jede *unreflektierte* Vorstellung von Gott als einem anredbaren personhaften Gegenüber hinter sich lassen. Wer sich ihrer als Erwachsener bedient, sollte sich darüber klar sein, daß er eine, *für ihn* vielleicht notwendige, rhetorische Figur der Tradition aufnimmt«[42]. Auch im Neuen Testament gab es Gebetsformulierungen, in denen die Anrede an Gott fehlt und die als »Besinnung auf Gott« geschehen. »›Beten‹ heißt . . .: konkrete Besinnung auf die Situation, der man jeweils verhaftet ist. Diese Besinnung geschieht im *säkularen* Wort und im *nichtsakralen* Zusammenhang.«[43]

Ein solches Gebetsverständnis scheint mir nicht nur aus theologischen Gründen unzureichend zu sein[44]. Die Interpretation des Gebets als eines

39. Vgl. N. Elias, Über den Prozeß der Zivilisation. Soziogenetische und psychogenetische Untersuchungen, 2 Bände, stw 158/159, Frankfurt 1978.
40. Vgl. den Titel seines Predigtbandes: G. Otto, Denken – um zu glauben. Predigtversuche für heute, Hamburg 1970.
41. G. Otto, Vernunft. Aspekte zeitgemäßen Glaubens, Stuttgart 1970, 88f.
42. AaO. 94.
43. AaO. 96; ähnlich auch G. Otto, Wandlung der Frömmigkeit, in: ThLZ 90, 1965, 721ff.
44. Vgl. die unterschiedlichen kritischen Anfragen bei P. Cornehl, Analyse von Gebeten, in: ThPr 4, 1969, 53f; S. Hausammann, Atheistisch zu Gott beten? Eine Auseinander-

Aktes der Meditation ist insofern eine Reduktion, als sie alle Formulierungen, die eine Anrede an eine transzendente Macht enthalten, für irrelevant bzw. »rhetorisch« und damit sachlich sekundär erklären muß. Der Tatbestand, daß zum Gebet in vielen sonstigen religiösen Systemen Anredeformen gehören[45], muß aber zunächst einmal respektiert und erklärt werden. Er bezeichnet offensichtlich ein Interesse des Menschen, nicht nur mit seiner sozialen Umgebung und nicht nur mit sich selber zu kommunizieren, sondern seine kommunikativen Vollzüge bis an die Grenzen möglicher Erfahrung und darüber hinaus auszudehnen. Diese anthropologische Grundgegebenheit drückt Th. Bonhoeffer mit der Feststellung aus, daß das Gebetsleben des Menschen mit dem ersten Schrei nach der Geburt beginnt.[45a] Wie der Mensch in der Sprache generell die Möglichkeit zum Transzendieren von Zeit und Raum, Situation und Erleben entwickelt hat, so transzendiert das Gebet den Bereich aller sonstigen Adressaten in Richtung auf den allmächtigen und barmherzigen Grund des Seins. Das kann im angstvollen Schrei geschehen, den einer in der Stunde der Gefahr ausstößt; das kann in der Klage um erlittenes Unrecht wie im Dank für empfangenes Glück geschehen; das kann frei oder mit vorformulierten Worten, zu bestimmten Zeiten oder ad hoc ablaufen; man kann sich dabei sachlicher Hilfsmittel wie einer Gebetsmühle oder des Rosenkranzes bedienen oder auch in personaler Konzentration sein Gebet verrichten. Der Pfarrer, der Christ, der sich aufs Beten einläßt, tut damit etwas, was zu den grundlegenden Möglichkeiten der menschlichen Sprache gehört[46].

setzung mit D. Sölle, in: EvTh 31, 1971, 414ff; sowie das Streitgespräch zwischen E. Lange und W. Bernet in: W. Bernet, Das Gebet, Stuttgart 1970, 153ff.

45. Vgl. F. Heiler, Das Gebet. Eine religionsgeschichtliche und religionspsychologische Untersuchung, München 1921⁴, 489f.

45a. So in seiner ungedruckten Zürcher Habilitationsschrift im Blick auf den Sinn der Rede von Gott.

46. Vgl. O. Pfister, Das Christentum und die Angst, Olten 1975², 491: »Die Angstlehre warnt vor dem Gebet als Wünschelrute, als Mittel zur Beschwichtigung des göttlichen Zornes, als gottwohlgefälliger verdienstlicher Leistung, als einer Vorkehr, um Gott die Augen zu öffnen über menschliche Bedürfnisse und das, was er zu tun habe. Das andächtige Gebet aus Liebe, Dankbarkeit, Vertrauen, ehrfurchtsvoller Bewunderung der Größe Gottes, als Aussprache alles dessen, was quält und drückt, auch der begangenen Sünden, das inbrünstige Gebet um Hilfe in äußeren und inneren Nöten, um Beistand zur Erfüllung schwerer Aufgaben und Pflichten, um Standhaftigkeit und so weiter, ist ein unschätzbares Mittel der christlichen Abfindung mit der Angst.« – Zur theologischen Begründung des Gebets im Gespräch mit der Religionskritik vgl. jetzt auch H.-M. Barth, Wohin – woher mein Ruf? Zur Theologie des Bittgebets, München 1981, 73ff, sowie G. Wenz, Andacht und Zuversicht. Dogmatische Überlegungen zum Gebet, in: ZThK 78, 1981, 465ff.

Im Blick auf den Gottesdienst läßt sich ähnliches konstatieren. Seitdem es auch in der Theologie wieder möglich ist, ihn als Ritual zu betrachten[47], lassen sich zahlreiche Verbindungslinien zu entsprechenden Phänomenen und ihrer wissenschaftlichen Bearbeitung in allen Lebensbereichen ziehen. Im Kampf- und Paarungsgebaren vieler Tierarten hat die Verhaltensforschung Ritualisierungen festgestellt[48]. Die Tiefenpsychologie hat nicht nur, wie S. Freud in den Zwängen des Anankasten, Ritualität als pathologisches Verhalten klinifiziert, sondern mit E. H. Erikson in der Ritualität eine Grundlage für menschliche Identitätsbildung überhaupt gesehen[49]. Für die Interaktionssoziologie spielen sich bei jeder Begrüßung auf der Straße oder beim Partygeplauder rituelle Vorgänge ab, die der wechselseitigen Bestätigung und Imagepflege dienen[50]. In einzelnen Konzeptionen der Politologie werden Prozesse politischer Willensbildung wie Wahlen oder Tarifverhandlungen ebenfalls unter dem Ritualaspekt durchleuchtet[51].

Das alles bedeutet: Der Ritualbegriff ist längst nicht allein der religiösen Sphäre vorbehalten[52]. Die Ritualisierung gehört zur Grundausstattung des Lebens, auch beim Menschen, wie die Sprache. Und es ist eine wichtige Aufgabe für die Theologie darzulegen, worin denn die Gemeinsamkeiten und die Unterschiede zwischen den profanen und den gottesdienstlichen Ritualen bestehen. Offensichtlich geht es in all diesen Phänomenen um geregelte Kommunikation, um Bildung von Identität, um Austausch von sozialer Anerkennung. Und die Eigenart der religiösen Rituale ließe sich zunächst ganz formal so bestimmen, daß der Mensch in diesem Bereich die Erfahrung von Heil durch die Beziehung zum Heiligen zu gewinnen trachtet.

Was sich im christlichen Gottesdienst abspielt – und das zu betonen ist in diesem Zusammenhang wichtig –, ist also kein religiöses oder gar christliches Sonderverhalten; vielmehr wird dort, im Gefolge der biblischen und der kirchlichen Tradition, eine allgemeine Fähigkeit, die zur Grundausstattung des Lebens gehört, wahrgenommen. Eine Frömmigkeitshal-

47. Vgl. W. Jetter, Symbol und Ritual. Anthropologische Elemente im Gottesdienst, Göttingen 1978.
48. Z.B. I. Eibl-Eibesfeldt, Liebe und Haß. Zur Naturgeschichte elementarer Verhaltensweisen, München 1976[6].
49. E. H. Erikson, Die Ontogenese der Ritualisierung, in: Psyche 22, 1968, 281ff.
50. E. Goffman, Interaktionsrituale. Über Verhalten in direkter Kommunikation, Frankfurt 1971.
51. M. Edelman, Politik als Ritual. Die symbolische Funktion staatlicher Institutionen und politischen Handelns, Frankfurt 1976.
52. Vgl. auch W. Härle / E. Herms, Rechtfertigung. Das Wirklichkeitsverständnis des christlichen Glaubens, UTB 1016, Göttingen 1979, 121ff.

tung, die sich auf den Gottesdienst einläßt, pflegt damit ein elementares humanes Erbe[53]. So wenig wie das Gebet muß der Gottesdienst mit einer spezifisch theologischen Begründung versehen werden. Der Mensch, der sich auf die Möglichkeiten seines Menschseins einläßt, wird beides als sinnvolle und notwendige Verhaltensformen seines Lebens entdecken. Und der Pfarrer, der einen Gottesdienst hält, darf dessen gewiß sein, daß er bei aller Fragwürdigkeit, die den alten und neuen Formen liturgischer Praxis anhaftet, einen wesentlichen Beitrag für die Gestaltung menschlichen Lebens leistet.

Gebet und Kult sind Praxisformen von Frömmigkeit, die weltweit unter den Religionen verbreitet sind. Auch der Bezug zu einer verbalen Tradition, die teils mündlich, teils schriftlich weitergegeben wird, gehört in der Regel zu den konstitutiven Faktoren eines religiösen Systems. Erst durch die sprachliche Tradition erhalten ja die Gebetsakte und Riten ihre inhaltliche Füllung und ihre spezifische Ausrichtung auf den Namen einer bestimmten Gottheit. Insofern ist es eigentlich selbstverständlich, daß die Beschäftigung mit dieser Tradition einen wesentlichen Teil der jeweiligen Frömmigkeitspraxis darstellt, auch und gerade für den, der in einem religiösen Beruf tätig ist.

Was, wie ich schon sagte, in der Gegenwart die Hinwendung zu dieser Tradition so unbefriedigend macht, ist ihre Festschreibung auf die Vergangenheit ihrer Entstehung. Ein lebendiges Verhältnis zur Heiligen Schrift setzt voraus, daß ihre Texte als lebendige Größen zur Wirkung gelangen dürfen. Und nicht einfach kraft des entschlossenen Zugriffs eines frommen Bewußtseins, das sich um alle methodischen Implikationen nicht kümmert, sondern auf der Basis der Einsicht, daß die historisch-kritische Betrachtungsweise der Bibel nicht die einzige mögliche ist, auch im methodisch-wissenschaftlichen Sinn. Deshalb ist an dieser Stelle auf solche hermeneutische Ansätze hinzuweisen, die eine gewisse Engführung der historischen Kritik überwunden haben.

Entscheidend für jede weitergehende Interpretation ist die Einsicht, daß die von der historischen Kritik angenommene Verzahnung von Text, Autor und historischer Situation aufgebrochen werden kann[54]. Autor und Situation sind vergangen, aber der Text als Text existiert weiter, er redet in neuen Situationen andere Menschen an. Das Ziel, das der Autor mit die-

53. Nicht ohne Grund sind auch politische Erlösungssysteme zur Ritenbildung gezwungen; vgl. K. Vondung, Magie und Manipulation. Ideologischer Kult und politische Religion des Nationalsozialismus, Göttingen 1971.

54. Vgl. P. Ricoeur, Philosophische und theologische Hermeneutik, in: EvTh Sonderheft 1974, 24ff.

sem Text in seiner Situation verfolgt hat, ist eine für das Verständnis des Textes wichtige Dimension. Aber der Text darf in diesem Verständnishorizont nicht eingesperrt bleiben. Er hat sich sozusagen selbständig gemacht, hat ein Eigenleben entfaltet; und Verstehen heißt deshalb nicht nur, die Aussagerichtung des Textes in der Vergangenheit möglichst genau nachzuvollziehen; Verstehen schließt vor allem die Aufgabe ein, den Text als einen Gesprächspartner in der Gegenwart zu Wort kommen zu lassen. Ein Text hat mehr zu sagen, als Autor und Adressat im Augenblick seiner Entstehung zu sehen vermögen. Ob und in welcher Weise auf dieser Basis die Exegese eines Textes methodisch exakt vonstatten gehen kann, ist eine sehr komplizierte Frage, die uns hier aber nicht zu beschäftigen braucht. Wesentlich ist die Erkenntnis, daß jeder Text als Text und damit auch ein Bibeltext ein direktes Gespräch mit dem Leser intendiert, das nicht gebunden bleiben muß an die Umstände der historischen Situation. Eine Frömmigkeitspraxis, die sich auf die Texte der Bibel einzulassen versucht, muß nicht unbedingt den Umweg über die Vergangenheit gehen[55].

Wird es dem Theologen wieder gelingen, Glauben und Wissen, Theorie und Praxis in seinem persönlichen Leben einigermaßen zusammenzubringen? Daß das für seine pastorale Tätigkeit fruchtbar sein dürfte, zeigt etwa die Unsicherheit, mit der die Pfarrer spezifisch religiöse Medien der Lebenshilfe wie Gebet und Bibeltexte in der Seelsorge zur Anwendung bringen[56]. Daß die Theologie selbst auf Frömmigkeit angelegt ist, hat sie auch in jüngster Zeit oft genug versichert. »Theologie wird, in der Weise des Nachdenkens, immer die innere Form von Frömmigkeit, diese die innere Form von Theologie haben müssen.«[57] Die Schwierigkeiten, die der Realisierung solcher Aussagen entgegenstehen, sind freilich enorm. Der Pfarrer soll fromm sein, immer ohne den Kontext einer religiösen Lebenswelt, oft ohne den Rückhalt in einer frommen Gemeinde, manchmal auch ohne die Stütze einer konstruktiven Theologie.

55. Daß für ein solches Lebensverhältnis zur Bibel auch eine Reihe methodischer Verfahren bereitstehen, zeigen W. Wink, Bibelauslegung als Interaktion. Über die Grenzen historisch-kritischer Methode, Urban-TB T-Reihe 622, Stuttgart 1976; H. Barth / T. Schramm, Selbsterfahrung mit der Bibel. Ein Schlüssel zum Lesen und Verstehen, München 1977; G. M. Martin, »Bibliodrama« als Spiel, Exegese und Seelsorge, in: WPKG 68, 1979, 135ff.

56. Vgl. G. Besier, Seelsorge und Klinische Psychologie. Defizite in Theorie und Praxis der »Pastoralpsychologie«, Göttingen 1980, 177ff.

57. So. R. Leuenberger, Frömmigkeit als theologisches Problem, in: ThPr 2, 1967, 113; Leuenberger fährt dann fort: ». . . ein Ereignis, in welchem die Einheit von Theologie und Frömmigkeit gänzlich in Erscheinung treten würde, wäre geradezu als eschatologisch zu bezeichnen, da das Spannungsverhältnis zwischen beiden die geschichtliche Wirklichkeit eines Glaubens kennzeichnet, der auf Zukunft hin offenbleiben muß« (ebd.).

Was ich die Zerstörung der Religion genannt habe, erlebt der Pfarrer jeden Tag in seinem eigenen Leben, innen und außen. Er muß über Gott und im Namen Gottes reden. Kann er das ein Leben lang tun, ohne Gott selber anzurufen?

Zur Ausbildung des Pfarrers

Am 15. Oktober 1979 erschien im »Göttinger Tageblatt« die folgende Traueranzeige:

> Es sollen wohl Berge weichen
> und Hügel hinfallen, aber meine Gnade
> soll nicht von dir weichen und
> der Bund meines Friedens soll
> nicht hinfallen, spricht der Herr,
> dein Erbarmer. Jes 54,10

Tieferschüttert geben wir Kenntnis vom Heimgang unseres hochverehrten Pastors

Hans-Joachim Sassenberg

Er hat uns über drei Jahrzehnte hinweg mit dem Wort Gottes gedient, in Freude und Leid war er unser Vorbild und Bruder.

Carl Graf von Hardenberg (Patron)	Die Kirchengemeinde Großenrode	Gemischter Chor Großenrode
Reichsbund OG Großenrode	Freiwl. Feuerwehr Großenrode	Turn- und Sportverein Großenrode

Ich weiß wohl, daß gerade in Traueraussagen ein großes Mißverhältnis bestehen kann zwischen der Wirklichkeit und dem Bericht über Wirklichkeit, eine Spannung zwischen der informierenden Intention und der idealisierenden Tendenz.

Dennoch kann uns diese Trauerannonce in mehrfacher Hinsicht als Einstieg in unsere Problematik dienen.

I.

Zunächst: Der Pfarrer, über dessen Ausbildung und Fortbildung jetzt nachzudenken ist, tut seinen Dienst in der volkskirchlichen Situation. Da gibt es in seiner Kirchengemeinde nur ausnahmsweise noch einen Patron. Aber seine Tätigkeit ist in mannigfacher Weise nicht nur auf die aktiven und permanent anwesenden Kirchenglieder bezogen; vielmehr hat sein Wirken Bedeutung auch für die, die nicht regelmäßig am Gottesdienst und an den Gemeindeveranstaltungen teilnehmen. Gerade im südniedersächsischen Raum, aus dem die Trauerannonce stammt, ist die Beteiligung am Gemeindeleben, vorsichtig ausgedrückt, eher zurückhaltend, ja spärlich. Wenn die Unterschrift der dörflichen Vereine nicht einfach auf den überdurchschnittlichen Aktivitäten des verstorbenen Pfarrers und auch nicht auf der Heuchelei der Dorfbewohner beruht, darf man daraus schließen: Die Präsenz eines Pfarrers in der Volkskirche ist auch und gerade für die wichtig, die seine Dienste nicht dauernd in Anspruch nehmen. Mindestens in den Dörfern, aus denen die Hoheitsträger wie Lehrer, Polizeibeamte, Verwaltungsorgane immer stärker verschwinden, ist die Anwesenheit des religiösen Repräsentanten nach wie vor wichtig. Ich vermute, im Pfarrer ist für den Dorfbewohner, aber auch für Städter mehr gegenwärtig als nur eine bestimmte Person oder ein bestimmter Beruf. Der Pfarrer in der Volkskirche ist Bürge für die Kirche schlechthin, für Gott, für Religion.

Nun kann man gegen die volkskirchlichen Verhältnisse eine Menge Bedenken anmelden[1]. Was mich diese kirchliche Struktur nach wie vor verteidigen läßt, ist die Tatsache, daß sie die Partizipation am kirchlichen Leben in mannigfachen Formen erlaubt. Die Volkskirche, und nur sie, ist gegen die Sektenmentalität gefeit. Hier kann sich allenfalls in einzelnen Gruppen ein elitäres Erwählungsbewußtsein bilden. Hier können nicht nur Menschen mitmachen, die einen Hang zur religiösen Vereinsmeierei mitbringen und sich in die Geborgenheit eines frommen Zirkels zurückziehen wollen. Hier ist auch der Pfarrer in seiner Arbeit nicht nur auf die Bedürfnisse eines bestimmten Menschentyps und einer bestimmten Schicht in der Gesellschaft bezogen. Vielmehr kann er, in unterschiedlichen Formen und mit unterschiedlichem Erfolg, für eine Vielzahl von Menschen hilfreich dazusein versuchen, für die Kerngemeinde und für die Randsiedler, für die Aktiven und Kontaktfreudigen, aber auch für die, die lieber in distanzierter Kirchlichkeit leben wollen. Deshalb halte ich daran fest: Der Pfarrer, um dessen Aus- und Fortbildung es in den folgenden Überlegungen geht, arbeitet in der volkskirchlichen Situation.

1. S.o.S. 52ff.

II.

Der Amtsbruder, dessen Ableben beklagt wird, ist ein Dorfpfarrer gewesen, einer also, der alle Tätigkeitsbereiche der Gemeindepraxis mehr oder weniger gut wahrnehmen mußte. Er war, soweit es die Anzeige erkennen läßt, kein Spezialist für Unterricht oder Seelsorge oder Predigt. Er mußte in all diesen Tätigkeitsfeldern als Generalist arbeiten, man kann auch weniger freundlich sagen: als Dilettant. Was nicht heißen muß, daß er seine Sache nicht gut gemacht hat und daß er den Menschen, die ihm anvertraut waren, in ihrem Leben und Sterben nicht helfen konnte.

Auch das will im folgenden berücksichtigt sein. Ich rede von der Aus- und Fortbildung des Gemeindepfarrers, der vielleicht in dieser und jener Hinsicht ein Sonderinteresse hat, der unter Umständen im Rahmen des Kirchenkreises einen Spezialauftrag wahrnimmt, der sicher auch mit einzelnen Praxisfeldern besser zu Rande kommt als mit anderen, der aber letztlich alle Tätigkeitsbereiche versorgt, die herkömmlich zum parochialen Auftrag gehören. In den Jahren der Diskussion um die Kirchenreform wurde lauthals die Parole diskutiert, man müßte nun auch die Pfarrer zu Spezialisten ausbilden. An die Stelle der parochialen Gliederung des pastoralen Dienstes sollte die funktionale Aufteilung treten[2]. Ein größerer Gemeindeverband sollte aus Fachleuten für die einzelnen Praxisfelder bestehen[3]. Richtig an diesem Konzept war auf jeden Fall, daß angesichts der unterschiedlichen Begabung der einzelnen Theologen, angesichts der unterschiedlichen Bedürfnisse im Gemeindebereich und angesichts der wachsenden Differenzierung in den wissenschaftlichen Disziplinen kein einzelner mehr alle pastoralen Tätigkeiten gleich gut, geschweige denn gleich perfekt versehen kann. Der Ruf nach der Spezialisierung sollte der Überforderung der Pfarrer Abhilfe schaffen und war insoweit berechtigt.

Dennoch halte ich es für gut, daß diese Konzeption einer kirchlichen Strukturreform sich nur in Ansätzen durchgesetzt hat. Soweit ich es übersehen kann, ist es im großen und ganzen beim Gemeindepfarrer, der Generalist und Dilettant zugleich ist, geblieben. Er hat inzwischen wahrscheinlich mehr Möglichkeiten zu einer gezielten Fortbildung erhalten. Er hat heutzutage sicher auch mehr Chancen, hilfsbedürftige Menschen, deren Begleitung seine Kompetenz übersteigt, an andere kirchliche Arbeits-

2. Vgl. vor allem: Raumordnungs- und Strukturausschuß der Evangelischen Kirche im Rheinland, Vorschläge zur Neuordnung des kirchlichen Dienstes in den Gemeinden, 1970.
3. Vgl. Y. Spiegel, Kooperative und funktionsgegliederte Gemeindeleitung, in: WPKG 60, 1971, 162ff, und J. Hach, Teamarbeit kirchlicher Funktionsträger, Frankfurt 1976.

stellen zu überweisen. Aber er selbst ist nach wie vor für alle Tätigkeiten im Gemeindebeeich zuständig. Ich halte das Scheitern der Strukturreform deswegen für begrüßenswert, weil das Modell des Pfarrers als Funktionsspezialisten auf zwei fragwürdigen Voraussetzungen beruht:

1. es rechnet anthropologisch mit einer Zerlegbarkeit des Menschen in einzelne Funktionssektoren, während er doch von all seinen Problemen, Fragen und Schwierigkeiten ganzheitlich betroffen wird; und

2. es rechnet, theologisch gesehen, mit einer Zerlegbarkeit des Evangeliums, während Religion doch immer für die unteilbare Ganzheit des Lebens, der Welt und des Menschen gestanden hat.

Man kann sich das Problem deutlich machen an einer so einfachen Handlung wie der Beerdigung. Da ist der Pfarrer als Seelsorger, als Liturg, als Redner, eventuell auch als Rechtsberater, als Sozialfürsorger und als Lehrer gefragt. Natürlich ist es wichtig, daß er in komplizierten Fällen die Trauernden zu Spezialisten zu schicken weiß. Aber so wenig man die medizinische Versorgung in lauter Spezialangebote zerstückeln kann, so wenig läßt sich die religiöse Begleitung des Lebens in Spezialaufträge zerlegen[4]. Die Person ist in diesem Bereich meist wichtiger als die Funktion. Und deshalb gehe ich davon aus, daß der Pfarrer, von dem hier die Rede sein soll, der Gemeindepfarrer und nicht der Pfarrer mit Spezialausbildung und Sonderauftrag, den es auch geben soll, ist.

III.

Von dem Pastor Sassenberg, der 1979 in der Nähe Göttingens gestorben ist, wird im Grunde sehr viel gesagt: »Er hat uns über drei Jahrzehnte hinweg mit dem Wort Gottes gedient, in Freude und Leid war er unser Vorbild und Bruder.« Wahrscheinlich hat er, über dessen Leben diese Worte geschrieben wurden, eine ganz normale Ausbildung genossen. Und es wird zunächst gut sein, sich durch religionsgeschichtlichen Vergleich die Merkwürdigkeit unseres Ausbildungssystems klarzumachen.

Ein Außenstehender dürfte zunächst über die Tatsache staunen, daß man in unserer Kultur die Ausbildung zum religiösen Beruf aufgrund von Eigeninitiative beginnen kann. Es gibt keine Person und keine Instanz, die den individuellen Entschluß überprüft und einen eventuell wegen persön-

4. Auf der anderen Seite ist auch mit Problemkonstellationen zu rechnen, die der Betroffene noch gar nicht definieren kann, so daß er gar nicht weiß, an welchen Spezialisten er sich wenden soll.

licher Unzulänglichkeiten zurückweist[5]. Die ausdrückliche Berufung steht bei uns nicht am Anfang, sondern am Ende des Ausbildungsweges, in Form der Ordination.

In unserer Kirche rechnet man also damit, daß einer ein akzeptabler Pfarrer werden kann, wenn er ein durchschnittlicher Oberschüler und ein durchschnittlicher Student gewesen ist und wenn er schließlich zwei Examina mit durchschnittlichen Ergebnissen absolviert hat. Wie die Studienordnungen und die Examensanforderungen mindestens für die erste Prüfung belegen, soll er im Laufe seiner Ausbildung Kenntnisse erwerben über historische und dogmatische Sachverhalte, soll er sich methodische Fertigkeiten aneignen im Bereich der Textauslegung und der theologischen Urteilsbildung, und soll er andeutungsweise imstande sein, diese Kenntnisse und Fähigkeiten im Blick auf die künftige Praxis auch anzuwenden.

Ein Vergleich mit anderen Ausbildungssystemen für den religiösen Beruf zeigt, daß dieser Zugang zum Pfarrerdasein durchaus nicht selbstverständlich ist[6]. Der Pfarrer lernt bei uns nicht beten und fasten. Er lernt nicht meditieren. Er lernt nicht Opfer auswählen, zubereiten und schlachten. Er erlebt keine Neugeburt, die sich als Initiation in verschiedenen Schritten vollzieht. Er wird nicht mit Angstsituationen konfrontiert und durch gefährliche Stationen begleitet. Er kann sich nicht in Trance versetzen und nicht in Ekstase erheben. Er lernt nicht schweigen. Er lernt auch nicht sterben.

Nun ist es sicher kein Zufall, daß der Pfarrer bei uns alle diese Dinge nicht lernt. Unser Ausbildungssystem hängt aufs tiefste mit der Eigenart unserer Religion, mit der Art unserer Kirche und mit den Strukturen unserer Gesellschaft zusammen. Wir können auch nicht aus anderen Religionen und Kulturen Dinge, die wir vermissen und die uns gefallen, einfach importieren und in unsere Lebens- und Glaubensverhältnisse zu integrieren versuchen. Dennoch gibt es zwischen den fremden und unserem

5. Angesichts neuerer Überlegungen zur Persönlichkeitsprüfung von Theologiestudenten will ich ausdrücklich erklären, daß ich derartige Verfahren für keine Lösung der zweifellos vorhandenen Probleme halte.

6. Vgl. J. Wach, Religionssoziologie, Tübingen 1951, 412: »Die Ausbildung (des Priesters, M.J.) zielt darauf ab, die Anlagen und Fähigkeiten zu entwickeln, welche zur Kultübung erforderlich sind. Sie konzentriert sich auf Entfaltung und Aufrechterhaltung der angemessenen Kommunion mit dem Numinosen, aus der das mana oder die ›Heiligkeit‹ des Priesters entspringt. Asketische Übungen bringen Körper und Willen unter die nötige Kontrolle; Meditation und Gebet sollen die Seele vorbereiten; Unterricht und Studium bilden den Geist.« – Ausführlich berichtet über Rekrutierungsmethoden und Ausbildungsverfahren auch M. Eliade, Schamanismus und archaische Ekstasetechnik, stw 126, Frankfurt 1975.

Ausbildungssystem einen generellen Unterschied, der, wenn man ihm nachdenkt, geradezu beängstigend wirkt. Unsere Ausbildung ist zugeschnitten auf den Erwerb von Kenntnissen und, schon reduziert, auf die Aneignung methodischer Fähigkeiten. Auch die aktuelle Studienreformdiskussion ist an der Frage orientiert: »Was muß ein Pfarrer heute wissen oder können?« Ausbildungsverfahren in anderen religiösen Systemen vermitteln sicher auch Kenntnisse und Fertigkeiten, aber sie rechnen damit, daß der Träger der religiösen Rolle vor allem etwas sein muß[7]. Deshalb möchte ich die Themastellung um die Frage erweitern: »Wie und was und wer muß der Pfarrer heute sein?«

In den Kategorien, die E. Fromm entwickelt hat[8], kann man Wissen und Können der Existenzweise des Habens zuordnen. Das Haben verläuft nach den Gesetzen des Privateigentums. Ich erwerbe es, ich besitze es, ich verteidige es. Ich bin dadurch privilegiert, auch wenn ich anderen helfe. Letztlich bleibt alles, was ich habe, mir fremd und äußerlich bzw. es überfordert mich und macht mich oberflächlich. Darin scheint mir das Ungenügen der meisten Reformvorschläge zu bestehen, daß hier zum bisher vorhandenen Wissensbesitz des Theologen neuer Stoff angehäuft werden soll. Zu den historischen und dogmatischen Kenntnissen sollen nun auch sozialwissenschaftliche treten. Der Mensch selber, der alle diese Kenntnisse aufnehmen und verarbeiten soll, verschwindet letztlich darunter. Aus dem Pfarrer als Exegeten und dem Pfarrer als Dogmatiker wird nun der Sozialtechnologe, der alles bewältigen hilft, wie G. Harbsmeier ihn beschrieben hat[9]. Für diese Konzepte trifft zu, was E. Fromm so differenziert hat: »Das höchste Ziel der Existenzweise des Seins ist *tieferes Wissen*, in der Existenzweise des Habens jedoch *mehr Wissen*.«[10]

Daß bei dieser Unterscheidung zwischen Haben und Sein gerade auch die biblische Tradition eine Rolle gespielt hat, mag ein weiteres Zitat belegen:

»Wissen bedeutet nicht, im Besitz von Wahrheit zu sein, sondern durch die Oberfläche zu dringen und kritisch und tätig nach immer größerer Annäherung an die Wahrheit zu streben. – Diese Qualität des schöpferischen Eindringens ist in dem hebräischen jadoa enthalten, das Erkennen und Lieben im Sinne des männlichen sexuellen Eindringens bedeutet. Buddha, der

7. Dementsprechend werden Indianerkinder, deren Begabung für den Schamanenberuf sich abzuzeichnen beginnt, bei einzelnen Stämmen versteckt, um sie dem Schulsystem der Weißen zu entziehen; vgl. D. Boyd, Rolling Thunder. Erfahrungen mit einem Schamanen der neuen Indianerbewegung, München 1978, 17f.
8. E. Fromm, Haben oder Sein. Die seelischen Grundlagen einer neuen Gesellschaft, dtv 1490, München 1979.
9. G. Harbsmeier, »Bewältigung«. Totalillusion und Bewältigung in der neueren Seelsorge, in: EvTh 38, 1978, 496ff.
10. E. Fromm, aaO. 49.

Erwachte, fordert die Menschen auf, zu erwachen und sich von der Illusion zu befreien, der Besitz von Dingen führe zum Glück. Die Propheten appellieren an die Menschen, aufzuwachen und zu erkennen, daß ihre Idole nichts anderes als das Werk ihrer eigenen Hände, Illusionen sind. Jesus sagt: ›Die Wahrheit wird euch frei machen!‹ (Joh 8,32).«[11]

Weil es in der Ausbildung des Pfarrers nicht nur um das Wissen und das Können, sondern zu allererst und hauptsächlich um das Sein geht, sind die folgenden Überlegungen so strukturiert, daß sie von der Seinsfrage her den Wissenstoff und die methodischen Fähigkeiten betrachten. Dabei gehe ich davon aus, daß zur pastoralen Praxis nicht nur der Umgang mit sprachlichen, sondern auch mit psychischen und mit sozialen Phänomenen gehört. In der Trauerannonce für Pastor Sassenberg hat sich das dergestalt niedergeschlagen, daß er der Gemeinde auf der Ebene der Sprache »mit dem Wort Gottes gedient« hat, daß er, im Bereich psychischer Prozesse, für die Menschen im Dorf »Vorbild und Bruder« gewesen ist und daß er, hinsichtlich der sozialen Dimension, seine Arbeit im Kontext der dörflichen Sozialstrukturen versehen hat.

IV.

Die Ausbildung zum Pfarrer verläuft bei uns textorientiert. Das zeigt sich im klassischen Studiengang des Theologen, der von der Beschäftigung mit der biblischen Tradition über die Kirchengeschichte und die systematische Theologie auf die praktische Thelogie zugeht. Das zeigt sich an den Materialien, die in den einzelnen Disziplinen behandelt werden; es sind vorwiegend biblische, kirchliche, wissenschaftliche Texte. Das zeigt sich an den Methoden, die der Student im Lauf der Ausbildung lernt; sie sind eigentlich ausschließlich hermeneutischer Art.

Diese Konzentration auf Texte im Ausbildungsgang hat ihren guten Sinn. Das Christentum ist eine Textreligion und hat wesentlich dazu beigetragen, daß unsere Kultur eine Schriftkultur geworden ist[12]. Ebenso ist die Identität der Kirche als einer Gruppe in der Gesellschaft dadurch bestimmt, daß sie sich in ihrem Selbstverständnis und in ihrer Zielausrichtung von bestimmten Texten her definiert. Und schließlich wird auch das Proprium des pastoralen Berufes nur in bezug auf die überlieferten Texte eindeutig bestimmbar. Der Unterschied zwischen dem Seelsorger und

11. AaO. 48.
12. Vgl. G. Ebeling, Wiederentdeckung der Bibel in der Reformation – Verlust der Bibel heute?, in: ZThK Beiheft 5, 1981, 11: »Verlust der Bibel bedeutet Bildungsverlust, Sprachverlust und Lebensverlust.«

dem Therapeuten besteht letztlich darin, daß der Therapeut, etwa in einem Trauerfall, mit den privaten Symbolen seines Patienten, etwa seinen Erinnerungen und Träumen, arbeiten wird, während der Seelsorger zur Hilfe für die Trauernden die kollektive Symbolwelt der biblischen Tradition in Gestalt von einzelnen Vorstellungen, Begriffen oder Versen heranzieht. Das Selbstverständnis der Kirche und die Arbeit des Pfarrers ist von den Texten bestimmt, und von daher ist es nur sachgemäß, daß auch die Ausbildung zum Pfarrer in Konzentration auf diese Texte erfolgt.

Dennoch gibt es ein weitverbreitetes Unbehagen unter Studenten und wohl auch Pfarrern über die Art, wie die Texte im Studium behandelt werden. Dieses Unbehagen wäre falsch interpretiert, wenn man es einfach als Opposition gegen die Textorientierung der Theologie denunzieren würde. Vielmehr meine ich darin einen Vorbehalt, ja einen Protest gegen den akademisch üblichen Umgang mit den Texten zu spüren, der gerade im Interesse der biblischen und der kirchlichen Tradition artikuliert wird. Ich will dieses Unbehagen an drei Punkten zu konkretisieren versuchen.

1. In der akademischen Ausbildung drohen die Texte hinter den Theorien über die Texte zu verschwinden. Damit sind zwei unterschiedliche Sachverhalte gemeint. Auf der einen Seite ist damit zu rechnen, daß die Kenntnisse von überlieferten Dokumenten unter den Studienanfängern immer weniger anzutreffen sind. Hier ist zunächst einmal die Vermittlung von elementarer Bibelkunde notwendig. Auf der anderen Seite haben sich die exegetischen Disziplinen in ihren Fragestellungen und methodischen Arbeitsverfahren so differenziert, daß sie zunehmend in die Gefahr geraten, in ihren Lehrveranstaltungen exegetische Spezialisten, nicht aber künftige Pfarrer auszubilden. Das Defizit auf studentischer Seite und das Überangebot von seiten der Professoren führt paradoxerweise zum selben Ergebnis: Exegetische Theorien werden gelernt, die Bibel selber kann dabei unbekannt bleiben. Dieser Zustand ist deswegen unerträglich, weil die erste grundlegende Antwort auf die Themafrage lauten muß: Der Pfarrer muß die Bibel kennen.

2. In der akademischen Ausbildung drohen die Texte noch immer allein im luftleeren Rahmen einer religiösen Ideengeschichte interpretiert zu werden. Der ursprünglich soziologische Ansatz der Formgeschichte, die ja nach dem »Sitz im Leben«[13] und damit nach der sozialen und psychischen Situation der Texte gefragt hat, ist in den begriffs- und motivgeschichtlichen Untersuchungen der traditions- und redaktionsgeschichtlichen Arbeit nicht durchgehalten worden. Erst in den letzten Jahren wur-

13. Vgl. K. Koch, Was ist Formgeschichte?, Methoden der Bibelexegese, Neukirchen 1974³, 34ff.

den von jüngeren Forschern Fragestellungen entwickelt, die von einer fundamentalen Interdependenz zwischen sprachlichen, sozialen und psychischen Phänomenen auch in der Bibel ausgehen, die also die überlieferten Texte nicht allein auf der Ebene der Ideengeschichte, sondern auch sozialgeschichtlich[14] und tiefenpsychologisch[15] interpretieren. Solche methodischen Ansätze sind für die Arbeit des Pfarrers deswegen wichtig, weil sie demonstrieren, daß die biblischen Dokumente nicht einfach geniale Ideen präsentieren, sondern daß ihre Aussagen eingebettet sind in die psychische und soziale Lebenspraxis der ersten Christen. Die Irrelevanz vieler exegetischer Einsichten geht m.E. nicht darauf zurück, daß die Bibel für das Leben bedeutungslos ist, sondern hängt damit zusammen, daß die richtigen Fragestellungen fehlen, um die Bedeutung der Bibel für den konkreten Lebensvollzug schon in historischer Hinsicht freizulegen.

3. Die Aneignung elementarer Bibelkenntnisse und die Vermittlung neuerer methodischer Zugänge würde freilich letztlich unfruchtbar bleiben, wenn wir uns der Frage nicht stellten: Was eigentlich kann es bedeuten, daß der Pfarrer ein Verhältnis zur Bibel in der Existenzweise des Seins findet? Er kann auch im Blick auf die Bibel viel haben, viele Kenntnisse, viele wissenschaftliche Theorien, viele methodische Fähigkeiten, und kann doch gegenüber dem Zentrum und Kern dieses Buches leer geblieben sein. Was würde es heißen, daß der Pfarrer in der Bibel existiert? Und wie könnte man ihm helfen, in dieses Leben mit der Bibel hineinzuwachsen?

Offensichtlich geht es hier um ein Verhältnis zur Bibel, das die pastoraltheologischen Väter »Meditation« genannt haben. In jüngster Zeit hat R. Bohren den Spannungsbogen, der diese persönliche Begegnung mit der Schrift charakterisiert, im Anschluß an Psalm 1 so beschrieben: In der Meditation geschieht einerseits »ein hungerndes, verlangendes Lesen des Wortes – das Girren der Taube, die hin und her trippelt; andererseits das besitzende Genießen, das Knurren des Löwen«[16]. Sein in der Bibel, biblische Existenz, das hieße dann: die heilige Tradition als lebensnotwendige Nahrung erfahren haben.

Ich weiß nicht, ob diese Begegnung mit der Nähr- und Heilkraft der Bibel für jeden Theologen so organisiert werden kann, daß er zu einer re-

14. Vgl. die Arbeiten von G. Theißen, Studien zur Soziologie des Urchristentums, WUNT 19, 1979; die sozialgeschichtlichen Auslegungen bei W. Schottroff / W. Stegemann (Hg.), Der Gott der kleinen Leute. Sozialgeschichtliche Bibelauslegungen, 2 Bde., Gelnhausen/München 1979; dies. (Hg.), Traditionen der Befreiung, 2 Bde., Gelnhausen/München 1980.
15. Vgl. Y. Spiegel (Hg.), Psychoanalytische Interpretationen biblischer Texte, München 1972.
16. R. Bohren, Predigtlehre, München 1971, 350.

gelmäßigen Meditationsübung kommt. Es wäre schon viel, wenn wir unsere persönlichen Erfahrungen im Umgang mit der Bibel wahrnehmen und miteinander austauschen und uns wechselseitig dazu anregen lernten.

»Was muß ein Pfarrer heute wissen oder können?« Im Grunde vor allem dies: Ein Lebensverhältnis zur Bibel haben. Irgendwann sollte er die Erfahrung gemacht haben, daß er in den vielen überlieferten Gestalten selber vorkommt, daß ihn ein alter Spruch oder eine alte Geschichte getröstet hat, daß er mit Hilfe der Bibel etwas besser leben gelernt hat.

Wenn das richtig ist, daß allein die Bibel die Identität der christlichen Religion gegenüber den anderen Religionen, die Identität der Kirche gegenüber anderen Gruppen in der jeweiligen Gesellschaft und die Identität des Pfarrers gegenüber anderen Helferberufen zu bestimmen vermag, dann ergeben sich daraus auch bestimmte Konsequenzen für die so viel diskutierte Sprachenfrage.

Die Notwendigkeit, daß der christliche Theologe die biblische Sprache einigermaßen beherrscht, läßt sich nicht funktional begründen. Für die Praxis, etwa in Seelsorge, Predigt und Unterricht, benötigt er die Kenntnis der alten Sprachen höchst ausnahmsweise. Auch das oft gehörte Argument, der Pfarrer solle im Streit zwischen den exegetischen Meinungen durch seine Sprachenkenntnis selber entscheiden können, beruht auf einer »humanistischen Illusion«[17]. Für den Vollzug des Berufs sind die alten Sprachen nicht nötig.

Dennoch ist ihre Kenntnis für den Pfarrer nicht überflüssig, ja in einer bestimmten Hinsicht sogar lebensnotwendig. Der religiöse Beruf verwaltet die heilige Tradition. Der Diener am Wort hat dafür zu sorgen, daß die guten Geschichten der Bibel in der Erinnerung der Menschen erhalten bleiben. Das aber wird er nur können, wenn er selber diese Geschichten für sein eigenes Leben hat gelten lassen und wenn er selbst in der Sprache der heiligen Tradition einigermaßen zu Hause ist. Sie bilden kein Geheimwissen, über das er verfügt, sie sind auch kein Statussymbol, das ihn über andere hinaushebt. Ihre Kenntnis ist aber ein Teil jener Lebensbeziehung, die zur theologischen Existenz im Blick auf die Bibel gehört, unabhängig davon, in welchem Umfang die alten Sprachen im Studium gelernt und in welchem Umfang sie in der Berufspraxis herangezogen werden. Im Studium der biblischen Sprachen zeigt sich, daß der Pfarrer etwas anderes ist als Therapeut, Pädagoge oder Sozialarbeiter. Das Wort, in dessen Auf-

17. W. Trillhaas, Die humanistische Illusion. Zur Reform des Theologiestudiums, in: H.-E. Hess / H. E. Tödt (Hg.), Reform der theologischen Ausbildung 3, Stuttgart 1969, 13.

trag er redet und aus dessen Kraft er lebt, kommt aus der Geschichte. Deshalb sollte er nicht nur die Sprache der Gegenwart sprechen.

Dann aber stellt sich die Frage: wie müßte eine Ausbildung angelegt sein, die wirklich in eine Sprache hineinführt? Und welchen Sinn hätte die Mühsal, die zum Sprachenlernen gehört? Reicht es aus, sie als unumgängliche Paukerei zu verstehen? Oder müßte man darin auch ein Stück Leiden sehen und annehmen, als Preis, den ich um der Sache willen zu zahlen habe?

V.

Der Pfarrer hat es in seiner Praxis, wie der Nachruf auf Pastor Sassenberg zeigt, nicht nur mit Texten zu tun, sondern mit Menschen, mit Gruppen, mit Organisationen. Er muß also nicht nur mit sprachlichen Phänomenen umgehen lernen, sondern auch mit psychischen Prozessen und sozialen Strukturen.

Sicher ist unsere Ausbildung angesichts dieser Tatsache zur Zeit noch zu einseitig. Die Textorientierung ist dominant. Man sieht das daran, daß die Vorbereitung für den Umgang mit Individuen und Institutionen bislang nur in einer theologischen Teildisziplin erfolgt, in der Praktischen Theologie, und später in der zweiten Ausbildungsphase. Und man sieht es auch daran, daß zum Personalbestand einer theologischen Fakultät sehr viele historische und systematische Theologen gehören, daß aber diejenigen Fachvertreter, die für die Ausbildung im Umgang mit Menschen, Gruppen und Institutionen zuständig sind, im Verhältnis dazu unterrepräsentiert sind. Eine wirkliche Studienreform, die ihren Namen verdient, müßte hier für ein ausgewogeneres Verhältnis zwischen den textorientierten und den sozialwissenschaftlich orientierten Disziplinen sorgen.

Eins wird dabei von vorneherein zu bedenken sein: Eine einfache Vermehrung des Wissensbesitzes wird niemandem nützen. Im letzten Jahrzehnt ist die Praktische Theologie durch die Integration der Sozialwissenschaften schon für den Fachvertreter unüberschaubar geworden. Im Bereich der Homiletik muß er Kenntnisse aus Kommunikationsforschung, Rhetorik, Linguistik erwerben. Als Seelsorge-Lehrer soll er Ergebnisse aus Tiefenpsychologie, Gruppendynamik, Religionspsychologie auswählen und weitergeben. Im katechetischen Bereich soll er sich um didaktische und methodische Fragen, um Entwicklungspsychologie, Jugend- und Familiensoziologie und Erwachsenenbildung kümmern. Als Liturgiewissenschaftler hat er Werke der Verhaltensforschung, der Tiefen- und Sozialpsychologie, der Soziologie und der Politologie zu studieren. Diese Anhäufung von Kenntnissen, der im wissenschaftlichen Bereich letztlich nur durch eine weitgehende Spezialisierung zu begegnen sein wird, kann aber auf den Praktiker ausgesprochen bedrohlich wirken. Angesichts des Reichtums, den man an Kenntnissen und Fähigkeiten erwerben kann, muß er selber sich immer ärmer, ja armseliger vorkommen. Die Anhäufung von Ausbildungsstoff auf der Haben-Seite kann dazu führen, daß auf der Sein-Seite das verloren geht, was jede Tätigkeit, jede Arbeit allererst möglich macht – das Vertrauen, das Selbstvertrauen.

Wenn diese Situationsbeschreibung zutrifft, dann bedeutet das für die Gestaltung des theologischen Ausbildungswesens:

- die erste und die zweite Ausbildungsphase mit ihren unterschiedlichen Akzentsetzungen hinsichtlich eines stärker textorientierten und eines stärker sozialwissenschaftlich orientierten Angebots müssen besser miteinander verzahnt werden;
- es müßten in den Ausbildungsinstitutionen der ersten und zweiten Phase gezielt Spezialisten gerade aus den sozialwissenschaftlichen Disziplinen herangezogen werden, die gleichzeitig eine gewisse Kenntnis der pastoralen Praxis aufweisen;
- Aufgabe dieser Spezialisten wäre nicht zuletzt die Auswahl derjenigen Kenntnisse und Fähigkeiten, die für die Praxis des Pfarrers grundlegend wichtig sind[18];
- Ziel einer solchen Auswahl muß auf jeden Fall sein, die Arbeit des Pfarrers dadurch zu verbessern, daß das Vertrauen in die eigene professionelle Kompetenz wächst und nicht abnimmt.

VI.

Der Pfarrer hat es in seiner beruflichen Praxis mit Texten und mit Menschen zu tun, und zwar nicht im Sinn einer Alternative, sondern auf dem Weg einer wechselseitigen Verweisung und Angewiesenheit. Er bleibt den Texten nichts schuldig, wenn er sich um Menschen kümmert; und er wird die Menschen nicht enttäuschen, wenn er sie an die Texte heranzuführen vermag. Die Texte geben ihm Sinn, Kraft, Inhalt und Ziel für seine Begegnung mit Menschen. Die Menschen – er selbst ist einer von ihnen – bilden

18. Beispielhaft P. Schmincke, Psychologie an einer theologischen Fakultät, in: EvTh 39, 1979, 339ff.

die Verstehensbasis, den Fragehorizont, den Adressatenkreis für die Arbeit mit der biblischen Tradition. Schließlich beruht der Umgang mit Texten und der Umgang mit Menschen letztlich nicht auf unterschiedlichen hermeneutischen Verfahren, sondern erfordert, wie insbesondere P. Ricoeur betont hat[19], im Grunde ein und dieselbe Kunst der Interpretation.

Dennoch wird man feststellen müssen, daß unser bisheriges Ausbildungssystem dem Pfarrer viel zu wenig dazu verhilft, sich für eine verantwortliche Begegnung mit anderen Menschen gerüstet zu fühlen. Etwaige Kenntnisse und Fähigkeiten, die er im Lauf seines Studiums in dieser Richtung erwirbt, verdankt er mehr den Spezialinteressen einzelner Hochschullehrer und mehr der eigenen Privatinitiative als einem geordneten Studiengang. Dabei liegt auf der Hand, daß die Einsicht in psychische Strukturen und Prozesse, die zwischen ihm und den Menschen ablaufen, für den Pfarrer deswegen berufsnotwendig ist, weil er von den Texten her täglich und stündlich mit anderen Menschen zu tun hat.

Ich zähle einige pastorale Alltagssituationen auf, in denen mindestens vorläufige Kenntnisse über psychische Vorgänge vonnöten sind. Bei der Predigtvorbereitung muß der Pfarrer ungefähr abschätzen, welche Reaktion einzelne etwa provokative Formulierungen bei bestimmten Hörergruppen hervorrufen werden. Zum seelsorgerlichen Gespräch im Anschluß an eine Beerdigung wird ihm die Fähigkeit helfen, einzelne Äußerungen des Trauernden in die Phasen des Trauerprozesses einordnen zu können. Sein Verhalten bei Disziplinschwierigkeiten während des Unterrichts wird besonnener sein, wenn er über die Probleme von Jugendlichen in der Pubertätskrise Bescheid weiß. Schließlich wird er auch verdeckte oder offene Aggressionen, die in der Gruppe auf ihn als Leiter gerichtet werden, leichter ertragen können in dem Bewußtsein, daß sie konstitutiv zu einem lebendigen Gruppenprozeß gehören. Wenn es richtig ist, daß er von den Texten her und im Interesse der Texte ein sensibler Kommunikator sein soll, dann benötigt er in der Tat eine Ausbildung, die ihm eine Reihe von psychologischen Kenntnissen und Fähigkeiten vermittelt.

Sicher ist in diesem Zusammenhang auch ein Wort zur Methodenfrage in der Psychologie angebracht. Gerade in kirchlichen Kreisen wird der Einführung psychologischer Methoden entgegengehalten, hier würde an die Stelle des Geistes Jesu, der ein Geist des Gehorsams ist, und an die Stelle des Heiligen Geistes, der ein Geist der Freiheit ist, der Geist der Manipulation, der Beherrschung von Menschen durch Menschen in die Kirche geschleppt. Gewiß wird man nicht bestreiten können, daß jede

19. P. Ricoeur, Die Interpretation. Ein Versuch über Freud, stw 76, Frankfurt 1974.

Einsicht in die Gesetzmäßigkeit psychischer Abläufe dazu einlädt, für jeweils vorhandene Interessen mißbraucht zu werden. Auf der anderen Seite ist es aber in den meisten Fällen gerade die Absicht einer methodischen Schulung in Tiefenpsychologie und Gruppendynamik, dem Therapeuten und Gruppenleiter die eigenen, meist verborgenen Bemächtigungswünsche bewußt zu machen und ihm dadurch zu helfen, dem anderen Freiheit zu lassen. Nicht nur der Haß zwischen den Menschen, sondern auch die Liebe ist eine gefährliche Größe; sie trachtet nämlich immer wieder danach, den anderen nach dem eigenen Bilde zu formen. Deshalb ist es schon gut, wenn mindestens der, der professionell ständig mit anderen Menschen zu tun hat, die Fähigkeit zur methodischen Reflexion seines kommunikativen Verhaltens erworben hat.

Freilich muß ich auch und gerade an dieser Stelle betonen: Psychische Kenntnisse und methodische Fähigkeiten allein nützen gar nichts. Sie können den Pfarrer entweder weiter verunsichern, weil er ja niemals die berufliche Kompetenz eines ausgebildeten Psychologen erreichen kann, oder sie können ihn dazu verführen, in die Maske des glatten Psychomanagers zu schlüpfen, der auf diese Weise seine eigenen Ängste und seine eigene Person versteckt. Auch und gerade in der psychischen Dimension wird es darauf ankommen, daß die Ausbildung dem Pfarrer nicht nur Habens-Material liefert, sondern ihn zu einem integrierten Sein führt.

Was das bedeutet, kann ich noch einmal im Rückgriff auf die Traueranonce verdeutlichen. Dort war von dem verstorbenen Pastor gesagt, er sei der Gemeinde im Dorf »Vorbild und Bruder« gewesen. Mit diesen zwei Worten ist ziemlich genau die doppelte Erwartung bezeichnet, mit der sich der Pfarrer zeit seines Lebens auseinandersetzen muß. Er soll auf der einen Seite »Bruder« sein, einer wie alle, ein wirklicher, den anderen nahestehender Mensch, der deshalb die Sorgen und Nöte und Probleme seiner Gemeindeglieder versteht. Auf der anderen Seite soll er aber auch »Vorbild« sein; das bedeutet doch wohl: Bei aller Zeitgemäßheit seines Bewußtseins und bei aller Modernität seiner Lebensweise soll er weiter sein als die anderen, soll er denen, die mit ihren Lebensschwierigkeiten nicht fertig werden, Anhalt und Richtung für ihren Lebensvollzug geben.

Inhaltlich wird diese Erwartung sich vor allem auf jene Themenkreise beziehen, die in diesem Buch traktiert worden sind. »Bruder« und »Vorbild« zu sein, das bedeutet dann: mit Macht und mit Geld, mit Sexualität, mit Frömmigkeit und mit dem Tod in der eigenen Lebenspraxis so umgehen können, daß man teil hat an den Schwierigkeiten und Verlegenheiten der anderen, daß man ihnen zugleich aber auch ein Stück Ermutigung zu einem gelingenden Leben anzubieten vermag. Dazu braucht der Pfarrer nicht unbedingt mehr zu wissen oder mehr zu können als die Gemeindeglieder. Viel wichtiger dürfte sein, daß er im existenziellen Umgang mit jenen Spannungsfaktoren die oberflächlichen Lösungen hinter sich läßt, daß er durch Einsicht und Leiden ein Stück Freiheit gewinnt. Das andere Leben, das vom Pfarrer in anderen und diesen Bereichen erwartet wird, ist ja letzten Endes nur ein wahres menschliches Leben.

Mit dieser doppelten Erwartung liegt auf dem Leben des Pfarrers eine große Belastung. Nicht nur deswegen, weil beide Erwartungen sich in konkreten Situationen auch immer widersprechen. Und auch nicht nur deswegen, weil beide Erwartungen von unterschiedlichen Gemeindegruppen auch immer wieder mit anderen Inhalten gefüllt werden. Die grundlegende Schwierigkeit sehe ich darin, daß der Pfarrer auf diese Weise dazu verurteilt ist, auch heute noch ein mehr oder weniger öffentliches Leben zu führen. Gerade in den elementaren Konfliktzonen des menschlichen Daseins, in der Politik und in der Sexualität, existiert er nie rein als Privatperson. Die Gefahr von idealisierenden Projektionen, die sich in diesem Zusammenhang auf ihn richten, besteht darin, daß sie ihn entweder zur gefügigen Anpassung oder zu blindem Aufbegehren verleiten. Beides wird für diese Arbeit tödlich sein. In der Ausbildung und erst recht in der späteren Fortbildung sollte er deshalb lernen, mit solchen Erwartungen in der Weise umzugehen,

- daß er sie als Person wahrnehmen lernt,
- daß er sie als gegeben annehmen lernt,
- daß er sich aber ihnen nicht total unterwirft, sondern sein eigenes Menschsein gegen alle Idealisierungswünsche verteidigt, und zwar so verteidigt, daß ihn die Gemeinde dabei verstehen kann.

Es ist schwer, Bruder, und schwer, Vorbild, und erst recht schwer, beides zugleich sein zu müssen. Weil das schwer ist, gehört viel Einsicht in die eigenen und in die fremden Idealisierungswünsche zur beruflichen Praxis des Pfarrers. So kann ich zum Schluß dieses Abschnitts resümieren: Der Pfarrer sollte ein Mensch sein, der mit den Erwartungen und trotz der Erwartungen, die er als Idealisierungsfigur auf sich zieht, leben kann.

Gerade wegen der Wichtigkeit seiner Person ist dann aber auch zu überlegen, ob die Ausbildung weiterhin so stark vom Zentrum des Universitätsstudiums geprägt bleiben sollte. Problematisch daran ist nicht die kritische Ausrichtung dieses Studiums[20] oder die Distanz zur kirchlichen Praxis, die in der Regel damit verbunden ist. Problematisch vor allem ist

20. Zur Notwendigkeit von Krisen in der Ausbildung kritischer Subjektivität vgl. J. A. Schülein, Selbstbetroffenheit. Über Aneignung und Vermittlung sozialwissenschaftlicher Kompetenz, Frankfurt 1977, 79ff.

die Distanz zu den akademischen Lehrern, die in diesen Jahren des Massenbetriebs eher zugenommen haben dürfte. Das führt faktisch zu einer Entleerung des Studiums, weil der Professor nur noch in Ausnahmefällen als Person faßbar wird. Religiöse Praxis aber lernt man bei einem Meister[21], ob er nun Schamane, Rabbi oder Guru heißt. Das könnte praktisch bedeuten, daß die Rolle des Mentors im Vikariat in mancher Hinsicht aufgewertet werden und daß auch gefragt werden müßte, ob diese persönliche Einführung in die Gemeindepraxis erst so spät erfolgen soll. Natürlich würde ein intensiviertes Verhältnis zwischen Mentor und Vikar/Student die Beteiligten vor neue Probleme stellen. Was kann der eine sachlich und menschlich anbieten? Und inwiefern ist der andere bereit, von einem Vertreter der vorigen Generation zu lernen? Aber wer Pfarrer sein will, muß vielleicht auch durch die Konflikte hindurchgehen, die sich aus der persönlichen Nähe zu einem älteren Amtskollegen ergeben. Und er sollte auf der anderen Seite das Selbstvertrauen besitzen, daß er nicht nur seiner Gemeinde, sondern auch einem Vertreter der nächsten Pfarrergeneration Wichtiges weiterzugeben hat. Kann man Lehrer werden, ohne Schüler gewesen zu sein? Kann man Lehrer sein, ohne Schüler zu haben?

VII.

Der Pfarrer arbeitet nicht nur mit Texten und Menschen, er arbeitet auch im Rahmen einer Institution. Es gehört zur Eigenart des protestantischen Denkens, daß dieser institutionelle Kontext gerne verdrängt wird. Nicht zufällig fehlt unter den Ausbildungsfächern unseres Theologiestudiums, im Unterschied zur katholischen Fakultät, das Kirchenrecht[22]. Zwischen der Kirchenwirklichkeit, die faktisch immer hierarchische Elemente enthalten hat, und der protestantischen Kirchentheorie klafft oft ein gravierender Widerspruch. Und das Problem der Macht, für christliches Denken sowieso peinlich und tabuisiert, wird im evangelischen Kirchentum noch versteckter gelöst als in anderen Konfessionen. Auch was die institutionelle Form seiner Arbeit betrifft, besteht für den Pfarrer ein großer Nachholbedarf an Information und methodischer Schulung.

Als jemand, der in dieser Hinsicht auch kein Experte ist, nenne ich zunächst nur einige Stichworte, die Ausbildungsdefizite, vor allem der ersten Phase, bezeichnen: Kirchenrecht, Gemeindeverwaltung, Parochial-

21. Vgl. den Bericht über die Ausbildung eines kritischen Schamanenschülers bei C. Lévi-Strauss, Der Zauberer und seine Magie, in: Strukturale Anthropologie, st 15, Frankfurt 1971, 192ff.

22. Ich verweise auf A. Stein, Evangelisches Kirchenrecht. Ein Lernbuch, Neuwied 1980.

analyse, Mitarbeitergewinnung, Mitarbeiterführung, Gemeindeorganisation, Zeitökonomie, Prioritätensetzung, Erfolgskontrolle. Zu all diesen Stichworten ließen sich eine Unzahl von Einsichten und Techniken zusammentragen, die insbesondere im Blick auf die Ausbildung von Managern entwickelt worden sind, die aber auch dem Pfarrer, jedenfalls was den technischen Ablauf seiner Arbeit betrifft, seine Tätigkeit in mancher Hinsicht erleichtern könnten. Natürlich wäre dabei in jedem Einzelfall die Frage zu prüfen, welche Voraussetzungen an Leistungsinteresse und Effizienzdenken alle diese Angebote enthalten.

Aber auch in soziologischer Hinsicht scheint mir die Seinsdimension entscheidend zu sein. Der Pfarrer muß in seinem Beruf damit leben, daß er als Amtsträger einer Kirche und als Repräsentant von Religion agiert. Er wird beides lebenslang nur aushalten können, wenn sein Verhältnis zur Institution Kirche und zum Phänomen der Religion nicht nur, wie in der neueren Theologie beliebt, ein kritisches ist.

Das Verhältnis zur Kirche ist für den Pfarrer in mehrfacher Hinsicht gebrochen. Theologisch hat er während seiner Ausbildung die Kritik an der Volkskirche und an der bürokratischen Ausrichtung der Landeskirchenämter gelernt. Ökonomisch befindet er sich als eine Art Kirchenbeamter im Zustand der Abhängigkeit und des Versorgtwerdens. Dienstrechtlich soll er, der von den kirchenleitenden Organen in ein Beamtenverhältnis aufgenommen ist, von diesen auch beaufsichtigt werden. Sozialpsychologisch muß er in der Gemeindepraxis oft genug die eigene Person gegen das unter Umständen schlechte Image der kirchlichen Institution investieren. Deshalb erlebt er sich in der Praxis oft genug als Repräsentanten der Kirche, der gegen seinen Willen mit dem Kollektiv identifiziert wird und der durch vermehrte Anstrengungen das öffentliche Renommee dieses Kollektivs aufbessern hilft.

Kritische Solidarität als Grundhaltung eines Mitarbeiters der kirchlichen Institution würde bedeuten,
- daß er auf die Idealisierung wie die Verdammung der Institutionalität von Kirche verzichtet,
- daß er Loyalität und Widerspruch nicht als reine Alternativen erlebt
- und daß er sich seiner Mitarbeit in dieser manchmal gewiß fragwürdigen Organisation nicht nur schämt.

Ähnliches gilt für das Verhältnis des Pfarrers zum Phänomen der Religion. Er versieht einen religiösen Beruf. Er ist nicht Schamane, Zauberer, Medizinmann, Priester oder Prophet, aber er hat mit diesen Berufen, so sehr man seine Eigenart auch unterstreichen mag, vieles gemeinsam. Er vollzieht Rituale. Er arbeitet als Zeremonienmeister. Er tritt auf an den

Grenzen des Lebens. Seine Medien sind Gebet, Anrede, symbolische Handlungen. Er beruft sich in seiner Tätigkeit auf uralte Traditionen. Er beansprucht, nicht mehr Wissen, aber tieferes Wissen als andere Berufe zu besitzen. Und er versucht gleichzeitig, die Eigenart seines Berufes durch die Abgrenzung gegen Religion zu profilieren.

Letztlich wird er seine Arbeit ein Leben lang nur verrichten können, wenn er bei sich und bei anderen das Bedürfnis nach Religion konstatieren und akzeptieren lernt:

- das Bedürfnis nach einer Begründung des Lebens, die auf den Grund allen Seins zurückgeht,
- das Bedürfnis nach einer Instanz voller Macht und Gnade, die auch in äußerster Not nicht verzweifeln läßt,
- das Bedürfnis nach einem Ziel, das kritische und konstruktive Impulse zur Veränderung des eigenen Lebens und der gesellschaftlichen Verhältnisse freisetzt.

Das aber bedeutet dann auch, daß er die Widersprüche und Spannungen wahrnimmt und aushält[23], die seine Stellung in der Gesellschaft charakterisieren:

- er arbeitet in einer Gesellschaft, die Religion als Grundform humaner Lebensgestaltung zerstört hat und in reduzierter Funktionalität konserviert;
- er tritt auf als Vertreter einer Kirche, die in ihrer Institutionalität immer wieder von den Interessen der Herrschenden domestiziert wird und die sich allein im Rückgriff auf die biblische Tradition zugunsten der Leidenden emanzipieren kann;
- von ihm wird die Bestätigung dafür erwartet, daß alles in Ordnung ist, beim einzelnen wie in der Gesellschaft, zugleich aber auch jene Kritik, die auf Neugestaltung und Veränderung zielt;
- er soll die Erlösung ansagen, die allen Menschen gilt, und sich für die Befreiung einsetzen in einer Welt, die aus Herrschenden und Beherrschten besteht;
- er soll anders sein als die anderen und ihnen gleich, er soll in Distanz und Solidarität zu ihnen leben, weil die Wahrheit des menschlichen Wesens, die Überwindung aller Entfremdung, so nah und so fern ist wie der Mitmensch und Gott.

23. Zur pastoraltheologischen Identitätsbildung vgl. M. Arndt, Zur Problematik der Ich-Identität bei Theologiestudenten, in: E. Amelung u.a. (Hg.), Strukturwandel der Frömmigkeit, 1972, 263ff; W. Fischer, Pfarrer auf Probe. Identität und Legitimation bei Vikaren, Urban-TB T-Reihe 630, Stuttgart 1977; W. Marhold u.a., Religion als Beruf, 2 Bde., Urban-TB T-Reihe 625/626, Stuttgart 1977; W. Steck, Die Ausbildung einer pastoraltheologischen Identität im Vikariat, in: WzM 31, 1979, 266ff.

VIII.

Das Entscheidende, das in der heutigen Situation zur Ausbildung des Pfarrers zu sagen ist, kann man Mk 8,36 lesen: »Was hülfe es dem Menschen, wenn er die ganze Welt gewönne und nähme doch Schaden an seiner Seele.«

Die Studienreform, um die es in letzter Zeit so still geworden ist, ist sicher notwendig. Die Spezialisierung der Pfarrer für einzelne Aufgabenfelder ist notwendig. Die selektive Integration der Sozialwissenschaften in die Praktische Theologie ist notwendig.

Entscheidend für die Arbeit des Pfarrers und für die Arbeit derer, die an der Ausbildung und Fortbildung der Pfarrer beteiligt sind, ist jedoch die Einsicht, die das Jesuswort formuliert.

Es geht um die Heilung des beschädigten Lebens. Die Menschen in dieser Gesellschaft leben beschädigt. Die kirchliche Praxis in dieser Gesellschaft ist krank. Auch wir Theologen, die wir als Menschen in dieser Gesellschaft leben, sind beschädigte Menschen. So gilt für den Pfarrer und die Gemeinde in gleicher Weise: Das, was das Evangelium verkündigt, will konkret werden in der Heilung des beschädigten Lebens.

Namenregister

(Herausgeber sind nicht aufgeführt)